高等院校"十三五"应用型规划教材

西方经济学案例分析

侯俊华　程国江　秦顺乔　编著

微信扫一扫获取更多资源

南京大学出版社

图书在版编目(CIP)数据

西方经济学案例分析 / 侯俊华,程国江,秦顺乔编著. —— 南京:南京大学出版社,2018.6(2024.10 重印)
 ISBN 978-7-305-20197-4

Ⅰ. ①西… Ⅱ. ①侯… ②程… ③秦… Ⅲ. ①西方经济学—案例—教材 Ⅳ. ①F091.3

中国版本图书馆 CIP 数据核字(2018)第 096727 号

出版发行　南京大学出版社
社　　址　南京市汉口路 22 号　　邮　编　210093
书　　名　**西方经济学案例分析**
　　　　　XIFANG JINGJIXUE ANLI FENXI
编　　著　侯俊华　程国江　秦顺乔
责任编辑　武　坦　　　　　　　编辑热线　025 - 83592315
照　　排　南京开卷文化传媒有限公司
印　　刷　南京人文印务有限公司
开　　本　787×1092　1/16　印张 10　字数 250 千
版　　次　2018 年 6 月第 1 版　2024 年 10 月第 7 次印刷
ISBN 978 - 7 - 305 - 20197 - 4
定　　价　28.00 元

网　　址:http://www.njupco.com
官方微博:http://weibo.com/njupco
微信服务号:njuyuexue
销售咨询热线:(025)83594756

* 版权所有,侵权必究
* 凡购买南大版图书,如有印装质量问题,请与所购
　图书销售部门联系调换

前　言

《西方经济学》这门课是经济管理类专业的基础课,它是国家教委规定的财经专业十门核心课程之一。学好《西方经济学》是学好整个经济学和管理学的前提。经济学是为解决现实生活中诸多经济问题而产生的,因此是一门致用之学,其原理可以应用在生活的很多方面。为了帮助读者更好地理解和掌握西方经济学的基本理论和分析问题的方法,解决现实的经济问题,我们编写了《西方经济学案例分析》一书。本书在章节安排上与《西方经济学》教材基本一致,便于读者在学习《西方经济学》每章节内容的同时,通过大量的案例分析来巩固所学的内容,提高读者分析问题、解决问题的能力。

全书共十六章,每章内容的安排分为两大部分:

第一部分为理论要点。这部分主要阐述该章理论要点所包含的内容,为后面的案例分析提供理论基础,便于读者掌握相关的理论。

第二部分为案例分析。这部分包括案例正文和案例分析两方面的内容。案例正文主要描述与经济学有关的一件事、一个故事或者一种社会现象等等,为案例分析提供基本的素材和信息;案例分析部分主要指出案例中所反映的问题,然后结合理论进行分析,仅为读者提供一种思路,不局限于其内容。

本书有如下一些特点:

第一,在案例内容上,主要选择发生在中国国内的典型案例,且是最近几年发生的,公众、企业、政府、专家学者普遍关注的热点问题,如关于房地产市场、养老市场、利率市场等方面的问题。

第二,在案例分析中,注重理论与实践相结合。案例分析过程中,将案例中的内容、案例所反映的问题运用经济学理论进行分析,一方面使晦涩难懂的理论知识具体化,使读者能够理解和掌握经济学的有关理论;另一方面向读者展示鲜活的案例,培养读者获取重要信息、分析和处理经济问题的实践能力,以及如何进一步运用理论知识分析具体问题,将抽象的经济原理通俗化的能力。

第三,激发读者的兴趣与思考。一方面案例内容都是生活中的经济现象,兼顾通俗性和趣味性;另一方面案例分析部分的内容不是向读者提供唯一正确的答案或者最佳答案,仅仅是借案例来激发读者的思考和讨论,部分案例分析也有可能引发争论。

本书由学校长期从事经济学理论教学的专家和博士们共同撰写而成,本书的完成汇集了集体的智慧与汗水。具体的撰写工作分工如下:邹静(第一、二章);赵玉(第三、七、八章);程国江(第四、九、十章);秦顺乔(第五、十一、十二章);侯俊华(第六、十六章);罗志红(第十三、十四、十五章)。全书提纲和内容由侯俊华、程国江、秦顺乔统改、定稿,全体撰写人员对撰写思路提出了大量宝贵意见。

近些年编者在不断探讨采用案例分析进行经济学的教学与研究,本书的撰写只是一种探索,还有许多不足与不成熟的地方。在本书撰写过程中,引用了大量的国内媒体报道和部分国内外专家学者的研究成果,大都在注释中标明,在此,对所有的作者一并表示衷心的感谢。

由于时间仓促加之水平所限,书中难免有不少缺点甚至错误,希望广大读者给予批评与指正。

编　者

2018 年 4 月

目 录

第一篇 微观经济学

第一章 需求与供给

1-1 理论要点 …… 3
1-2 案例分析 …… 4

第二章 弹性理论

2-1 理论要点 …… 12
2-2 案例分析 …… 13

第三章 消费者行为理论

3-1 理论要点 …… 23
3-2 案例分析 …… 24

第四章 生产理论

4-1 理论要点 …… 31
4-2 案例分析 …… 33

第五章 成本理论

5-1 理论要点 …… 38
5-2 案例分析 …… 39

第六章 市场理论

6-1 理论要点 …… 47
6-2 案例分析 …… 48

第七章　分配理论

7-1　理论要点 …………………………………………………………… 59

7-2　案例分析 …………………………………………………………… 61

第八章　竞争的效率

8-1　理论要点 …………………………………………………………… 69

8-2　案例分析 …………………………………………………………… 71

第九章　市场失灵和微观经济政策

9-1　理论要点 …………………………………………………………… 77

9-2　案例分析 …………………………………………………………… 78

第二篇　宏观经济学

第十章　国民收入核算理论

10-1　理论要点 ………………………………………………………… 87

10-2　案例分析 ………………………………………………………… 88

第十一章　AE—NI 模型

11-1　理论要点 ………………………………………………………… 92

11-2　案例分析 ………………………………………………………… 94

第十二章　IS—LM 模型

12-1　理论要点 ………………………………………………………… 102

12-2　案例分析 ………………………………………………………… 104

第十三章　AD—AS 模型

13-1　理论要点 ………………………………………………………… 113

13-2　案例分析 ………………………………………………………… 114

第十四章 失业与通货膨胀

14-1 理论要点 ·· 125
14-2 案例分析 ·· 126

第十五章 经济周期与经济增长理论

15-1 理论要点 ·· 134
15-2 案例分析 ·· 135

第十六章 宏观经济政策

16-1 理论要点 ·· 144
16-2 案例分析 ·· 145

第一篇

微观经济学

第一章 需求与供给

1-1 理论要点

需求与供给是经济学中最重要和最基本的概念之一,是使市场经济运行的力量,决定了市场上每种物品的产量及其出售的价格,是了解市场、解读某一事件或者政策如何影响经济的重要前提。需求与供给理论的主要内容包括以下几点。

一、需求与需求法则

需求是消费者在一定的时期内在各种可能的价格水平上愿意而且能够购买的商品数量。需求强调"有意愿并且有能力",需求曲线一般向右下方倾斜,它表示商品的需求量与价格呈反方向的变化。

需求法则说明在其他条件不变的情况下,商品价格上升,则需求量下降;反之,商品价格下降,则需求量上升。

市场需求是某一市场上所有购买者在不同价格水平的需求量的总和。影响需求并使需求曲线发生移动的因素有相关商品的价格、收入、预期、偏好和买者的数量等。

需求的变化体现为需求曲线的移动;需求量的变化则指在给定的需求曲线上从一点移动到另一点。

二、供给与供给法则

供给指生产者在一定的时期内在各种可能的价格水平愿意而且能够提供出售的商品数量。供给曲线一般向右上方倾斜,它表示商品的供给量与价格呈同方向的变化。

供给法则说明在其他因素不变的条件下,商品价格愈高,供给量愈大;反之,商品价格愈低,供给量愈小。影响供给并使供给曲线发生移动的因素有生产要素的价格、相关商品的价格、厂商的数量、技术进步和生产者预期、税收和补贴等。

供给的变化指供给曲线的移动;供给量的变化指在给定的供给曲线上从一点到另一点的移动。

三、均衡价格及其变动

市场需求曲线和市场供给曲线相交于一点,这一点上,市场需求量和市场供给量相等。两条曲线相交时的价格被称为均衡价格,而相交时的数量被称为均衡数量,这一点被称为市场的均衡。

在市场上,由于需求和供给力量的相互作用,市场价格趋向于均衡价格。如果市场价格高于均衡价格,则市场上存在物品的过剩,出现超额供给,超额供给使市场价格趋于下降;反之,如果市场价格低于均衡价格,则市场上存在物品的短缺,出现超额需求,超额需求使市场价格趋于上升直至均衡价格。因此,市场竞争使市场稳定于均衡价格。

当需求曲线因为某种因素发生移动,但供给曲线不变时,市场均衡发生变化,此时供给不变,但供给量沿着供给曲线发生变动。相应的,当供给曲线因为某种因素发生变动,但需求曲线不变时,市场均衡发生变化,此时需求不变,但需求量沿着需求曲线发生变动。

需求变动分别引起均衡价格和均衡数量的同方向变动;供给变动分别引起均衡价格的反方向的变动和均衡数量的同方向的变动。

1-2 案例分析

【案例1】 "姜你军"为何再次来袭?

"售价贵过猪肉" 生姜价格涨至 2010 年新高

近日,记者在山东多家超市采访发现,"姜你军"再次来袭。"姜价涨得太离谱了,1 公斤竟然超过 20 元了,有些猪肉 1 公斤还不到 20 元,这生姜比猪肉还贵了。"在山东潍坊一家超市,一位正在购物的消费者说。

在山东一些蔬菜批发市场和产地,姜价虽然比超市便宜不少,但同比涨幅依然明显。山东匡山农产品综合交易市场信息中心工作人员孙玉勇说,市场内的生姜价格持续上涨,今年的姜价是去年的 3 倍,这几天,市场内姜价为 13 元/公斤,而去年同期只有 4.5 元/公斤。

山东省莱芜市是生姜主产区之一,不少种植户也向记者反映,近期生姜的收购价格上涨较快。董茂圣是莱芜市莱城区羊里镇陈家庄村的姜农,也是这个村唯一的生姜收购户。"前两天刚卖了 50 多公斤生姜,价格为 10 元/公斤。今年以来,每公斤生姜已经涨了 4.6 元。"他说。

据新华社全国农副产品和农资价格行情系统监测,2 月中旬以来生姜价格出现较为明显的上涨走势,目前已创下 2010 年以来的新高。

记者了解到,今年姜价的大幅上涨让姜农"赚了一把"。莱芜姜农李宪顺给记者算了一笔账:种一亩生姜,姜种、化肥、人工等成本大约为 3 000 元。按平均亩产 3 000 公斤、地头收购价 10 元/公斤计算,一亩生姜能挣 2.7 万元左右。

姜价大涨源于"毒生姜"后遗症?

业内人士认为,2013 年"毒生姜"事件之后生姜价格暴跌,农民种植积极性严重受挫、生姜种植面积减少,加之去年气候异常,生姜单产降低,导致生姜总体产量减少,推动价格暴涨。

2013 年 5 月,有媒体报道有农户使用剧毒农药"神农丹"种植生姜,导致不少消费者不敢购买生姜,一时间许多地方生姜价格出现暴跌。"'毒生姜'事件的发酵让本就低迷的生姜价格雪上加霜,姜农积极性受挫,生姜种植面积持续缩减,一些主产区种植面积甚至减少了 20%以上,这导致生姜产量大幅减少。"中投顾问高级研究员郑宇洁说。

不仅种植面积缩减,受气候影响,生姜单产也比往年有所下滑。"去年夏天雨水大,都生了姜瘟,平均一亩地至少减产20%,村里十户有三户都绝产了,市场上生姜供应量比往年明显减少。我这几天去收购生姜时,姜农们普遍反映,留种都还不够,哪儿有多余的卖。"董茂圣说。

还有专家认为,当前正处于生姜"青黄不接"时期,这也推高了姜价。寿光蔬菜指数中心分析师王瑕说,每年这个时候生姜都会出现"青黄不接",现在市场上销售的生姜都是去年姜农储存起来的,在新姜上市之前供应量只会越来越少,因此姜价还将继续上涨。

(案例来源 潘林青、叶婧:《"姜你军"为何再次来袭?》,http://news.xinhuanet.com/fortune/2014-03/10/c_119690421.htm,2014-03-10)

思考题:
1. 生姜的价格为什么持续上涨?需求和供给是如何影响其价格的?
2. 什么是供求规律?你如何理解?

案例评析:

1. 在市场上,由于需求和供给力量的相互作用,市场价格趋向于均衡价格。如果市场价格高于均衡价格,则市场上存在物品的过剩,出现超额供给,超额供给使市场价格趋于下降;反之,如果市场价格低于均衡价格,则市场上存在物品的短缺,出现超额需求,超额需求使市场价格趋于上升直至均衡价格。因此,市场竞争使市场稳定于均衡价格。"豆你玩""蒜你狠""姜你军""苹什么""向前葱",疯狂的蔬菜价格持续上涨的幕后推手是什么?2013年"毒生姜"事件导致不少消费者不敢购买生姜,消费者需求下降,在需求曲线往左边移动时供给曲线没有发生变动,短时间内生姜价格暴跌,导致农民种植积极性严重受挫、生姜种植面积减少。由于生姜种植面积大量减少,2013年气候异常生姜单产降低,导致2014年生姜总体产量减少。而2014年生姜需求趋于正常,生姜的供给曲线往右边移动,导致生姜价格暴涨。由于农产品生产的周期性,短时期内生姜的供给量无法增加,且在新姜上市之前供应量只会越来越少,因此姜价还将继续上涨。

2. 供求规律是指商品的供求关系与价格变动之间相互制约的必然性,它是商品经济的规律。首先,商品的供求变动引起价格变动,当商品供不应求时,价格上涨。这种供不应求会引起价格上涨的趋势,可以在供应量不变,而需求量增加的情况下发生;也可以在需求量不变而供应量减少的情况下发生;还可以在供应量增长赶不上需求量的增长的情况下发生。商品供过于求,价格就要下降。供过于求引起价格下降,可以在需求量不变而供应量增加的情况下发生;也可以在需求量增长赶不上供应量增长的情况下发生。其次,商品的价格变动也会引起供求的变动。当其他因素不变,市场需求量与价格呈反方向变动,即价格上涨,需求减少;价格下跌,需求增加。同理,市场供给与价格呈同方向变动,即价格上涨,供给增加;价格下跌,供给减少。价格的涨落会调节供求,使之趋于平衡。

【案例2】 "非典"期间醋和板蓝根的非理性抢购

2003年"非典"的肆虐让不少人记忆犹新。从广东开始蔓延的"非典型性肺炎"的消息传遍全国各地,具有消炎和预防作用的板蓝根、抗病毒口服液、食盐、醋等商品价格在全国暴涨,引发抢购潮。

有报道称,"非典"消息一传开,广大市民就开始了板蓝根、抗病毒口服液、醋等商品的抢购行为,信息灵通者整箱购进上述商品,11日,抢购风达到高潮,价格迅速攀升。在长沙市,上午8时,广州白云制药厂生产的板蓝根冲剂零售价格由每盒2.8元上涨到6.5元,抗病毒口服液、白醋价格也跟随上涨,到上午10时,从长沙、株洲、岳阳等所有大城市直至偏远的耒阳、道县等小市县,上述品种价格均在飞速上涨,如岳阳市板蓝根冲剂零售价格由每盒2.8元涨到12元,白醋由每瓶1~1.5元涨到15元;邵阳市抗病毒口服液由每盒7元涨到20元,白醋每瓶由2.5元涨到25元;部分偏远地区白醋每瓶涨到50元。2月13日,食盐价格也开始了抢购,长沙、株洲、岳阳、郴州等地出现了抢购现象,如长沙每500克食盐由原来1元涨到2元,攸县盐价最高的卖到7元,很多商店脱销。

一场"非典"吓得淳朴的居民跟大都市的市民一样,能少出门便少出门,而与其他商铺相反的是,一家小药店里却显得异常热闹,只见里面挤满了早起的外地旅客,他们纷纷询问有无板蓝根出售。老板回答说,板蓝根冲剂存货少,售价30元/包。旅客们听罢毫不犹豫地掏出大把钞票购买。不到一顿饭工夫,小店存有的几十包板蓝根转眼被抢购一空,晚来的旅客只好买剩下的中药板蓝根,价格为10元/包。

(案例来源 田秀:《"非典"那年,你抢过醋吗?》,宝安日报,2013-03-01,第6版)

思考题:
1. 需求和供给是如何互相影响的?
2. 你如何看待恐慌性事件后的价格欺诈?

案例评析:
1. 在市场上,当某种商品的需求大于供给时,短期内,存在商品的短缺,在现行价格下需求者不能买到他们想买的商品,此时商品供给之间不存在竞争,商品供给者即使提高商品价格其销量也不会下降。如果消费者对商品的需求因为涨价而减少或者能找到其他的替代品,那么在供给量不变的情况下,商品的需求曲线往左移动,价格会重新下降直到达到均衡。相应的,如果短期内消费者对该商品的需求不会因为涨价而减少,同时也无法找到其他的替代品,供应者无法增加商品供应,那么商品的价格会持续上涨。而如果超过生产周期和生产者的反应时间,商品价格的上涨会刺激供应者增加商品的供应,供给曲线持续向右移动,那么商品价格无法持续上涨,需求和供给会达到一个新的平衡。

美国卡特里娜飓风过后,新奥尔良的汽油和瓶装水等基本商品出现了需求增加和供给减少的情况,需求曲线往右移动,供给曲线往左移动,引起汽油和瓶装水的价格持续暴涨。政府、媒体和人们抱怨加油站和水供应商是价格欺诈者。但是,如果汽油和瓶装水的价格没有上涨,那么人们在这种情况下容易囤积更多的汽油和水,而加油站和水供应商无法在这个价格水平上克服各种困难来持续性地供应汽油和水,使得更多真正需要的消费者无法买到汽油和水。相反,如果加油站和瓶装水供应商大幅度提高汽油和水的售价,成为面目狰狞的价格欺诈者,为了在灾害中活下去,人们只能支付高昂的价格并且谨慎地购买。而加油站和水供应商预期到人们对汽油和水的需求增加,会想办法克服困难保证汽油和水的供给,以获得惊人的利润。这样,大家在灾害中都活下来了,强迫价格下降,会赶走供给者,让市场发挥作用,供给者就来了,同时供给者之间的竞争会使价格下降到大部分人能负担的水平。正如亚当·斯密所写的:"我们每天所需的食物和饮料,不是出自屠户、酿酒师或面包师的恩惠,而是出于他们利己的打算。"

2. 从广东开始蔓延的"非典型性肺炎"事件是恐慌性事件,具有消炎和预防作用的板蓝根、抗病毒口服液、食盐、醋等商品价格暴涨可以看作一种价格欺诈。从需求和供应的角度上来看,"非典"事件中,人们对板蓝根、醋和食盐的作用的判断和事件严重性的预期影响了对这些物品的需求,需求曲线向右移动,一方面购买的意愿基于心理因素,超越了经济学的范畴,另一方面这类物品也找不到替代品,短期内因为生产周期和反应时间差,这些物品的生产者无法增加商品的供应,导致这些商品短期内的非理性上涨。之后,政府对"非典"的有效控制以及对这些物品能预防"非典"的辟谣,使得这些商品的价格都回归理性。但是,这种价格欺诈真的应该口诛笔伐吗?从供需的角度来看,我们首先要承认消费者高价抢购是基于自愿交易,且认为购买到醋、板蓝根等商品所带来的价值比支付的高昂价格更有价值,因此,交易中没有亏损方和受害者,买卖双方都因为交易而受益。高价抢购醋是完全自愿的,对买卖双方都有利的行为。

【案例3】 王菲演唱会天价门票被秒光

王菲12月30日在上海的"幻乐一场"演唱会前天晚上8点开启预售,看台票价格1 800~7 800元,内场票并没有放出。预售刚开启,39万人同时在线抢票,32秒被一扫而空,显示缺货。王菲此次的票价也再次刷新了华语乐坛的新纪录。在"黄牛"市场,据称王菲的内场一排门票已经被炒至20万元一张。有网友感叹:这已经是全世界最贵的明星演唱会门票了,感觉去看王菲演唱会已经成为"显摆大赛",能弄到票的人,就是有资源、门路和地位的。

王菲演唱会天价门票为何引发舆论场如此巨大的关注与喧嚣?因为这张"物超所值"的昂贵门票,已经成为这个商业娱乐时代的幻乐一场。这场被事先张扬的天价演唱会,门票于12月5日晚8点开启预售,看台票价格1 800~7 800元,内场票未放出。预售刚开启,便一扫而空,显示缺货。事实上,从这场名叫"幻乐一场"的演唱会被宣布12月30日晚在上海举办,并且"就此一场"的时刻,故事就几乎已经被写定。宣布举办演唱会后,屡次有天价门票传闻,"黄牛"更将第一排1号2号的叫价抬高到100万元。

过高的票价显然为王菲引来了负评,这一次,争议压倒了"情怀"。互联网上海量的争议声浪涌向王菲,也有一些"死粉"对王菲进行了力挺。但这一切的争议都无法阻挡王菲演唱会门票被秒光的事实。

天价门票事件,到底是一场网民眼中的市场套路,还是商业时代市场定价的必然结果?比起王菲演唱会天价门票到底值不值,更值得问的问题是:王菲演唱会天价门票为什么被秒光?

当王菲演唱会门票被炒到上万元、60万元,甚至100万元时,有网民感叹说,这堪称全世界最贵的明星演唱会门票了。预售门票被32秒抢光,也有粉丝质疑这只是走个形式,目的只是说明王菲是在为歌迷开演唱会,并非为了钱,也不是给企业家唱的"堂会"。内部人士这样说,"公开可售数量有限,演唱会由公安监控售票,想买票的一律要自力更生,内外一致。大部分门票会以赠予、慈善捐款、赞助商回馈的方式放出,能拿出来的预售票其实很少。""黄牛票"炒到20万元一张,不排除会有小部分赠票流通到市场,被高价叫卖,但是大多数"黄牛"手上是否有票,依旧存疑。

娱乐圈"手撕一姐"金星分析称,王菲演唱会门票之所以定得这么高,都是商业演出的市场套路,主办方会把前面几排的位置封死不会出票,然后对外叫一个非常高的价格,让大家觉得一票难求,也就是现在大家都玩滥了的"饥饿营销"。

金星对于演唱会门票质疑的态度无疑是主流的,因为王菲的天后身份,舆论的情绪中必然还裹挟着天价门票之外,舆论对于王菲本人的质疑。这些信息的混合,使王菲天价门票及其门票被秒杀的事实更加复杂,也使王菲天价门票的悖论更迫切需要厘清。

(案例来源　陈李育:《王菲演唱会天价门票被秒光,背后有何内幕?》,http://ent.gog.cn/system/2016/12/07/015265770.shtml,2016-12-07)

思考题:
1. 你如何看待王菲演唱会天价门票事件?
2. 歌星的高收入合理吗?

案例评析:

1. 按照需求法则,在其他条件不变的情况下,商品价格上升,则需求量下降;反之,商品价格下降,则需求量上升。为什么王菲演唱会的门票达天价需求不仅没有减少,反而出现了被秒光,一票难求的情况?从现象看,这显然是与需求定律不容,这是否意味着需求定律是错的?不是,因为我们还没有考虑"其他条件"。

在本案例中,其他条件发生了变化。王菲"幻乐一场"演唱会被宣布12月30日晚在上海举办,并且"就此一场",商品的供给十分有限,而王菲作为实力天后,歌迷众多,"情怀"二字足以让歌迷为之买单,而"情怀"基于消费者的偏好,超越了经济学的理性范围,因此需求旺盛,是典型的"物以稀为贵",天价门票也不足为奇了。

实践中,我们则要经常考虑"其他条件"。比如冬天突降大雪时,白菜的价格上涨了,但是人们却购买了更多的大白菜,是因为人们预期接下来的天气会更冷,大白菜的价格还会继续上涨,因此提前储备,导致大白菜的需求量增加了。依此类推,股票价格上涨,买的人反而多了,是因为存在"其他条件",如投资者预期该股票的价格还会上涨,有钱可赚。同理,土豆价格上涨,需求量反而上升,是因为消费者收入较低,买不起其他食品,或者说,消费的主食因收入的限制而只好采用土豆,当土豆价格上涨时,他们预期价格还会涨,于是就去抢购了,这就是经济学所说的"吉芬商品"。

2. 歌星的高收入是由歌星的供给和公众的需求决定的,这是市场机制作用的结果,既然对歌星的消费需求如此之大,而供给方又稀缺,也就是说在市场上一些著名歌星有完全垄断地位,因此他们的高收入不仅是合理的也是公正的,少数歌星是竞争出来的。当看到一夜走红的歌星收入高于十年寒窗苦读的教授许多时,难免有不平衡之感,但从经济学的理性来看,歌星的高收入是市场决定的。

【案例4】　外媒:小米低价智能手机热销的五大原因

智能手机制造商小米公司凭借其闪购与低廉的销售与定价策略已在业内占据一席之地。然而,小米对整个产业和市场份额是否产生了影响呢?据国外媒体PhoneRadar文章从细节讨论这个问题,我们看看小米是如何把手机卖得这么便宜的。

在此之前,我们需要了解小米是如何在4年内从一家初创公司成长为市值100亿美元(约合人民币 600 亿元)的大公司的。2010 年,雷军发布了基于安卓操作系统的 MIUI 系统,之后他意识到专为 MIUI 系统优化硬件的重要性。随后的 8 月,这家互联网初创公司发布其第一款智能手机,命名为小米 1,价格十分优惠。不仅如此,小米还为中国其他手机制造商开了个好头。短短几年,小米已售出 1 500 万台小米手机,超过同期三星 1 320 万的出货量。

小米的成功可以归功于五个原因,正是因为它们,这家中国手机制造商才能在不断发展的手机产业中保持领先,并最终动摇了行业规则。接下来,我们就来看看伴随小米成功一路走来的这些原因。

1. 有限生产

生产方面,小米从米 1 开始就一直保持着正确的策略。遵循这条方针的小米按需生产,不容易亏损,因为不会有滞销库存,管理更少的存货时风险更小。不仅如此,随着原材料成本降低,小米还能生产更多的产品。

然而,这种策略有个很明显的缺陷。销售窗口一次只允许有限的库存,消费者需要等待很长时间才能拿到产品,小米会因此失去潜在销量。2013 年,该公司的红米手机一经发布便接受了 740 万台预定,即使供应如上文提到的那样吃紧。

2. 薄利多销

小米手机几乎是手机行业最便宜的产品,因此许多消费者都认为它们质量并不好抑或小米公司无法从中获得可观的利润。然而事实并不是这样。研究公司 Fomalhaut Techno Solutions 报告称,就小米 3 来看,每部米 3 成本价为 157 美元(约合人民币 962 元),该产品在印度售价为 13 999 印度卢比(约合人民币 1 400 元)。而在一些国家,米 3 甚至可以卖到 300 美元(约合人民币 1 800 元),所以即使是小米这样的超低价手机也是有可观的利润的,并且大多数在质量标准上不会妥协。

3. 非传统营销

随着小米与各个国家的主流电商平台合作,它们并没有在零售店、纸质媒体、电视或网络上投入大量营销预算。这些电商不仅销售手机,同时还有耳机、T 恤和小米兔公仔等周边在售。小米宣称仅 2012 年它们售出的公仔超过 18 万套,并且不包含东南亚国家(如马来西亚、菲律宾、印度尼西亚和印度)的销售量。

小米手机的高质量和差异性特色甚至已经传到了小米未开展运营的国家。比如在印度,至少有十万人知道小米手机很有意思。口口相传的口碑才是最好的营销。

4. 闪购

想不想买是一回事,买不买得到则是另外一回事了。和不时地向消费者推广手机不同,小米公司总是让消费者等待。人们通过注册预定产品的同时,小米可以大概了解有多少真正想要购买产品的消费者。

4 年的积累,让小米从一家初创公司发展成为市值 100 亿美元的制造商,同时,每一家智能手机制造商都学到了它的这种策略。然而这些策略根本就不是什么秘密,几乎每一家分析公司都公布了研究小米商业策略的报告。小米全球副总裁在 Yourstory 上引用下文进行了解释:"我们是一家电商,依靠互联网销售独家产品生存,因此我们的价格十分低廉:有供货与出货成本就够了。"

5. 类似Kindle的商业模式

尽管小米想要淡定地面对自家产品超低的定价,但未来要增加产品产量还是需要更多的利润,毕竟它打算在年内在更多的国家开展业务,包括稍后几个月的巴西、墨西哥和俄罗斯。

MIUI是最好最流行的安卓深度定制系统之一,小米利用平台的优势,打造出一个主题商店,拥有成百上千的免费和付费主题。免费主题可直接下载,付费主题通过小米账号支付下载。

这项策略和亚马逊Kindle平板系统向消费者推送电子书的做法类似。但是,小米可能并不会向用户推送服务:其良好的生态系统能确保为用户提供独家媒体内容。随着小米电视在中国热销,未来我们可能也会在智能手机上看到更多的独家内容。

(案例来源 范艺恒:《外媒:小米低价智能手机热销的五大原因》,http://tech.huanqiu.com/comm/2014-10/5164417.html,2014-10-13)

思考题:
试用价格需求理论分析小米手机热销问题。

案例评析:
一种物品的需求量是买者愿意并且能够购买的该种物品的数量。任何一种物品的需求都是由很多因素决定的,而其中物品的价格起着最关键的作用。如果小米手机的价格上升,小米手机对消费者的吸引力会降低从而减少购买量;相反,如果小米手机的价格下降,更多的消费者会来购买小米手机。在经济中,对大部分物品来说,这种价格和需求量的关系都是正确的。也就是在其他条件不变的情况下,一种物品的价格上升,对该物品的需求量减少;一种物品的价格下降,对该物品的需求量增加,经济学家称之为需求定理。

从需求和供给的角度来看,小米手机采取了有限生产和薄利多销的策略。从表面上看,和传统的供需竞争决定价格有所不同,小米在生产成本基础上考虑竞争者提供的商品和手机性能条件,以较低的利润事先将销售价格确定下来,根据大家的需求量来确定产品的产量。但从本质上来看,这个事先确定的价格就是均衡价格,以销定产的实现基础是在了解消费者市场的基础上,事先将消费者的有效需求考虑到价格制定策略中去,也就是在这个价格水平上,小米手机给消费者超高的性价比,消费者的需求量大增,小米按需求量确定生产量,所以这个均衡价格还是供给和需求竞争的结果。相应的,如果小米手机在这个价格上没有给消费者以高性价比,消费者的需求就会大大减少,小米手机要么减少供应,要么降价价格,从而无法实现超低价手机的可观利润。

另外小米类似Kindle的商业模式,可以让小米获得更多的利润。虽然小米手机利润较低,但小米的主题商店和生态系统都是小米手机的互补产品,在小米手机销量暴涨的同时,消费者对小米手机互补产品的需求就会增加,充实了小米的盈利模式。

【案例5】 专家吁中国提高烟草税率等手段抑制烟草消费需求

北京5月30日电(记者丁栋) 5月31日是第27个世界无烟日,今年的主题是"提高烟草税",目前,中国烟草税率只占零售价40%左右,远低于大多数国家65%左右的水平。专家呼吁,"重税控烟"已成为目前最有效的控烟方法,中国应通过提高烟草税率等经济手段抑制烟草消费需求。

在世界无烟日前夕,世界卫生组织披露的数字显示,卷烟价格提高10%,中低收入国家的卷烟需求会下降2%~8%,放弃吸烟的成年烟民增加3.7%,放弃吸烟的青少年烟民增加9.3%。该组织呼吁各成员大幅提高烟草税,以减少吸烟人数和吸烟导致的健康风险。

"国际经验表明,提高烟草税是'性价比'最高的控烟策略:它能有效降低烟草使用,还能增加政府财政收入,却对烟草业没有太大短期影响,"中国疾控中心原副主任杨功焕指出,理想的烟草税收应该占零售价格的67%至80%。

据了解,中国周边国家和地区也在逐步提高烟草税率,目前烟草税率缅甸为75%,泰国为79%,印度为72%,新加坡为64%,日本为61%,而中国目前的烟草税率约为43.4%,远低于全球的平均水平。

专家表示,虽然中国政府在2009年调整了烟草制品消费税政策,但除极少数高价烟外,其他卷烟价格都未发生变化,"调税不调价"未对烟草消费者构成实际影响。

此外,随着中国高档香烟消费锐减,中低档烟草消费群体,特别是未成年人成为烟草销售争取的对象。相对低廉的烟价,也是青少年可以轻易接触烟草的原因之一。

最新调查显示,中国13至15岁在校初中学生现在的吸烟率为6.4%,10个男生中就有1个人吸烟,部分省份初中学生烟草使用率甚至高达20%左右。

据测算,卷烟消费税如能提高2倍,卷烟零售价格可增加约1倍,而卷烟消费将至少降低30%,同时还会增加国家税收。相关专家认为,"以税控烟"既可增加财政收入,又能减少人群烟草消费量,对价格依从性高的青少年而言,意义更大,有着"一箭双雕"的效果。

(案例来源 丁栋:《专家吁中国提高烟草税率等手段抑制烟草消费需求》,http://www.chinanews.com/gn/2014/05-30/6232087.shtml,2014-05-30)

思考题:
1. 烟草税是如何抑制烟草消费需求的?
2. 公共政策制定者还采取了哪些方法来减少香烟需求量?

案例评析:

1. 2009年中国调整了烟草制品消费税政策,但由于消费税率有限,除极少数高价烟外,香烟供应者并未调整香烟价格,香烟的供给曲线和需求曲线并未发生变化,因此"调税不调价"未对烟草消费者构成实际影响。

如果政府对香烟征收高额的消费税,烟草供应商要想获得和之前一样的利润,只能把高额的消费税以提高香烟价格的形式转嫁到消费者的身上。此时,香烟供给者在任何一个既定价格水平下生产并销售的香烟数量会减少,供给曲线会往左上方移动,需求曲线并没有发生变化,市场竞争让香烟的需求曲线和供给曲线相交于一个新的点并达到均衡,香烟的需求量发生变动。均衡价格上升,而均衡数量减少,较高的价格会促使吸烟者减少他们的吸烟量,从而达到政府控烟的目的。

2. 主要通过征收烟草消费税,提高香烟的价格,从而改变消费者的香烟需求量来控烟。除此以外,公共政策制定者们通过要求香烟供给者在包装盒上印上"吸烟有害健康"的警示语、更大幅的图片警示标识、禁止在电视上做香烟广告来降低香烟对消费者的吸引力,改变消费者的消费偏好,从而减少消费的数量和频率,在供给曲线不变的情况下,使得需求曲线往左移动,减少香烟的消费量。

第二章 弹性理论

2-1 理论要点

在讨论需求和供给的决定因素时,发现当一种物品的价格发生变化,消费者对该物品的需求量和供应者的供给量都会发生变化,但价格变化对供给量影响多大却不得而知,需要定量分析。本章引入弹性的概念,主要介绍需求价格弹性和供给价格弹性的含义、计算公式,需求交叉弹性计算公式及其商品分类法和需求收入弹性计算公式及其商品分类法。

一、需求价格弹性

需求价格弹性表示需求量的变动对价格变动的敏感程度。需求价格弹性系数为需求量变化百分比除以自身价格变化百分比。它分为五大类:完全有弹性、有弹性、单位弹性、无弹性和完全无弹性。影响需求价格弹性的因素主要有:商品的必需程度、商品的可替代性、商品在消费者总开支中的比重、商品类别的大小和时间的长短。

二、需求价格弧弹性和点弹性的计算

需求价格弧弹性的公式为

$$e_d = -\frac{\frac{\Delta Q}{Q}}{\frac{\Delta P}{P}} = -\frac{\Delta Q}{\Delta P} \cdot \frac{P}{Q}$$

需求价格点弹性的公式为

$$e_d = \lim_{\Delta P \to 0} -\frac{\frac{\Delta Q}{Q}}{\frac{\Delta P}{P}} = -\frac{\mathrm{d}Q}{\mathrm{d}P} \cdot \frac{P}{Q}$$

三、需求价格弹性和厂商的销售收入

当 $e_d > 1$,价格下降则销售收入上升,价格上升则销售收入下降;当 $e_d < 1$,价格下降则销售收入下降,价格上升则销售收入上升;当 $e_d = 1$,无论价格下降还是上升,销售收入都不变。

四、供给价格弹性

供给价格弹性反映供给量的变动对价格变动的敏感程度。供给价格弹性系数为供给量

变化百分比除以自身价格变化百分比。影响供给价格弹性的因素主要有:进入和退出行业的难易程度、供给者类别的大小、时间的长短和产量的大小。

五、需求交叉弹性

需求交叉弹性是衡量某种商品的需求量变化率对另一种相关商品价格变化率的反应程度。替代品的需求交叉弹性为正,互补品的需求交叉弹性为负。

六、需求收入弹性

需求收入弹性是计算需求量变化率对收入变化率的反应程度的一种度量。即商品的需求量的变动率和消费者的收入量的变动率的比值。正常品的需求收入弹性为正,劣等品的需求收入弹性为负。

2-2 案例分析

【案例1】 禁毒增加还是减少了与毒品相关的犯罪?

最高人民法院今天发布《人民法院禁毒工作白皮书》(2012—2017),通报十八大以来人民法院开展禁毒工作的主要举措和成效。这是最高法首次发布禁毒工作白皮书(以下简称白皮书),最高法同时公布了十起体现法院依法严惩毒品犯罪和涉毒次生犯罪的典型案例。

最高法认为,受国际毒潮持续泛滥和国内各自因素影响,我国正处于毒品蔓延期、毒品犯罪高发期和毒品治理攻坚期,禁毒任务仍艰巨。

白皮书梳理了十八大以来毒品犯罪审理情况,毒品犯罪数量和人数呈增多趋势。

具体而言,全国法院一审审结的毒品犯罪案件数从 2012 年的 76 280 件增至 2016 年的 117 561 件,增幅为 54.12%;判决发生法律效力的犯罪分子人数从 2012 年的 81 030 人增至 2016 年的 115 949 人,增幅为 43.09%;毒品犯罪案件在全部刑事案件中所占比例也从 2012 年的 7.73% 增至 2016 年的 10.54%,毒品犯罪成为增长最快的案件类型之一,增幅是全部刑事案件总体增幅的 4.12 倍。

白皮书指出,我国面临境外毒品渗透和国内制毒犯罪蔓延的双重压力,走私、制造毒品等源头性犯罪均呈加剧之势。

一方面,"金三角""金新月"及南美等境外毒源地的渗透加剧,云南、广东等边境、沿海地区的毒品走私入境犯罪仍保持高位。另一方面,国内制造甲基苯丙胺、氯胺酮等合成毒品犯罪较为突出,由以往高发于广东、四川等省份开始向其他省份蔓延,目前全国已有 26 个省份发现制毒活动。

白皮书披露,受制造毒品犯罪增长影响,麻黄碱、羟亚胺、邻氯苯基环戊酮等制毒物品流入非法渠道的形势严峻,全国法院一审审结制毒物品犯罪案件数从 2012 年的 145 件增至 2015 年的 288 件,增长近 1 倍,2016 年案件量虽有所回落,但制毒物品缴获量大幅增长,且新的制毒原料、制毒方法不断出现。

源头性犯罪加剧的同时,零包贩卖毒品等末端毒品犯罪也在增长,在犯罪方式上,利用互联网、物流寄递渠道实施毒品犯罪的案件增多。

白皮书提到,零包贩卖毒品一般指涉案毒品 10 克以下的贩毒案件,这类犯罪是毒品犯罪的末端环节,通常占贩卖毒品案件的一半以上,在全部毒品犯罪案件中也占有较高比例,社会危害不容忽视。相当数量的零包贩毒人员本身吸食毒品,系为获得吸毒所需资金而实施毒品犯罪,由此形成以贩养吸的恶性循环。

白皮书还称,涉案毒品种类呈现多样化的现象也不容忽视。在涉案毒品种类方面,甲基苯丙胺(包括冰毒和片剂)、海洛因仍居于主导地位,其中传统毒品海洛因所占比例逐年下降,合成毒品甲基苯丙胺所占比例不断增长,在大部分地区已超过海洛因成为最主要的涉案毒品。同时,新类型毒品犯罪总体呈上升趋势,其中涉氯胺酮犯罪所占比例最大,涉甲卡西酮、曲马多、芬太尼、恰特草等新类型毒品犯罪时有发生。

最高法刑五庭庭长叶晓颖介绍说,面对严峻的毒品犯罪形势,法院坚持从严惩处的指导思想。

具体做法是:重点严惩走私、制造毒品、大宗贩卖毒品等严重毒品犯罪,加大对制毒物品犯罪、多次零包贩卖毒品、引诱、教唆、欺骗、强迫他人吸毒及非法持有毒品等犯罪的惩处力度;严格规范毒品犯罪的缓刑适用,从严把握毒品罪犯的减刑条件,并严格限制对严重毒品罪犯假释;注重依法追缴毒品犯罪分子的违法所得,充分适用财产刑并加大执行力度;注重依法严惩因吸毒诱发的故意杀人、故意伤害、抢劫、以危险方法危害公共安全等严重犯罪。

同时,对罪行较轻,或者具有从犯、自首、立功、初犯等法定、酌定从宽处罚情节的毒品犯罪分子,法院根据宽严相济刑事政策和罪刑相适应原则,依法给予从宽处罚,以分化瓦解毒品犯罪分子,预防和减少毒品犯罪。

白皮书显示,2012年至2017年,人民法院的毒品犯罪审判规范化建设取得了显著成效,组织召开全国法院毒品犯罪审判工作座谈会并印发会议纪要、制定毒品犯罪司法解释、会同有关职能部门制定规范性文件、积极开展毒品犯罪专项指导。比如近年来先后针对涉甲卡西酮犯罪、涉麻黄碱类制毒物品犯罪和涉氯代麻黄碱犯罪案件的法律适用问题开展了专项指导,有效规范了法律适用,保证了案件审判效果。

白皮书还提到,2012年至2017年,人民法院严格落实禁毒工作责任,不断完善禁毒司法工作机制,各项工作均取得了实效。除了切实履行禁毒委成员单位职责、着力提升审判专业化水平,法院还积极推进禁毒司法理论研究。最高法与国家禁毒办经磋商,与西南政法大学、武汉大学分别合作共建研究中心,依托两校各自优势,开展禁毒基础理论研究,以促进禁毒基础理论研究和成果转化,推动禁毒工作特别是刑事司法工作取得新成效。

另外,2012年至2017年,人民法院积极参与禁毒综合治理,推动了禁毒工作的全面、深入开展。除了利用"6·26"国际禁毒日等时机集中开展禁毒宣传教育,法院依托审判资源优势,持续开展日常禁毒法制宣传;积极提出司法建议,促进完善禁毒防控社会体系。各级人民法院针对毒品犯罪审判中发现的治安隐患和社会管理漏洞,及时向有关职能部门提出加强源头治理、强化日常管控的意见和建议,促进禁毒防控社会体系的进一步完善。

(案例来源 王亦君:《最高法首发禁毒白皮书:毒品犯罪五年增五成 54.3万人被判刑》,http://news.cyol.com/content/2017-06/20/content_16211443.htm,2017-06-20)

思考题:

1. 政府加大了禁毒工作的力度后,非法毒品市场会发生什么变动呢?
2. 根据新闻所说,政府加大了打击毒品犯罪和惩处力度,为什么走私、制造毒品等源头性犯罪均呈加剧之势?

3. 请用供给价格弹性和需求价格弹性理论分析人民法院在过去的五年中积极参与禁毒综合治理取得的新成效。

案例评析：

1. 需求价格弹性衡量需求量对价格变动的反应程度。如果一种物品的需求量对价格变动的反应很大，说明这种物品的需求是富有弹性的；反之，则是缺乏弹性的。而需求价格弹性的大小取决于相近替代品的可获得性、该物品是奢侈品还是必需品、市场范围的大小和时间框架等因素。非法毒品的使用会影响吸毒者及其家庭生活，影响社会安定，因而国家花费巨资通过各种禁毒政策来限制非法毒品的使用。我们可以用供给和需求工具以及弹性理论来分析国家禁毒政策的有效性。

2. 严惩走私、制造毒品、大宗贩卖毒品等严重毒品犯罪的目的是为了减少毒品的供应，增加了出售毒品的风险和成本，从源头上让毒品市场减少供给，使毒品供给曲线往左移动，供应者会减少在任何一种既定价格下的毒品供应量。但是，对于吸毒成瘾的瘾君子而言，并不会因为毒品价格上升而根除自己的吸毒习惯，毒品是一种必需品，因此毒品的需求价格弹性很小，需求曲线没有发生移动，毒品的价格变动表现为沿着需求曲线的变动，也就是需求量的变动。此时，需求曲线和供给曲线相交于新的均衡点，在这一点上，虽然销售量减少了，但由于需求价格缺乏弹性，由于禁毒引起的毒品价格上涨的比例会大于毒品使用减少的比例，会增加吸毒者为毒品支付的总货币量，毒品供应者会因此赚取更多的利润，导致了毒品供应者铤而走险，吸毒者为维持吸毒习惯而变本加厉地犯罪。因此，从这个方面来看，禁毒会增加与毒品相关的犯罪。但如果加上时间框架这个条件，禁毒行为是可以减少毒品犯罪的，毒品价格的高企短期不会影响"瘾君子"，但长期会限制那些尝试吸毒的人们，使得毒品成为不能轻易尝试的奢侈品，减少有效需求，从而达到减少毒品犯罪的目的。

3. 为减少禁毒的负面影响，人民法院积极参与禁毒综合治理，采取了包括利用"6·26"国际禁毒日等时机集中开展禁毒宣传教育、开展日常禁毒法制宣传、促进完善禁毒防控社会体系等措施。从经济学角度分析，这些措施旨在通过禁毒教育抑制人们的毒品需求。实施了成功的禁毒教育后，人们对毒品的需求减少了，需求曲线往左边移动，在供应曲线不变的情况下，均衡量和均衡价格都下降了。同时人们对毒品危害性的认知使得毒品的需求价格弹性小，即使价格下降，人们对毒品的消费增加量也十分有限，毒品供应者无利可图，而风险成本又很高，从而逐渐减少甚至退出市场。

【案例2】 欧佩克与俄罗斯等非欧佩克产油国的减产协议阻止不了油价的下跌

虽然欧佩克与俄罗斯等非欧佩克产油国达成延长减产协议，共同努力限制石油产量，但全球库存高企和新增的供应潜力仍对油价构成较大压力。

今年以来，国际原油市场供应过剩形势始终没有显著改变。尽管石油输出国组织（欧佩克）带头减产以提振油价，但收效甚微。国际油价持续下跌，连续几周刷新当前低点，跌势难止。截至6月21日，美国西得克萨斯中质原油8月份期货价收跌0.98美元，跌幅2.3%，报每桶42.53美元，盘中触及42.13美元的2016年8月份以来最低价。布伦特原油8月份期货价则收跌1.20美元，跌幅2.61%，报每桶44.82美元。今年上半年，油价累积下跌超过

20%，这是布伦特原油自1997年以来最大的上半年跌幅。过去20年里，油价在上半年下跌的仅有6个年头，其余全部为上涨。

虽然上月欧佩克与俄罗斯等非欧佩克产油国达成延长减产协议，共同努力限制石油产量，但全球库存高企和新增的供应潜力仍对油价构成较大压力。一方面，美国石油钻井活动持续扩张，页岩油产量不断刷新纪录。美国能源情报署（EIA）最新数据显示，美国生产商已经连续22周增加钻机数，原油产量达到935万桶/日，这已经接近主要产油国俄罗斯和沙特的水平。随着美国页岩油产量的不断攀升，国际石油市场供过于求局面将进一步加剧。

另一方面，在欧佩克内部，获得减产协议豁免的利比亚和尼日利亚石油产量也在不断增长之中。数据显示，利比亚近日的石油产量创下4年来的最高水平，达到90万桶/日。还有消息称利比亚计划7月底前将石油日产量提高至100万桶。尼日利亚8月份原油出口量也将达到日均22.6万。欧佩克报告指出，5月份欧佩克成员国减产执行率依然高达106%，但利比亚和尼日利亚的产量持续回升致使5月份欧佩克供应跳升，产量增长到每日3 208万桶，创下2017年来最大月度产量增幅。上述两国的持续增产使得欧佩克减产效果大打折扣。

与此同时，需求不旺的信号也导致市场信心下滑。作为全球最大石油消费区域，亚洲的需求增长开始出现停滞迹象。日本财务省近期公布的数据显示，该国5月份原油进口同比减少13.5%，跌至283万桶/日。印度5月份原油进口同比减少4.2%。此外，美联储加息和美元走强，也使以美元计价的油价受到冲击。

目前，原油市场被负面情绪笼罩，市场对供应过剩的担忧还将不断持续。欧佩克和其他产油国可能会进一步采取措施削减产量，但美国原油钻井数量增多以及利比亚、尼日利亚原油产出上升将使减产效应抵消大半。伊朗石油部长尚甘尼日前表示，欧佩克成员国可能考虑加大减产力度，但需要等到厘清当前减产水平的效果之后。这是欧佩克成员国石油部长首次暗示可能采取进一步行动。不过他同时也表示，进一步减产对于多数成员国来说非常困难。有关新的减产措施很可能会在7月底于莫斯科举行的欧佩克与非欧佩克产油国部长级监督委员会上讨论，届时欧佩克的下一步动向将会更加明了。

（案例来源　黄海顺：《减产效果打折扣，国际油价跌不休》，经济日报，2017-06-23，第8版）

思考题：
1. 为什么欧佩克与非欧佩克石油产出国的减产协议无法阻止国际石油价格的"跌跌不休"？
2. 从历史上看，欧佩克为什么只是在短期中保持了石油的高价格？

案例评析：
1. 从供需的角度来看，欧佩克与非欧佩克石油产出国的减产协议之所以无法阻止国际石油价格的下跌是因为石油的实际供应并未减少，而石油的实际需求却因为全球经济的疲乏而需求不足。一方面，虽然欧佩克和俄罗斯等非欧佩克石油产出国控制了石油产量，但是美国的原油产量已经接近主要产油国俄罗斯和沙特的水平，获得减产协议豁免的利比亚和尼日利亚石油产量也在不断增长之中，因此全球石油的供应量并没有减少，甚至供应曲线可能往右移动。另一方面，2008年以来的石油低价已经让很多国家石油库存高企，而全球经济的低迷包括中国经济的放缓，使得石油需求不足，并且短期内这种情况还将持续，所以石油的均衡价格会"跌跌不休"。

2. 从本章理论要点可以得知,影响需求价格弹性的因素包括商品的必需程度、商品的可替代性、商品在消费者总开支中的比重、商品类别的大小和时间的长短。而影响供给价格弹性的因素主要有:进入和退出行业的难易程度、供给者类别的大小、时间的长短和产量的大小。

欧佩克组织自20世纪70年代以来,多次通过限制石油产量的方式提高世界石油价格,增加组织成员国的收入,但是欧佩克很难持续维持石油价格的高昂价格。70年代,欧佩克组织的限产引发了两次石油危机,世界石油价格暴涨,80年代后,欧佩克成员国合作破裂,石油价格回落至70年代的水平,到了21世纪初期,由于战争、自然灾害等原因导致石油供给减产,而全球经济的繁荣尤其是中国等新兴经济体的快速发展,对石油的需求量猛增,2008年世界石油价格上涨到147美金/桶,但之后的金融危机让世界经济探底,经济复苏缓慢,又让石油价格长期低迷。从历史上看,世界石油价格的三次大的波动都是因为石油市场供求竞争的结果,那么石油本身的需求和供给是富有弹性还是缺乏弹性的呢?

将时间框架这个因素考虑进去,供给与需求在短期和长期中的状况是不同的。在短期来看,石油的供给和需求都是比较缺乏弹性的。短期内,石油的探明储量和开采能力不能迅速改变,具有一定的生产周期,新的供应商能难短时间内进入该市场,同时石油是重要的战略性资源,对国计民生、经济发展至关重要,即使石油价格短时期内上涨幅度大,需求者也很难大幅减少石油的需求量,因此石油需求是缺乏弹性的。70年代欧佩克通过限产推动石油价格两次暴涨正是因为这个原因:短期内,石油的供给和需求缺乏弹性,其供给曲线和需求曲线都比较陡峭,当减少石油供给时,石油价格上升幅度会很大。但从长期来看,石油价格的高企会刺激更多的国家加强石油勘探并建立新的开采能力,提高石油的供应量。同时石油需求国还会致力于发展新型能源,寻找石油的替代能源,减少对石油的依赖。所以,石油的长期供给曲线和需求曲线是较为平缓的,不仅产量增加了,供给者的数量也增加了,而消费者可以转向替代产品,因此供给和消费都富有价格弹性,即使减少石油供给,其价格变动也会很小。

【案例3】 奢侈品征税不够"奢侈"

用40%甚至更多财富去购买奢侈品——扭转人们的这种不理性消费行为,需要充分发挥奢侈品税的调节作用。

全球知名的管理咨询公司贝恩公司通过连续五年对中国奢侈品市场的调查显示,我国居民对于内地和海外的奢侈品需求正处于7%和20%的高速增长中,中国现在已成为全球最大的奢侈品消费国。

中国人真的很富有吗?根据有关学者的分析,世界上奢侈品平均消费水平是用自己4%左右的财富去购买,而我国用40%甚至更多财富去购买的不在少数。与此同时,2015年全国居民收入基尼系数为0.462,超过国际公认的0.4贫富差距警戒线。这说明,中国人并没有真正地实现共同富裕,而是日益加大的贫富差距催生出的拜金主义,错误地引导了人们的消费行为。为了调节收入分配,缩小贫富差距,引导合理消费,发挥税收对于消费结构的调节作用,我国对部分奢侈品课征消费税。然而,现行税法对于奢侈品的征税力度仍旧不够"奢侈"。

我国现行的消费税,征税范围包括16大类,其中涉及奢侈品的主要有高档珠宝、高档手表、高尔夫球具、高档化妆品等。目前世界上有120多个国家征收消费税，我国对于奢侈品消费税的课征同国际上一些国家相比，征收力度明显不足。

首先，我国对于奢侈品课税范围比较窄，现阶段，除了高档手表和高档化妆品外，人们从国外购买的奢侈品诸如名牌服装、鞋、箱包、电器、保健食品等，均没有被纳入我国消费税的征收范围。其次，我国对于奢侈品征税的税率较低，如对于珠宝首饰，韩国课征60%消费税，我国只有30%。再次，我国只对奢侈品本身征税，而许多国家不仅对奢侈品本身征税，对于参与赛马、舞厅表演等奢侈品消费行为也征收消费税，其二次征税力度更大，效果更明显。

现阶段，通过税收改变奢侈品消费现状，引导居民理性消费，发挥消费税对于消费结构的调节作用，需要从以下几方面入手。

（1）增加奢侈品的征税种类。从之前的奢侈品消费税国际对比可以看出，我们国家纳入征税范围的奢侈品种类明显偏少。一方面，对于一部分税基较宽、征税后不影响老百姓衣食住行正常生活的商品，如高档时装和高档裘皮服装、高档香水、高档皮具和箱包、高档保健品以及名贵滋补品、鱼翅鲍鱼海参等名贵食品，均应当纳入征税范围。另一方面，对于公众认可的高档奢侈品，如高档住宅、别墅、私人飞机、游艇、摩托艇等，也应当纳入消费税的征收范围当中。因为对于这类奢侈品，只有真正富裕的极少数一部分人可以消费，而对这类产品征税，征的才是真正的富人税。与此同时，把高档住宅纳入消费税的征税范围，还可以有效抑制投机，防止房地产市场过热，促进房地产市场的理性发展，充分发挥税收在国民经济当中的宏观调控作用。

（2）对奢侈消费行为和消费场所进行征税。我们应参考国际经验，将奢侈消费行为纳入征税范围，如到高档洗浴中心洗浴、打高尔夫球、观看赛马、射击等。这样，针对居民的奢侈品消费同时课征两道税，加大了征税力度，会使得奢侈品消费行为更加理性。全面"营改增"之前，高档娱乐场所、高消费私人会所按照娱乐业征收20%的营业税，而现行"营改增"后，娱乐业统一征收6%的增值税，税率明显降低，对于高档娱乐场所征税力度明显不如从前，因此，笔者认为，未来应当对高档娱乐场所经营加征消费税。

（3）对奢侈品实行多档次税率。从世界上征收消费税的国家来看，虽然各国的税率不尽相同，但是在税率高低的选择上面，有一些共同的特点：一是基本消费品税率比较低，非必需品或者奢侈品以及危害身体健康（如卷烟）和破坏环境的产品税率比较高。二是国内生产的消费品税率比较低，进口的消费品税率比较高。我国未来对于奢侈品消费税的改革思路和方向应当重点放在设计多档税率方面。首先，应进一步加大对高档奢侈品的征税力度，提高高档奢侈品的税率，对高收入者多征税。采取这样的做法，可以有效抑制中低收入阶层出于炫耀和攀比心态而购买奢侈品的行为，倡导他们树立正确的消费观念和保持健康的消费心态。其次，应适当降低中低档奢侈品的税率，针对我国很多中产阶级更倾向于去国外购物或者"代购"的现象，降低低档奢侈品税率有助于鼓励中产阶层在国内消费和购买这部分奢侈品，可以有效地扩大国内市场内需，防止我国资本的流失，同时增加本国的税收收入。

（案例来源　孙华玲：《奢侈品征税不够"奢侈"》，大众日报，2016-09-14，第10版）

思考题:
1. 对奢侈品征税是如何引导人们改变消费结构,转向理性消费的?
2. 谁支付了奢侈品税?

案例评析:

1. 经济学中奢侈品的定义是需求的收入弹性大于1的商品。奢侈品的需求往往也是有弹性的,当奢侈品的价格上升时,奢侈品需求量会大幅度减少。大多数人不会将奢侈品看成是生活必需品,前提是将消费者偏好这一因素考虑在外,因为对消费者而言,一种物品是奢侈品还是必需品并不取决于物品本身固有的性质,而是取决于消费者的偏好。如案例所说,为了引导消费者理性消费,中国政府对奢侈品本身征税,但并没有抑制消费者高速增长的需求。一方面是中国经济的发展产生了大批的中产阶级,收入的提高增加了奢侈品的需求,而这种需求带有一定的偏好,如一定的品牌忠诚度或者基于中国人爱面子、讲排场的拜金主义,奢侈品的需求价格弹性较低,对奢侈品价格的上涨不会有太大的反应,所以即使政府征了税,中国的奢侈品需求增长幅度依然很大。但如果大幅度提升奢侈品税的品种和税率,只要增加的税率幅度超过了消费者收入增长的幅度,因为奢侈品的需求收入弹性大于1,高企的价格超出消费者的承受能力,此时消费者即使有需求偏好,需求曲线没有改变,消费者也必须减少奢侈品的消费,此时奢侈品需求量会大大降低。

2. 当对奢侈品征税时,卖方并不一定将税收负担全部转移给买方,有可能是买卖双方分摊税收。通常情况下,税收负担分摊可能性不大,税收负担的划分与奢侈品的需求曲线和供给曲线的相对弹性有关。前文我们提到,抛开消费者的偏好因素,奢侈品的需求价格弹性较大,需求曲线是富有弹性的,较为平坦,如果供给缺乏弹性,卖方因为产量控制、品牌因素或其他原因对商品价格的变动不太敏感,而买者会非常敏感,当政府对这种商品征税时,买者支付的价格并没有上涨多少,而卖者得到的价格确会大幅度下降,这时,卖者承担了大部分税收。相反,如果由于消费者偏好,需求曲线缺乏弹性,较为陡峭,而供给者供给富有弹性,当政府征税时,卖方得到的价格并不会下降多少,而买方支付的价格要大幅度上升,消费者承担了大部分税收。所以,从上面分析,我们可以看到,税收负担更多地落在缺乏弹性的一方。当某种奢侈品需求弹性小时,说明买方因为需求偏好很难找到该商品的替代品。当对该商品征税时,只要消费者不愿意离开市场,就必须承担更多的税收负担。

【案例4】 粮食托市收储怪圈:政府赔了钱百姓没得到实惠

今年我国粮食生产实现"十一连增"。日前,农业部总经济师、新闻发言人毕美家在国新办举行的"我国今年粮食生产形势情况"发布会上表示,国家统计局的最新数据显示,今年我国粮食产量是12 142亿斤,增加103亿斤,增长0.9%。我国粮食生产连续两年跨上1.2万亿斤的台阶。

而据了解,今年国家对粮食生产的政策扶持力度加大。就粮食政策而言,今年国家及早拨付农业"四补贴"资金,提高并及早发布小麦、稻谷最低收购价,给农民吃了一颗"定心丸"。

11月底,中国储备粮管理总公司(下文简称"中储粮")全面启动2014年秋粮收购。作为提前启动政策的全国9个稻谷主产省之一,11月1日起,黑龙江省水稻最低收购价,收购政策较去年提前半个月启动,收购价格为 1.55 元/斤,收购政策将执行至 2015 年 3 月 31 日。

对提前启动收储,黑龙江省粮食局调控处处长潘升表示,这主要是考虑农民收获水稻后缺乏条件较好的储存设施,储存时间越长粮食损耗越大,同时也能方便农民及时卖粮变现。

潘升还表示,今年黑龙江省粮食产量超过往年,且质量为三年来最佳,由于水稻市场价格持续低迷,目前仍低于国家规定的最低收购价格水平,水稻收购呈"政策市"。

粮食托市,指的是国家出台最低保护价收购粮食,托住市场粮价不跌。2008 年国际粮食价格暴跌,为稳定农业,国家实施临时收储,价格一般高于市场收购价,因此,农民更愿意卖粮给国库。

据了解,粮食托市收购包括小麦和稻谷的最低收购价政策,玉米、大豆、油菜籽的临时收储政策。当市场粮价较低时,国家启动托市收购以保护农民利益和种粮积极性。

近年来,托市收购的价格呈提高趋势。以粳稻为例,2012 年粳稻最低收购价格为 1.40 元/斤,2013 年提高到 1.50 元/斤,今年则再次提高到 1.55 元/斤。

与稻谷价格持续上涨形成鲜明对比的,是疲软的大米价格,自去年上半年以来,大米价格一直处于小幅下行状态。

事实上,从 2013 年开始,"稻强米弱"的格局就一直存在。有分析称,稻谷托市收购价格提高驱使这种现象进一步凸显。原粮价格强、成品价格弱的格局致使米企加工利润微薄、停工待产现象很普遍。

中储粮,是经国务院批准组建的涉及国家安全和国民经济命脉的大型国企,对中央储备粮实行垂直管理。

中储粮总公司受国务院委托,负责中央储备粮(含中央储备油)的经营管理,同时接受国家委托执行粮油购销调存等调控任务,在国家宏观调控和监督管理下,实行自主经营、自负盈亏。

事实上,近两年业界关于托市收购机制的讨论一直比较热。中国农科院农业经济与发展研究所所长秦富曾分析认为,粮食最低收购价格稳定提高,确实对调动农业生产者积极性、提高农民收入等具有重要意义。

但总体来看,我国实行最低价收购的主要粮食品种,其价格已呈现高于国际市场平均价格的趋势,而大豆临储价更是远高于国际市场平均价。

据了解,以水稻为例,国内加工后的大米售价一般在 2 元/斤左右,而我国主要进口的越南米,由于东南亚种植成本低,因此稻谷价格偏低,米价偏低,进口越南米离岸售价在 1.6 元/斤。以 6 月份粮价为例,国内晚籼米价格比品质接近的越南大米每吨高 1 507 元,价格相差较大。

"中间的收储和加工企业成本增加,实际上老百姓也并未真正受益。"原粮大量进入中储粮、益海嘉里等大的企业手中,导致粮商和加工企业对原粮的争夺越来越激烈,也一定程度上推高了原粮价格。

东方艾格农业咨询公司分析师马文峰早前接受媒体采访时说,托市收购最大的问题在于扭曲了市场价格,托市收购价格持续提高使得粮价缺乏弹性,陷入大量从国外进口、国内又大量收储的"怪圈"。

据了解,中储粮收储的玉米一般2年一换,小麦周期为3年。通过拍卖进入市场,而粮食加工等单位通过竞拍获得,而参与竞拍的企业一般是大型企业或者有一定资金实力。全国一年4 000万吨托市收购、销售,采取国家贷款,财政补贴,中储粮收购,粮食主管部门监管等。

一位在益海嘉里集团工作多年的人士介绍,像益海嘉里这样的大型企业,其原料来源主要是中储粮拍卖。他介绍,益海嘉里在每年新粮上市时,鉴于资金等原因,一般收一个季度的新粮。随后则主要是拍卖。

前述业内人士坦言,目前中储粮对粮食公开拍卖,但由于资金等原因,拍卖后的粮食更多的并不是直接进入粮食加工企业,而是由有一定资金、背景的企业、财团拍走,再次储存。

例如,小麦市场价格1.3元/斤,中储粮拍卖价格1.1元/斤,竞拍者并不是按拍卖价格出售,流通到市场,而是以市场价格销售。这样一来,便赚取了中间的0.2元/斤的差价,国家补贴的钱被部分人赚走,粮食进入粮食加工企业时,其收购成本没有降低,更没有起到应有的抑制物价的作用。"政府赔了钱,百姓没有得到实惠"。

(案例来源 孟庆伟、柴刚:《粮食托市收储怪圈:政府赔了钱百姓没得到实惠》,中国经营报,2014-12-19,第10版)

思考题:
1. 政府的粮食托市收储为什么会导致粮食的超额供给?
2. 如何解决托市所引起的粮食过剩问题?

案例评析:

1. 最低收购价是一种价格下限,指政府规定的最低价格,是政府为了使价格保持在与均衡价格不同的水平上而制定的。等于或者高于最低收购价是合法的,低于最低收购价的价格是不合法的。当政府规定了价格下限时,有两种结果,一是当粮食的市场均衡价格高于政府价格下限时,市场竞争会使得经济自动向均衡变动,价格下限没有限制作用。当政府的价格下限高于市场均衡价格时,此时价格下限对市场产生约束,市场供求使得价格向均衡价格变动,但当市场价格到达价格下限时,此时价格不能再下降了,市场价格等于价格下限。在这种价格下,商品的供应实际上是超过需求的,所以价格下限引起了过剩。

在本案例中,政府为保护农民利益和种粮积极性,实行了粮食托市,出台了最低保护价格收购粮食,其制定的最低保护价格高于市场收购价,因此,农民可以以高于市场收购价将粮食卖给国库。最低收购价对市场价格形成约束,市场均衡价格无法实现,从而出现了粮食的供过于求。但"稻强米弱"的格局让我们看到,中粮储在购进粮食后以政府财政补贴的方式通过拍卖流向市场,但由于资金等原因,拍卖后的粮食并未直接进入粮食加工企业,而是由有一定资金、背景的企业、财团拍走,再次储存,最后由这些集团再以市场价格进行出售,所以粮食加工企业收购的价格并非基于市场供需自由竞争的结构,其收购成本并没有降低,因此售价很难达到抑制物价的作用。

最低收购价格降低了粮食的供给价格弹性,使得供需竞争无法很好地调节市场。面对托市所引起国内市场价格高于国际市场价格的问题,国内粮食加工企业会增加从国际市场进口粮食,这种市场扭曲使得我们陷入大量从国外进口、国内又大量收储的"怪圈"。

2. 面对托市所引起的粮食过剩,政府可以限制供给,即通过一些政策引导农民将一定数量的耕地改为生产其他农作物,也可以通过增加粮食需求来减少粮食均衡价格与最低收购价格的差距,从而减少因为最低收购价所带来的过剩规模,否则就只能继续储存或以其他方式处理这些粮食。但是粮食生产是关系到国计民生的大事,如果任由市场调控,那么在目前我国粮食价格高于国际市场价格的前提下,我国粮食市场最终会被进口粮食充斥甚至控制,不利于国家经济安全。因此最低收购价是国家目前保护农民和保护农业的一个必要手段,从长远来看,还得靠经济头脑解决问题,也就是通过规模化种植和差异化种植降低粮食的生产成本,提高粮食的品质和价格,使粮食的市场均衡价格向最低收购价靠拢,甚至高于最低收购价。

第三章 消费者行为理论

3-1 理论要点

消费者总是追求物有所值,希望花费最少的钱来获得最大的满足。消费者行为理论主要讨论消费者偏好(消费者喜欢什么,不喜欢什么)及效用的功能和作用。

一、基数效用论与边际效用分析方法

基数效用论认为,边际效用是消费者在一定时期内增加一单位商品消费所得到的效用增量。边际效用递减规律是指在一定时期内,在其他商品的消费数量保持不变的条件下,随着消费者对某种商品消费量的增加,消费者从该商品连续增加的每一消费单位中所得到的效用增量即边际效用是递减的。分析边际效用得到的消费者均衡条件为:$MU_X/P_X = MU_Y/P_Y$,即消费者的购买任意两种商品的最后一单位货币所带来的边际效用相等。

二、序数效用论和无差异曲线分析法

序数效用论认为,在既定的偏好条件下,能给消费者带来相同满足程度的两种商品不同数量组合的轨迹称为无差异曲线。边际替代率可以描述为:在维持效用水平不变的前提下,消费者增加一单位的某种商品的消费时所愿意放弃的另一种商品的消费数量。存在于两种商品之间的替代关系遵循"边际替代率递减规律"。消费者的预算线与某条无差异曲线的切点所决定的两种商品的购买量,就是保证消费者获得最大效用的消费量,从而实现消费均衡。序数效用论的消费者均衡条件为:$MRS_{12} = \dfrac{P_1}{P_2}$。

三、消费者剩余

消费者购买一定数量的商品所愿意支付的金额与实际支付的金额之差称为消费者剩余。消费者剩余可以用几何图形来表示。简单地说,消费者剩余可以用消费者需求曲线以下、市场价格线以上的面积来表示。

四、价格—消费线和需求曲线

价格—消费曲线是在消费者的偏好、收入以及其他商品价格不变的条件下,与某一种商品的不同价格水平相联系的消费者效用最大化的均衡点的轨迹。价格—消费曲线可导出消费者的需求曲线。

五、收入—消费线和恩格尔曲线

收入—消费曲线是在消费者的偏好和商品的价格不变的条件下,与消费者的不同收入水平相联系的消费者效用最大化的均衡点的轨迹。收入—消费曲线可导出恩格尔曲线。

六、替代效应和收入效应

一种商品价格变动所引起的该商品需求量变动的总效应可以被分解为替代效应和收入效应两个部分。由商品的价格变动所引起的实际收入水平变动,进而由实际收入水平变动所引起的商品需求量的变动,称为收入效应。由商品的价格变动所引起的商品相对价格的变动,进而由商品的相对价格变动所引起的商品需求量的变动,称为替代效应。正常物品的替代效应与价格呈反方向变动,收入效应也与价格呈反方向变动,在它们的共同作用下,总效应与价格呈反方向变动。因此,正常物品的需求曲线是向右下方倾斜的。低档商品的收入效应与其价格增量同号,"吉芬商品"是一种特殊的低档商品,其替代效应小于收入效应,则总效应与价格增量同号,从而违反需求规律。

3-2 案例分析

【案例 1】 我国城乡居民收入差距不断缩小 恩格尔系数下降

国家统计局 2017 年 7 月 6 日发布统计报告说,党的十八大以来,我国城乡居民收入持续较快增长,收入差距不断缩小。2016 年,全国居民人均可支配收入基尼系数为 0.465,比 2012 年的 0.474 下降 0.009。

数据显示,十八大以来我国居民收入增速快于经济增速。2016 年全国居民人均可支配收入 23 821 元,比 2012 年增长 44.3%,扣除价格因素,实际增长 33.3%,年均实际增长 7.4%,快于同期 GDP 年均增速 0.2 个百分点,更快于同期人均 GDP 年均增速 0.8 个百分点。

同时,城乡收入差距持续缩小。2016 年城镇居民人均可支配收入 33 616 元,比 2012 年增长 39.3%,实际增长 28.6%,年均实际增长 6.5%。2016 年农村居民人均可支配收入 12 363 元,比 2012 年增长 47.4%,实际增长 36.3%,年均实际增长 8.0%。2016 年城乡居民人均可支配收入之比为 2.72(农村居民收入=1),比 2012 年下降 0.16。

此外,食品消费支出比重(恩格尔系数)继续下降。2016 年,全国居民人均食品烟酒消费支出增长 7.0%,占消费支出的比重为 30.1%,比上年回落 0.5 个百分点。其中,城镇居民和农村居民的食品烟酒消费支出比重分别为 29.3% 和 32.2%,分别比上年下降 0.4 和 0.8 个百分点;全国居民人均衣着支出增长 3.3%,在消费支出中的比重为 7.0%,比上年下降 0.4 个百分点。

思考题:
(1) 什么是恩格尔系数?
(2) 对我国居民的恩格尔系数进行分析。

案例评析:

1. 恩格尔系数是食品支出总额占个人消费支出总额的比重,是衡量居民生活水平的一个重要指标。19世纪德国统计学家恩格尔根据统计资料,根据消费结构的变化得出一个规律:一个家庭收入越少,家庭收入中(或总支出中)用来购买食物的支出所占的比例就越大,随着家庭收入的增加,家庭收入中(或总支出中)用来购买食物的支出比例则会下降。推而广之,一个国家越穷,每个国民的平均收入中(或平均支出中)用于购买食物的支出所占比例就越大,随着国家收入水平的提高,这个比例呈下降趋势。

2. 按照国际上通行的标准,恩格尔系数在59%以上为贫困,50%~59%为温饱,40%~50%为小康,30%~40%为富裕,低于30%为最富裕,我国城镇居民当前总体处于"富裕"状态。

【案例2】 民营银行欲分享网贷蛋糕

截至2017年6月末,17家获批的民营银行中有近半数定位于互联网银行。这些银行分别是深圳前海微众银行、浙江网商银行、四川新网银行、福建华通银行、武汉众邦银行、吉林亿联银行、北京中关村银行和江苏苏宁银行。虽然民营银行更有意愿与P2P(网络借贷平台)对接资金存管业务,但民营银行与网贷平台在资产端的竞争也不容忽视。对于网贷平台来说,民营银行的密集开业是否意味着一场硬仗的到来?

(资料来源 钱箐旎:《民营银行欲分享网贷蛋糕 对网贷平台不足以形成替代效应》,http://news.china.com/socialgd/10000169/20170816/31104322.html)

思考题:
1. 该案例说明了经济学中的哪种关系?
2. 民营银行是否能对网贷平台形成替代效应?

案例评析:

1. 该案例阐述的主要是经济学中的竞争关系。据业内人士介绍,民营银行在资产端开发主要涉及个人信用贷款、中小微企业及创业企业贷款、车贷等,与网贷平台的小额资产开发形成直接竞争。具体来看,微众银行的资产端包括微粒贷、微业贷、微车贷;网商银行有网商贷、旺农贷、信任付;四川新网银行有好人贷;武汉众邦银行有舒薪贷;等等。民营银行资产端主要的目标覆盖人群就是中小微客户,这与网贷的目标客户基本一致。即便是具有特定区域存贷款模式的民营银行,在资产端上也对同地区网贷平台资产开发构成威胁。例如,上海华瑞银行主攻产业链金融、跨境业务贷款、中小企业信贷产品;温州民商银行的商人贷、信惠贷(个人消费贷款)、益商贷(个人车抵贷)、旺商贷(小微企业短期经营周转贷款)等。

除了竞争关系以外,民营银行中有4家积极参与到网贷平台的资金存管业务中,分别为上海华瑞银行、天津金城银行、重庆富民银行和四川新网银行。根据盈灿咨询及网贷之家不完全统计,截至2017年6月末,4家民营银行已签约的平台达69家。

相比国有大行,民营银行对于网贷平台资质要求有所降低,签约的网贷平台也以民营"草根"平台为主,占比高达82.6%。4家银行中,新网银行布局网贷资金存管业务最积极,签约平台数达到了32家,其中不乏一些上市系、国资系和风投系的平台。与民营银行合作的平台中,有28%位于广东地区,23%位于北京和上海,12%分布在浙江。

值得注意的是,上海和深圳都出台了网贷平台银行资金存管属地化管理的征求意见稿。例如,上海要求"选择在本市设有经营实体且符合相关条件的商业银行开展客户资金存管",深圳要求"与在深圳市行政辖区内设有分行以上(含)级别机构的商业银行达成资金存管安排"。相关专家表示,若征求意见稿未修改此部分并正式通过,民营银行,尤其是没有物理门店的互联网银行在这块业务合作空间上将受挤压,已签约或上线的也需要调整。

"现阶段,民营银行产品体系尚不完善,设立初期受到较多的监管制约,前期品牌效应、客群基础也有所欠缺。未来,民营银行与网贷在金融科技、风控技术、资产端或资金端都有共同合作的可能,民营银行在对网贷构成挑战的同时,也将促成更多的合作。"

2. 替代效应是指由商品的价格变动所引起的商品相对价格的变动,进而由商品的相对价格变动所引起的商品需求量的变动。正常物品的替代效应与价格呈反方向变动。

对比来看,民营银行的借款额度无论是个人或企业都高于网贷单个平台的借款限额,业务选择面更广。但民营银行业务起步较晚,并且许多业务受到区域限制。例如,微众银行的微业贷目前仅限于广东地区,温州民商银行的商人贷需具有温州地区常住户口或拥有当地产权房,旺商贷限温州地区的小微企业法人。此外,民营银行"一行一店"的规则(即民营银行在总行所在城市仅可设1家营业部,不跨区域)也约束了其信贷业务发展。同时,很多民营银行的贷款业务需要资产或担保,手续上比较烦琐。从投资理财角度来看,除了微众银行已有基金、资管、黄金和结构化产品以外,其他民营银行理财端目前产品较少,主要以银行存款为主,个别民营银行有保险、货币基金或现金管理类产品,风险偏好度较低,收益率普遍低于网贷产品,目前还不足以形成替代效应。

【案例3】 负效用("坏东西")的无差异曲线

假设只有两个商品或服务可供选择。其中一个是需要一定面积的公寓,另一个是需要和更多的朋友居住在同一栋楼上。一种情形是:米凯拉看中了一幢面积为750平方英尺的房子,同时有5个朋友可以居住在一起。另一种情形是,她看中了一幢只有500平方英尺的房子,但需要和10个朋友居住在一起。对米凯拉而言,上述两种情况,她都很开心。米凯拉认为,无论选择哪套房子,她将获得无差异的效用。因为这两种方案,综合考虑了所住房屋的面积和可拥有的朋友数量这两个因素。另外,如果米凯拉想居住超大的房屋,面积达1 000平方英尺,但这时只有3个朋友住在一起,她也觉得是满意的,因为这样也是获得了无差异的效用。

我们画的所有的无差异曲线都是消费者喜欢或者想要得到的东西。但是,我们在分析消费者行为的时候也会看到一些东西是消费者不愿意消费的,像污染的空气、疾病或通勤时间。如果用商品来描述它们,这些商品是"坏"的,也就是说会产生负效用的。如果消费者消费它们,将会减少消费者的效用。

将上例中公寓的面积改成上班的路程。上班距离远是坏的,因为米凯拉的通勤时间会加长。此时,米凯拉的无差异曲线由两个商品构成,即通勤时间(负效用)和居住在同一栋楼的朋友数量(正效用)。

(资料来源 奥斯坦·古尔斯比、史蒂文·莱维特、查德西·维尔森著:《微观经济学》,杜丽群等译,机械工业出版社,2016年版)

思考题:
1. 什么是效用?什么是无差异曲线?无差异曲线具有什么特征?
2. 负效用的无差异曲线具有什么特征?

案例评析:
1. 效用是反映消费者的消费满意程度,它是一个专有名词,表明消费者消费后的幸福感和满足程度。提供给消费者具有相同效用的不同的商品组合的点组成的图形,称为无差异曲线。无差异曲线总是向下倾斜的,对米凯拉而言,她每少一位朋友,就会得到更多的住房面积,以实现无差异。同样地,我们认为,她得到的住房面积越少,就需要得到更多的朋友,以实现平衡。

米凯拉和10位朋友住在一起、拥有500平方英尺的公寓得到的效用,与她和5位朋友住在一起、拥有750平方英尺的公寓得到的效用是完全一样的。同样地,她愿意交换出去2个朋友、保留3位朋友住在一起,但与此同时需要得到1 000平方英尺的公寓。以上3种不同的组合使米凯拉得到的满足感是一样的,即拥有共同的效用。在同一条无差异曲线上的所有的点,给消费者带来的效用是一样的。图3-1就是米凯拉的无差异曲线。无差异曲线具有如下特征:① 无差异曲线是向右下方倾斜的,斜率为负;② 无差异曲线是凸向原点的;③ 同一平面上有无数条无差异曲线,它们从不会相交;④ 离原点越近的无差异曲线代表的满足程度越低,效用越低。

2. 经济学上讲的"坏"(负效用)是指这个产品减少了消费者的消费效用。这个消费者(米凯拉)的效用,是因为通勤时间上升而下降了。因此,要想保持米凯拉的效用不变,如果她的通勤时间增加了,她要得到更多的朋友住在同一栋楼。这导致无差异曲线向上倾斜(见图3-2)。无差异曲线U_2的效用超过U_1,是因为(在拥有朋友的数量上是恒定的)商品束B比商品束C有更多的通勤时间,所以在B点上米凯拉的效用更低。再看另一种情形,A点和C点为她提供固定的通勤时间,但是在C点她拥有更多的朋友。因此,米凯拉在C点(在U_2上)比在A点(在U_1上)能获得更多的福利。

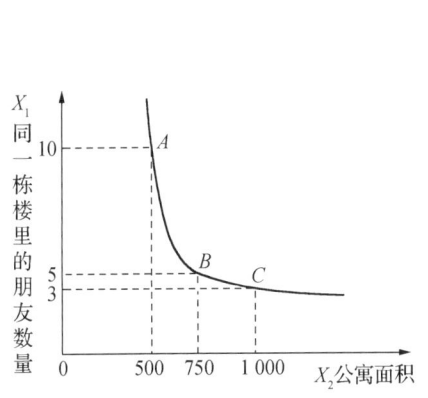

图3-1 米凯拉的无差异曲线

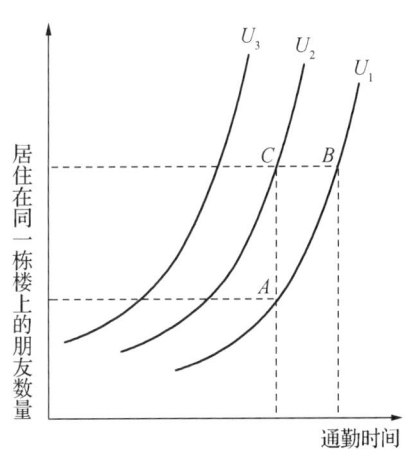

图3-2 "坏东西"的无差异曲线

从图3-2可以看到,无差异曲线是向上倾斜的,不是向下,为什么? 先看一下在同一条无差异曲线(U_1)上的商品束A和商品束B。商品束B比商品束A有更多的通勤时间。米凯拉不喜欢这样,因此她不得不寻找到更多的朋友,这样商品束B的效用才会和商品束A的相同(保持它们在同一条无差异曲线上)。商品束C比商品束A有更多的朋友,但是却有相同的通勤时间,所以消费者会更喜欢C而非A。处于高位的无差异曲线(拥有更多的朋友)和处于左边的无差异曲线(更少的通勤时间)说明拥有更高的水平的效用。因此负效用破坏了我们的基本假设——"多多益善",对么?这是不对的。我们仍然需要保持我们所有的假设。在通勤时间这个案例中,"节省通勤时间"是好的,属于正效用。图中所示的米凯拉的无差异曲线基于节省了通勤时间,也就是说是"坏"的反面制造出来的标准,如图3-3所示的向下倾斜的无差异曲线。

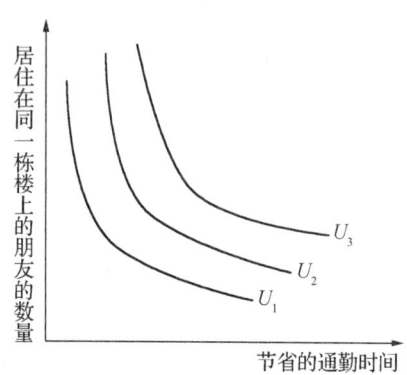

图3-3 不存在负效用的无差异曲线

【案例4】 全球奢侈品市场回暖 中国奢侈品未来的市场重心正朝向内地转移

近年来,奢侈品行业一直弥漫着一股硝烟味道。其重点并非尔我之争,而是各自的翻身大仗。到了今年年初,一些喜人的消息表明,奢侈品行业正从低迷中迎来拐点,出现回暖气象。

截至2016年年底,法国奢侈品集团爱马仕以11亿欧元的利润创下纪录;旗下拥有古驰、YSL等品牌的开云集团以123.9亿欧元的销售额实现了8.1%的同比涨幅,收获了4年以来业绩最佳的一年;在去年上半年利润同比下跌51%、被迫实施回购策略以及"去CEO"扁平化管理制度的历峰集团,也宣布实现了5%的总销售额正增长;今年第一季度末,路易威登成为全球首家市值超过千亿欧元的奢侈品集团。

"自动化""人工智能""大数据",这是N-Partner公司中国区首席代表贾泉海眼中,2016—2017年来奢侈品行业发展的三大关键词。我们可以看到,奢侈品行业的风向开始转变了,或主动、或被动地拥抱互联网已经成为业内最近一年内最为显著的趋势,就如深受年轻人喜爱的意大利品牌D&G的创始人所说:"对于奢侈品牌而言,网络并不是未来的趋势,而是眼下必须解决的现实。"

比如,在今年年初举办的2017秋冬系列时装周上,已经有七成左右的奢侈品品牌开始使用社交媒体平台进行秀场直播;迪奥、巴黎世家等诸多奢侈品牌,正在使用VR技术吸引消费者;奢侈品数字研究机构L2于今年发布的报告称,目前进入中国的107个奢侈品牌中,已经有98个开通了微信账号。

如今,面对新兴的发展机遇与挑战,奢侈品品牌正在悄然调整策略,创建起自己高效而充满活力的永动创新生态链。

虽然据贝恩公司统计,在去年中国消费者对全球奢侈品的消费额贡献首次出现了1%的回落,但随着中国新富阶级的日益壮大,中国消费者依然会是全球奢侈品行业的重心所在。欧睿国际预测,中国将有望于5年内赶超美国,成为全球最大的奢侈品市场。

中国是世界第一大出境旅游客源国及全球第四大入境旅游接待国,据财富品质研究院统计,连续5年,中国消费者超出七成的购买行为发生在境外,买走了全球三成至五成的奢侈品。虽然大量的出境游人数以及悬殊的价格差一直是导致中国奢侈品消费外流严重的重要根源,然而一些数字却表明,不论是前者的涨幅还是后者的差距,皆于今年体现出缩减迹象,未来的市场重心正朝向内地偏移。

(资料来源　杜思思:《2017年中国奢侈品报告:市场重心正朝向内地偏移》,财富中文网,2017-07-03)

思考题:
1. 什么是奢侈品?
2. 影响我国奢侈品消费的因素有哪些?
3. 为什么中国奢侈品未来的市场重心正朝向内地偏移?

案例评析:

1. 奢侈品(Luxury)在国际上被定义为"一种超出人们生存与发展需要范围的,具有独特、稀缺、珍奇等特点的消费品",又称为非生活必需品。奢侈品在经济学上讲,指的是价值/品质关系比值最高的产品。从另外一个角度上看,奢侈品又是指无形价值/有形价值关系比值最高的产品。

2. 奢侈品的消费是一种高档消费的行为,奢侈品这个词本身并无贬义。连续5年,中国消费者超出七成的购买行为发生在境外,价格因素是中国消费者进行海淘最具吸引力的地方。财富品质研究院根据品牌库中2万多个品牌的营业收入估算发现,2015年中国消费者全球奢侈品消费达到1168亿美元,全年中国人买走全球46%的奢侈品。这其中,910亿美元在国外发生,占到总额的78%。也就是说,中国人近八成的奢侈品消费是"海外淘货"的。数据显示,酒类产品平均价差高达64%,最高价差达85%;腕表平均价差33%,最高价差83%。而消费者常买的服装、香水、箱包、化妆品和皮鞋,价差都在30%以下。零售价中除了税之外还包括渠道、房租等运营成本,厂家追求的毛利率等。例如,在海南免税店中购买的商品依然比国外贵;即使新西兰进口奶粉到我国是免关税的,最终的奶粉价格仍偏高。此外,正品保证和产品的范围更大和选择更多也是消费者进行"海淘"的重要原因。

"体验感"始终是中国消费者最为关注的方向之一。根据调研数据显示,除了"相对于港澳和海外零售店有竞争力的价格"位于首位外,共同指向体验感的"售后服务"以及"零售环境"则分列第二、第三位。而为了给顾客打造独特的体验感,部分品牌正积极拥抱新科技。比如在法国迪奥的时装屋内,配置了通过3D打印技术制造的VR头显,戴上它的用户可以直接观看其在米兰、巴黎举办的T台秀,他们为它取了个名字,叫作"Dior之眼";作为男装假日系列宣传的一部分,Hugo Boss也在去年利用微信进行了一场VR体验的宣传活动,顾客们可以进入一个虚拟Hugo Boss精品店,并输入自己的个人身体数据,截至去年第四季度末,其在中国内地的经营额涨幅高达20%。例如,2016年5月,香奈儿在北京举办的高级手工坊系列发布会的过程中,便为其微信用户提供了一次独特的线上参与体验:从邀请函、路线设计、扫码入场,到预览经典款式及分享;当古驰为自己的微信订阅用户提供"保养""维修"等服务细则时,博柏利则开始为其定制个性化专属名片;当多数品牌的微信订阅号只能提供自动回复时,路易威登已经着手配置了一对一的人性化专属客服,据报道,其预计将于今年年中推出自己的电商平台,在线销售集团旗下的奢侈品品牌;而早在2015年10月便开设了除官网以外的自营线上精品店的卡地亚,则继续开拓了微信的定位功能,将目光放到了出境游的中国消费者身上——为其提供附近的门店地址、联系方式,甚至还有相关的产品翻译功能,帮助顾客实现与各地店员的便利沟通。

3. 中国奢侈品未来的市场重心正朝向内地偏移,主要体现在以下两个方面。

(1) 在出境游人次的增长幅度方面,据中国国家旅游局统计,去年上半年全国旅行社共组织出境游人数同比增长17.99%,与历史数据相比呈现明显放缓;从分目的地角度看,虽然赴泰、韩、日三国的出境人次较去年同期均有提升,但受到继2015年来海外陆续爆发恐怖袭击事件的冲击,以及申根指纹签证的要求,去往中长线目的地的游人数却从2015年年底以来持续低迷,赴欧游客人次较去年同期出现了0.7个百分点的下滑。

就前往巴黎的中国游人数而言,在过去一年中同比减少了26.8万人次,跌幅高达21.5%;作为对比,港澳台地区的奢侈品消费比率也延续着逐年下降的趋势,由于政治紧张以及港币兑欧元、日元、韩元贬值等原因,今年春节期间内地赴港游客数也出现了近20年中的首次下滑,较去年同期下降了0.16%。

(2) 在价格方面,人民币对美元汇率已经连续3年出现贬值。去年全年,人民币中间价贬值高达6.83%,使得消费者对于海外购的热情有所减退;去年4月中旬中国政府出台了提高关税、加大跨国邮寄包裹清关力度的政策,也令海外代购出现了萎靡迹象。

同时,随着消费全球化的进一步展开,以及由奢侈品互联网业务带来的全球配送服务一体化,部分奢侈品品牌针对中国消费市场再次进行了降价调整。而缩减的价差直接影响了海外购的优势,也使得中国奢侈品消费者开始逐渐将购物阵地移回了国内,令未来一年的奢侈品消费回流成为必然趋势。有机构预测称,在未来会有近八成的奢侈品下单发生在国内,那时中国人出国买的一定是在国内买不到的产品。

第四章 生产理论

4-1 理论要点

本章分析生产者的行为,厂商为追求利润最大的目标,要讲求效率,首先要讲求技术效率的可行性(即生产函数),即从技术效率的角度来进行决策。通过本章的学习,学习者能够了解生产函数的含义,掌握一种可变生产要素的生产函数和两种可变生产要素的生产函数,掌握生产者如何有效率地生产,理解生产的规模报酬的含义,了解生产理论的应用。

一、生产函数

厂商能够通过多种生产要素的组合方式把投入转化为产出,我们就可以使用生产函数来描述生产过程中的投入品与最终产出之间的关系。

$$Q = f(X_1, X_2, X_3, X_4 \cdots\cdots X_n)$$

为简化分析,通常假定生产中只使用劳动和资本这两种生产要素。若以 L 表示劳动投入数量,以 K 表示资本投入数量,则生产函数可写为

$$Q = f(L, K)$$

厂商调整其要素投入组合需要时间,因此,我们把生产函数分为短期生产函数和长期生产函数两种类型。

二、短期生产函数

在短期生产中,一般假定资本投入量固定,劳动投入量可变,短期生产函数可用 $Q = f(L, \overline{K})$ 表示,我们可以得到劳动的总产量(Total Product)、劳动的平均产量(Average Product)和劳动的边际产量(Marginal Product)这三个概念。总产量公式为

$$TP_L = f(L, \overline{K})$$

平均产量公式为

$$AP_L = \frac{TP_L(L, \overline{K})}{L}$$

边际产量公式为

$$MP_L = \frac{\Delta TP_L(L, \overline{K})}{\Delta L}$$

三、边际报酬递减规律

厂商生产过程中都存在着劳动(和其他投入品)的边际收益递减现象,这一现象被称为边际报酬递减规律,是短期生产的一条基本规律。在边际报酬递减规律作用下,边际产量 MP_L 先上升后下降,总产量曲线表现为先凸后凹的一条曲线,总产量、平均产量和边际产量存在如下关系:过 TP_L 曲线任何一点的切线的斜率就是相应 MP_L 值,连接 TP_L 曲线上任何一点和坐标原点的线段的斜率就是相应的 AP_L 值,MP_L 曲线和 AP_L 曲线相交于 AP_L 曲线的最高点 C。

四、生产的三个阶段

利用劳动边际产量曲线和劳动平均产量曲线,我们可以将生产区域分为三个阶段。生产第一阶段缺乏效率,生产第二阶段有效率,生产第三阶段无效率。

五、长期生产函数

在长期内,所有的生产要素的投入量都是可变的,多种可变生产要素的长期生产函数可以写为 $Q=f(X_1,X_2,\cdots,X_n)$,表示:长期内在技术水平不变的条件下由 n 种可变生产要素投入量的一定组合所能生产的最大产量。同样,为了简化分析,假定生产者使用劳动和资本两种变动生产要素来生产一种产品,则两种可变生产要素的长期生产函数可以写为 $Q=f(L,K)$。

六、等产量曲线

长期生产过程中,在技术水平不变的条件下,采用两种生产要素投入量的不同组合可生产同一产量,这些不同组合点的轨迹形成等产量曲线。等产量曲线具有如下特点:等产量曲线凸向原点,斜率为负、互不相交、远离原点的曲线代表着更大的产量。根据生产要素的替代程度,等产量曲线类型有三种:部分替代生产要素生产函数(柯布—道格拉斯生产函数)形式为 $Q=AL^{\alpha}K^{\beta}$;完全替代生产要素的生产函数形式为 $Q_0=F(L,K)=aL+bK$;固定投入比例生产函数(列昂惕夫生产函数)形式为 $Q=\min\{L/u,K/v\}$。等产量曲线的斜率为边际技术替代率 $\left(MRTS_{LK}=-\dfrac{\Delta K}{\Delta L}=\dfrac{MP_L}{MP_K}\right)$。在两种生产要素相互替代的过程中,普遍地存在这么一种现象:在维持产量不变的前提下,当一种生产要素的投入量不断增加时,每一单位的这种生产要素所能替代的另一种生产要素的数量是递减的。这一现象被称为边际技术替代率递减规律。连接不同等产量曲线斜率为负的一段两端得到的两条脊线,脊线以内的区域为生产的经济区域,脊线以外的区域为生产的非经济区域。

七、等成本线

在既定的总成本和生产要素价格的条件下,生产者所能购买到的两种生产要素数量最大组合点的轨迹,就是等成本线。等成本线方程表示为 $C=wL+rK$。总成本较小的等成本线离原点较近,总成本较大的等成本线离原点较远。当企业总生产费用 C、两种生产要素

的价格 w 和 r 中任何一项发生变化,都会使等成本线移动。

八、最优的生产要素组合

在长期,所有的生产要素的投入数量都是可变动的,追求利润最大化的生产者会选择最优的生产要素组合进行生产,从而使生产达到均衡,表现为两种形式:实现既定成本条件下的最大产量或者实现既定产量条件下的最小成本。生产均衡点都发生在等产量曲线和等成本曲线的相切点,在切点上,等产量曲线和等成本线曲线斜率相等,即两要素的边际技术替代率等于两要素的价格之比:$\frac{MP_L}{MP_K}=\frac{P_L}{P_K} \Rightarrow \frac{MP_L}{P_L}=\frac{MP_K}{P_K}$,也即最后一个货币单位的支出,要使得最后一个货币单位的 MP_L 和 MP_K 相等。

九、规模报酬

规模报酬属于长期生产的概念。规模报酬递减、规模报酬不变、规模报酬递增分别指长期生产中全部生产要素增加的比例小于、等于、大于它所导致的产量增加的比例。在企业扩大规模的长期生产过程中,一般会先后经历规模报酬递增、规模报酬不变、规模报酬递减这样三个阶段。

4-2 案例分析

【案例1】 案例:马尔萨斯人口论与边际报酬递减规律

经济学家马尔萨斯(1766—1834)的人口论的一个主要依据便是边际报酬递减定律。他认为,随着人口的膨胀,越来越多的劳动者耕种土地,地球上有限的土地将无法提供足够的食物,最终劳动的边际产出与平均产出下降,但又有更多的人需要食物,因而会产生大的饥荒。幸运的是,人类的历史并没有按马尔萨斯的预言发展(尽管他正确地指出了"劳动边际报酬"递减)。

在20世纪,技术发展突飞猛进,改变了许多国家(包括发展中国家,如印度)的食物的生产方式,劳动的平均产出因而上升。这些进步包括高产抗病的良种、更高效的化肥、更先进的收割机械。在"二战"结束后,世界上总的食物生产的增幅总是或多或少地高于同期人口的增长。

粮食产量增长的源泉之一是农用土地的增加。例如,1961—1975年,非洲农业用地所占的百分比从32%上升至33.3%,拉丁美洲则从19.6%上升至22.4%,在远东地区,该比值则从21.9%上升至22.6%。但同时,北美的农业用地则从26.1%降至25.5%,西欧由46.3%降至43.7%。显然,粮食产量的增加更大程度上是由于技术的改进,而不是农业用地的增加。

在一些地区,如非洲的撒哈拉,饥荒仍是个严重的问题。劳动生产率低下是原因之一。虽然其他一些国家存在着农业剩余,但由于食物从生产率高的地区向生产率低的地区再分配的困难和生产率低地区收入也低的缘故,饥荒仍威胁着部分人群。

(案例来源 平狄克、鲁宾费尔德:《微观经济学》,经济科学出版社,2002年版)

思考题：

1. 什么是边际报酬递减规律？其发生作用的条件是什么？
2. 人类历史为什么没有按照马尔萨斯的预言发展？
3. 既然马尔萨斯的预言失败，你认为边际报酬递减规律还起作用吗？

案例评析：

1. 所谓边际报酬递减规律，是指在技术水平不变的条件下，在连续等量地把某一种可变生产要素增加到其他一种或几种数量不变的生产要素上去的过程中，当这种可变生产要素的投入量小于某一特定值时，增加该要素投入所带来的边际产量是递增的，但当这种可变生产要素的投入量连续增加并超过某一特定值时，增加该要素投入所带来的边际产量是递减的。

2. 马尔萨斯极为关注农业边际收益递减规律的后果。依据他的分析，在土地供给数量不变和人口增加的条件下，每个额外生产者耕作的土地数量不断减少，他们所能提供的额外产出会下降；这样虽然总产出会不断增加，但是新增农民的边际产量会下降，因而社会范围内人均产量也会下降。在马尔萨斯看来，世界人口增加比例会大于食物供给增加比例。因此，除非能够说服人们少要孩子——马尔萨斯并不相信人口可以由此得到控制——否则饥荒将在所难免。

在马尔萨斯生活的时代，工业化进步尚未提供成熟的可以替代耕地的农业技术，能够大幅度提高单位耕地面积亩产，克服人多地少的经济内部农业和食物生产边际收益递减带来的困难。从实证分析角度看，马尔萨斯的理论建立在边际收益递减规律基础之上，对于观察工业化特定阶段的经济运行矛盾具有历史价值。换言之，如果没有现代替代耕地的农业技术出现和推广，如果没有外部输入食物或向外部输出人口的可能性，英国和欧洲一些国际工业化确实会面临"马尔萨斯陷阱"所描述的困难。马尔萨斯观察暗含了农业技术不变与人均占有耕地面积下降这两点假设条件。如果实际历史和社会经济状况满足或接近这两个条件，"马尔萨斯陷阱"作为一个条件预测是有效的。

然而，马尔萨斯结论作为一个无条件预言是错误的。近现代世界经济史告诉我们，过去200多年间，农业科学技术不断取得革命性突破，尤其在20世纪，技术发展突飞猛进，化肥、机械、电力和其他能源、生物技术等现代技术和要素投入，极大地提高了农业劳动生产率，粮食产量的增加更大程度上是由于技术的改进，使农业和食品的增长率显著超过人口增长，与马尔萨斯生活时代情况发生了根本性的变化，与他的推论暗含的假设条件完全不同。由此人类的粮食问题得到了一定的缓解，这也是人类历史没有按照马尔萨斯的预言发展的原因。

3. 从历史事实看，马尔萨斯理论是对边际收益规律的不适当运用。因为在20世纪，技术发展突飞猛进，粮食产量的增加更大程度上是由于技术的改进，由此人类的粮食问题得到了一定的缓解。虽然马尔萨斯的预言失败，但边际报酬递减规律还是会起作用，因为现在看来粮食产量是增加的，但是要强调一点：任何一种产品的短期生产中，随着一种可变要素投入量的增加，边际产量最终必然会呈现出递减的特征。

【案例2】 格兰仕的成长之路

格兰仕集团是一家综合性白色家电品牌企业,自1978年9月28日创立以来,从轻纺业到微波炉产业,再到综合性、领先性白色家电集团,格兰仕全面掌握白色家电的核心技术和核心自我配套能力,是世界微波炉行业领军品牌,微波炉、电烤箱、电蒸炉技术水平、产销规模行业领先,同时拥有冰箱、空调、洗衣机、洗碗机等家电的专业制造能力,自主研制的磁控管、压缩机、变压器等核心元器件同样处于行业领先水平。

从格兰仕的发展可以看出,格兰仕能在短时间内从生产羽绒制品为主的乡镇小厂飞跃发展成为中国微波炉市场的龙头企业,其高速成长的过程与经济学原理是一致的。

格兰仕最初创办于1978年,取名为广东顺德桂洲羽绒厂,职工不过200人,以手工操作洗涤鹅鸭羽毛供外贸单位出口,年产值46.81万元。到1991年,公司的经营业务包括毛纱出口、染色纱出口、纱线染色加工、羽绒被、服装等制品生产、出口。1992年6月,公司更名为广东格兰仕企业集团公司。由于格兰仕所在地广东顺德及其周围地区已经是中国最大的家电生产基地,具备很好的地利条件,并经市场调查,初步选定家电业为新的经营领域。当时,国内微波炉市场刚开始发育,生产企业只有4家,其市场几乎被外国产品所垄断。格兰仕确定微波炉为进入小家电行业的主导产品。聘请了5名微波炉高级工程师设计产品。从日本东芝集团引进具有90年代先进水平的自动化生产线,并与其进行技术合作。格兰仕微波炉1994年销量达10万台;1995年销量达25万台,市场占有率为25.1%,超过蚬华成为全国第一(蚬华为24.8%);1996年销量为60万台,市场占有率达34.7%;1997年销量为125万台,市场占有率达49.6%;1998年总产量315万台,内销213万台,市场占有率为61.43%。1998年,格兰仕微波炉年产销量达450万台,成为全球最大规模化、专业化制造商。同时,格兰仕集团投资1亿元进行自主技术开发,并在美国建立研究开发机构。利用欧盟对韩国微波炉产品进行反倾销制裁的机会,格兰仕微波炉大举进入欧洲共同体市场。格兰仕公司扩大产量、降低成本的做法正是符合经济学中的规模经济原理。

格兰仕公司在微波炉市场的十几年激战历程,频频发动价格大战,其核心是成本领先的战略。成本领先战略的成功实施就源于规模收益递增。格兰仕引进的生产线在欧、美、日企业的每周开工时间一般为24~30小时;而在格兰仕,工人三班倒,每周开工时间可以达到156小时,产能利用率达到90%以上。仅仅通过这样一项,单位产品的固定生产成本就下降了5~8倍。其次,只要企业制度合理,管理科学,严格控制生产环节,合理扩大生产规模,发展规模经济,就完全可以降低生产成本。微波炉是一种零部件化程度较高的产品,也就是说,它的整体成本在很大程度上取决于单个零部件的成本和装配的效率。格兰仕通过买断微波炉关键器件磁控管的技术,利用自己的规模采购优势与本土优势,通过兼并、合资、合作、相互参股控股等资本运作方式对产业上游供应链进行整合,公司大幅度降低了成本,从而使得公司能持续地降低成品价格,推行低成本战略。以变压器为例,在格兰仕初成立时,日本企业标价23美元,欧美企业的售价是30多美元,最后格兰仕与欧洲公司达成协议,只要对方将设备使用权转移给公司,公司即以8美元的价格供货,剩余生产能力由公司支配。目前,国内同行单位产品变压器的成本约为150元,2008年格兰仕只需花费75元,2012年仅花50元,仅一个变压器部件就比竞争对手节约了三分之二的成本,其成本优势凸显。目前格兰仕变压器配套元器件年产量已达5 000万个,除满足自身需求外,还对外出售。可见格兰仕集团的竞争优势主要来源于规模经济基础上的成本领先,并主要表现在生产规模上。据分析,100万台是单间工厂微波炉生产的经济规模,格兰仕在1996年就达到了这个规模。其后每年以两倍于上一年的速度迅速扩大生产规模。到2000年年底,格兰仕微波炉生产规模达到1200万台,是全球第二位企业的两倍多。生产规模的迅速扩大带来了生产成本的大幅度降低,这也成为格兰仕成本领先的重要环节。作为家电企业,用钢成本占整个成本比重较大。格兰仕与宝钢建立战略联盟,宝钢不断为其开发新材料以满足新产品的特殊需求,成为格兰仕的后盾,格兰仕80%以上的钢铁都采购于宝钢。通过联盟合作,两公司共同建立了完善的市场快速反应机制,大大缩短了交货周期。在包装、运输和仓储质量管理方面进行改进,并根据市场需要进一步推出电子商务平台、电子质保书查询和网上热线等服务项目,使公司整体层次大大提升。公司不仅大大降低了库存水平,避免价格波动导致的库存损失,同时也大大降低了资金占用成本和仓储成本,从而使得总体的采购成本大大下降。规模经济不仅是生产的规模经济,还有销售的规模经济和技术开发的规模经济。企业产品的销量越大,分摊在每一产品上的广告费用、销售成本和技术开发费用就越少。

格兰仕在主导产品微波炉整个发展过程中,充分使用成本领先战略,不断与竞争对手大打价格战,规模每上一个台阶,就大幅下调价格,不断提高自己的竞争力。格兰仕凭借强大规模经济的支撑,集中企业十多年的经营积累以及撤出的收益全部投入到微波炉的生产与销售上,总是领先一步登上更大规模的台阶。每当它在新的台阶上获得更大的规模经济后,就及时将价格降到略高于自己的成本,而低于规模不如自己的企业的成本之下。1996年、1997年、2004年格兰仕先后在全国范围内进行了大规模、大幅度的产品价格战,降价压低了行业的平均利润,建立进入壁垒,使竞争者不断退出微波炉行业,也"恐吓"潜在进入者,还逼着现有的竞争者让步,为格兰仕腾出了新的市场空间,从而实现企业持续占领市场的目标,格兰仕又可以进一步扩大规模,享有更多的规模经济效益,如此循环反复。如同"多米诺"效应,导致了一系列的推动作用,促使格兰仕一步步成功!

(案例来源 "基于全价值链的成本领先战略研究——格兰仕竞争之道",宋献中、彭美龄、李四海:《中国注册会计师》,2015-06-15;李宇:"从格兰仕飞跃谈我国企业发展的现实战略",《重庆邮电学院学报》,2005-01-30)

思考题:
1. 规模收益变动规律是什么?
2. 格兰仕公司成功的秘诀在哪里?

案例评析:
1. 规模收益变动规律涉及的是企业生产规模的变化与所引起的产量变化之间的关系,是以全部的生产要素都以相同的比例发生变化来定义企业生产规模的变化的。企业的规模报酬变化可以分规模报酬递增、规模报酬不变、规模报酬递减三种情况。规模报酬递增是指在其他条件不变的情况下,企业内部各种生产要素按相同比例变化时,产量增加的比例大于各种生产要素增加的比例。规模报酬递增的原因在于:随着企业规模扩大,企业可以实行专业化分工,提升生产效率;随着企业规模扩大,企业可引进专用生产设备;随着企业规模扩大,可实现管理专门化;企业采购成本下降。

2. 格兰仕的成功之路与经济学原理是一致的。我国现阶段劳动力资源丰富,使得我国企业在国际产业链中具备生产制造的成本优势。而格兰仕就正是紧紧抓住了这个环节,整合国际资源,做好做活国际价值链的生产车间。格兰仕的成功正在于敢于扩大产量,实现规模收益递增。在1994年,微波炉销量10万台,规模较小。要降低微波炉的成本只有扩大产量,当一个企业的产量达到平均成本最低时,就充分利用了规模收益递增的优势,或者说实现了最适规模。应该说,不同行业中最适规模的大小是不同的。格兰仕冒着产品积压的风险,不断把产量扩大,到2000年年底,格兰仕微波炉生产规模达到1 200万台/年,并以低价格迅速占领了世界市场。格兰仕这一扩大产量、降低成本的做法符合经济学中的规模经济原理。一个企业发展壮大固然有许多好处,但也会引起一些问题。这主要是随着企业规模扩大,管理效率下降,管理成本增加,甚至会滋生官僚主义。同时,企业规模大也会缺乏灵活性,难以适应千变万化的市场。所以,"大就是好"并不适用于一切企业。当企业规模过大引起成本增加、效益递减时就存在内在不经济,发生规模收益递减。

第五章　成本理论

5-1　理论要点

生产与成本形影不离,生产是投入产出的过程,而成本则与企业生产要素投入量密切相关。生产过程有短期和长期之分,从而对成本的讨论也要从短期和长期两个角度入手,以分析厂商产出变化与成本变化之间的关系;成本不仅仅影响企业的产出水平,还涉及企业最优生产计划的选择,即以最小成本获得最大利润。在成本理论中,其主要内容包括以下四个方面。

一、经济学中的成本和利润

企业的生产成本通常指企业对所购买的生产要素的货币支付。经济学中的成本不仅要考虑购买他人拥有要素的实际货币支付(也就是通常意义上的会计成本),也要考虑自己拥有的投入生产过程的生产要素所应做的支付,因此,经济学中的成本概念有机会成本、显成本和隐成本等。机会成本是指生产者利用一定资源获得某种收入时所放弃的在其他可能的用途中所能获得的最大收入,也称经济成本;显成本是指厂商在生产要素市场上购买或租用所需要的生产要素的实际支付,即会计成本;隐成本指应支付给厂商的自己所拥有的且被用于该企业生产过程的那些生产要素但实际上没有支付的报酬。经济学中的成本范畴大于会计学的成本范畴,经济成本等于会计成本和隐成本之和。除了上述成本概念外,还有一种成本必须引起我们的注意,即沉没成本,沉没成本是指已经花费而又无法补偿的成本。影响企业决策的成本是机会成本,但不包括沉没成本。

既然经济学中的成本概念与会计学中的成本概念不同,那么经济学中的利润概念和会计学中的利润概念也是不同的。经济学中的利润指经济利润,是销售收入减去经济成本后的余额,会计利润是销售收入减去会计成本后的余额。由于经济成本比会计成本多出隐成本部分(如果有自有资源投入生产过程的话),因此,通常情况下经济利润小于会计利润。当会计利润为正时经济利润有可能为正,也可能为零或者是负数。当经济利润大于零时,称厂商获得了超额利润;当经济利润小于零时,称厂商亏损;当经济利润等于零时,称厂商获得了正常利润。正常利润是指无论他人拥有的还是自己拥有的投入生产过程的要素都按社会正常的水平获得了相应的报酬。正常利润是使一个企业或个人继续留在该行业的最低利润水平。

二、短期成本

企业短期生产的生产要素投入构成短期成本,因此短期成本函数可以从短期生产函数得出,短期成本曲线也可从短期产量曲线推导而得。假设短期生产函数为:$Q=f(L,\overline{K})$,短期成本函数则为:$STC_{(Q)}=w \cdot L+r\overline{K}$。短期成本共有七种类型:总成本 TC、总不变成本 FC、总可变成本 VC、平均总成本 AC、平均不变成本 AFC、平均可变成本 AVC 和边际成本 MC。其中,TC 与 VC 为两条平行线,其垂直距离等于 FC,AC 和 AVC 的垂直距离等于 AFC,$MC=TC'=VC'$。AC、AVC 和 MC 均呈先降后升的"U"形变化,原因是边际报酬递减规律的作用。厂商短期成本决策是在生产规模不变情况下,根据产品销售情况调整生产要素投入量以实现成本最小化。

三、长期成本

长期成本共有三种类型:长期总成本 LTC、长期平均总成本 LAC、长期边际成本 LMC。厂商长期成本决策是选择一个能使长期平均成本最低的生产规模组织生产,因此,长期总成本是指厂商在长期中在每一个产量水平上通过选择最优的生产规模所能达到的最低总成本;长期平均成本是与厂商在长期内计划生产的各种可能的产量相对应的最低平均成本。长期平均成本呈"U"形变化,原因是规模经济与规模不经济,而长期平均成本曲线位置的上下变动则取决于外在经济与外在不经济。

四、规模经济与规模不经济、外在经济与外在不经济

规模经济指的是企业由于生产规模扩大而导致长期平均成本下降的情况。规模不经济是指企业由于规模扩大使得管理无效而导致长期平均成本上升的情况。规模经济与规模不经济两者所涉及的是规模大小与成本的关系。规模经济和规模不经济是由于厂商变动自己的企业生产规模所引起的,因此也被称为内在经济与内在不经济。规模经济反映的是规模变化与成本变化之间的关系,规模报酬反映的是生产要素投入量变化与产出变化之间的关系。

外在经济是指由于厂商生产活动所依赖的外界环境得到改善而使经济效益提高的情况。外在不经济是指由于厂商生产活动所依赖的外界环境恶化而使经济效益下降的情况。企业长期生产的外在经济和外在不经济决定了长期平均成本 LAC 曲线位置的高低,外在经济使得 LAC 曲线位置下移,外在不经济使得 LAC 曲线位置上移。

5-2 案例分析

【案例1】 厂房出租还是自己使用更划算?

老王有一个厂房,他用它开了一家小型服装加工厂,为维持正常经营,服装厂每年需要50万元流动资金来支付购买原材料和支付工人工资等开支,服装厂年销售收入65万元,一年以后,扣除50万元资金,获得利润15万元(这里假设不存在税收等其他支付)。假设该厂房用来出租而不是自己使用,能获得每月1万元的租金,老王本人替他人打工能获得每月5 000元的工资收入,银行存款年利率3%。有人认为老王自己经营比较划算,因为可以获得15万元的利润。有人则认为出租划算,因为自己经营,老王不仅没有获得15万元的利润,实际上是亏损的。

思考题:

1. 你赞成哪种观点?理由是什么?
2. 什么是显成本和隐成本?经济学家和会计师分析经营活动有何不同?

3. 经济学中的成本划分对我们的经济生活有什么指导意义?

案例评析:

1. 第一种观点忽视了隐成本的存在,仅仅看到了显成本,也就是我们常说的会计成本,从显成本角度看,利润=销售收入-显成本=65-50=15(万元);第二种观点不仅考虑了显成本,也考虑了隐成本,一旦把隐成本也一起考虑,则利润=销售收入-(显成本+隐成本)=销售收入-(流动资金+租金收入+工资收入+利息收入)=65-(50+1×12+0.5×12+50×3%)=-4.5(万元),在这种情况下,老王不仅没有赚钱,还亏了4.5万元。从以上计算结果可以看出,老王的厂房不应该自己使用,出租更划算,理由是经营活动中的所有投入,无论是需要向他人购买的还是自己拥有的,都应该按市场正常水平获得其应有的报酬,经营活动不仅要考虑显成本,也要考虑隐成本,即机会成本。因此,从经济学角度来看,第二种观点考虑得更全面,更合理。

2. 所谓显成本是指厂商在生产要素市场上购买或租用所需要的生产要素的实际支付,包括支付给员工的薪金、购买原材料、燃料、动力、运费、广告、保险等以及借入资本支付的利息。隐成本则指应支付给厂商的自己所拥有的且被用于该企业生产过程的那些生产要素但实际上没有支付的报酬,包括自有土地的租金、自有资金的利息、企业主为该企业提供劳务应得的薪金、使用自己拥有的专利以及风险行业的风险费用等。不同行业隐成本包括的范围不一样,有的风险行业通常把风险费用也列入隐成本中,风险越大,所要考虑的隐成本也越大;有些厂商把自己拥有的专利也纳入隐成本范畴,因为厂商不自己用所拥有的专利进行生产,把专利卖给别的企业同样可以获得一笔收入,或购买别人的专利进行生产而支付一笔实实在在的成本。

显成本和隐成本之间的区别说明了经济学家与会计师分析经营活动之间的重点不同。经济学家关心、研究的是企业如何做出生产和定价决策,因此,当他们衡量成本时就包括了隐成本;而会计师的工作是记录流入和流出企业的货币,结果,他们只衡量显成本,忽略了隐成本。经济学之所以要从机会成本的概念来分析厂商的生产成本,是因为经济学是从稀缺资源配置的代价而不是会计学的意义上来考察成本的概念的。

3. 经济学中的成本划分较之会计学中的成本划分更科学。经济成本是一个比会计成本含义更广泛、内容更丰富的概念。可以毫不夸张地说,经济成本几乎涉及了企业所有的经营内容和领域。经济成本是企业运作过程中的全部成本,有些经济成本项目我们没有认识到,也有些经济成本项目我们虽然也知道它的存在,但却没有把其当作独立的成本项目来进行分析。在大多数情况下,生产过程中或多或少都有一部分自有要素投入,此时经济成本大于会计成本,生产的代价应该包括所有的投入而不仅仅包括他人拥有要素投入的代价,只有除掉所有投入代价后的余额才是真正的利润。因此,在日常经营活动中,我们不仅要考虑会计成本,也要考虑隐成本。

【案例2】 中国农民盖房方式缘何发生了变化?

在中国人的传统观念里,有钱就买地盖房,在农村,这种观念尤其根深蒂固,盖房是中国农民一辈子的大事。改革开放前后,甚至在改革开放后的80年代,中国农民的建房方式发生了根本变化。

在20世纪80年代以前,中国农民的房子是通过自己动手、亲朋帮忙的方式盖起来的:首先自己准备好盖房所需材料,如地基石、沙子、砖头、木材、水泥等,到农闲时召集一帮亲朋好友一起动手,采用简单的工具,从地基、房架、门窗、砌墙到装修等都由这些人完成,木工既做门窗也做房架,泥工既砌墙也管基础装修,整支施工队伍不存在复杂的专业分工。房子结构比较简单,一般都是单层结构,多为砖瓦房,房子设施简陋,通常不配备卫生间,样式也较为老式,房子建成后很少进行内部装修,通常粉白即可,美观度较差。而80年代以后,绝大多数农民盖房已经很少采取上述自建方式,往往采取外包的方式,农民通常将盖房的业务承包给一个包工头(或一个建筑施工队),各种费用与包工头统一结算。包工头接到业务后,对各项业务再进行分包,比如对图纸设计、地基、砌墙、水电安装、门窗、装修装饰等业务进行分包。这里的分工十分细致,以装修为例,有专门做水电的,有专门做泥工的,有专门做门的,有专门打家具的,各类工具五花八门,各分包商之间密切合作。房子功能齐全,区域功能划分合理,有单独的厨房、单独的卫生间;房子结构也改变了过去单层结构的模式,大多数都是两层以上的楼房,近年来更有向多层结构发展的趋势;房子采用混凝土建设,不仅重视内部装饰,外墙也较为美观。

思考题:
1. 什么是机会成本?机会成本产生作用的前提条件有哪些?
2. 随着经济发展,机会成本的变化趋势如何?原因是什么?
3. 用机会成本解释我国农民盖房方式变化的原因。

案例评析:

1. 该案例主要用来说明机会成本的含义、经济发展引起的机会成本变化趋势,进而阐述机会成本变化对我们日常生活选择产生的影响。当资源有限而欲望无限时,人们必须做出一种选择:用有限的资源满足无限欲望中的哪些?或者说放弃哪些欲望。这种选择是有代价的,这种代价就是机会成本。机会成本是一种因放弃而产生的成本,当一种资源有多种用途而只能选择用于某一种用途时,就意味着放弃了其他用途中所能获得的收益,其中所有被放弃的用途中最好的收益就是这一选择的机会成本,但并不是任何情况下的选择都会产生机会成本,机会成本产生作用的条件包括:① 不存在闲置资源;② 资源要有多种用途,即存在多种选择的可能。当存在闲置资源时,我们不需选择,没有选择也就没有放弃,也就不存在机会成本;而当资源只有唯一的一种用途时,也不存在选择的机会,从而也不存在因为放弃而产生的机会成本。

2. 随着经济发展,生产效率逐步提高,人们收入水平也随之增加,这意味着进行某些选择所需放弃的代价在逐渐加大,比如当收入为每天20元时,放弃一天工作的代价是少赚了20元,但当收入为每天300元时,意味着放弃一天工作的代价是300元。也就是说,随着经济发展,机会成本递增,而机会成本递增的原因是资源具有专用性。

3. 从我国农民建房方式的变化来看,在经济不发达农业生产率较低情况下,农民和他们的亲朋好友放弃生产的机会成本是很低的,他们可以利用最原始的方式用最简单的工具慢慢地盖房子,不赶时间,不赶进度,不计报酬。由于放弃生产的代价较低,所以这种亲朋好友一起动手盖房子的方式能做到用最小的代价盖好房子。但当经济发展到一定程度,农业生产效率逐步提高,农民放弃生产的机会成本就很高了。假设一个农民从事某种劳作一天能获得100元收入,意味着他放弃一天劳作的损失是100元。如果此时他仍采取自己设计、自己购买材料、自己联系各类人员施工的方式建房,他的损失将很大:首先来自于自己的时间损失,即放弃劳作的收入,在自建房的方式下,他必须自己联系各类专业公司,自己购买材料,自己监工等,同时他还必须学习建房的很多知识,这要花费其大量时间,这些方面每增加一天,该农民将减少100元收入;其次来自于零星采购各类材料的高价格损失,与专业公司大批量采购材料的价格相比,农民自己去购买这些材料价格肯定高于专业公司;第三,非专业知识带来的损失,农民自己去购买各类材料有可能存在不适用、计算不精确存在浪费等现象,这将又是一笔不小的支出。因此,在这种情况下,采用自建方式盖房所需付出的代价将超过承包给专业人士盖房的方式。此时他宁愿将自己不熟悉的盖房子业务承包给包工头(或建筑施工队),自己专心干本人擅长的事情,这样就可以做到机会成本最小化。可见,我国农民盖房方式变化的原因是经济发展使得农民放弃生产的机会成本增大引起的。

(案例来源 改编自李仁君:《机会成本与农民盖房》,海南日报,2001-12-19)

【案例3】 哪些成本影响我们的决策?

俄亥俄州立大学心理系教授霍尔·亚科斯(Hal Arkes)和利物浦大学的卡特琳·布拉默(Catehrine Blumer)在1985年做了一个实验,他们让实验对象假设自己花了100美元买了密歇根滑雪之旅的票,但在那之后发现一个更好的威斯康星滑雪之旅——只要50美元,于是也买了它的票。然后,研究者让实验对象假定,这两个旅行的时间互相冲撞,而两张票都不能退或者转让。你认为他们会如何选择呢?是选100美元那个"不错"的旅行,还是选50美元的那个"绝佳"的旅行?在实验中,有一半人选择去参加前者——那个更贵的旅行,理由是虽然它可能不像后者一样有趣,但是不去参加它的话,损失也更大。

思考题:
1. 什么是沉没成本?这个实验告诉了我们什么道理?
2. 如果让你来选择,你将选择哪个旅行?理由是什么?

案例评析:

1. 这个案例告诉了我们机会成本和沉没成本对我们选择的影响。经济学研究人们选择行为时,机会成本和沉没成本是一项重要标准。所谓沉没成本,是指已经付出且不可收回的成本。沉没成本由过去的决策或环境决定,它所造成的成本不会因为现在或将来的任何决策而改变。换句话说来说,沉没成本不应该影响我们现在或未来的决策,当发生了沉没成本、遭遇损失时,我们所需要做的就是及时止损;而机会成本则告诉我们,做选择的时候多思考可能造成的损失,造成损失最小的才是正确的选择。

2. 在上述实验中,无论是100美元票价的密歇根滑雪之旅,还是票价50美元的威斯康星滑雪之旅,票价都不应该成为影响选择旅行项目的因素,因为无论100美元还是50美元,都属于已经付出又无法收回的沉没成本。认为密歇根滑雪之旅票价更贵,不选择该项目的损失会更大的想法是错误的,此时最好的选择是要在将来带给你更好的体验,而不是为了弥补你在过去的损失。如果你认为威斯康星滑雪之旅更有趣,能给你带来更多愉悦,则尽管其票价低于密歇根滑雪之旅,也应该选择它。

(案例来源 豆丁网)

【案例4】 规模经济与规模不经济
［案例A］ 格兰仕微波炉的成功之道

格兰仕企业(集团)公司的前身是广东顺德桂洲羽绒制品厂,于1992年6月正式更名为格兰仕企业(集团)公司。1992年,格兰仕引进当时最先进的东芝微波炉生产线,在半年内建成投产。每个企业面临越来越广阔的市场时,都有两种战略选择:一是多产业、小规模,低市场占有率;二是少产业、大规模,高市场占有率。格兰仕选择的是后者,微波炉生产的最小经济规模为100万台。早在1996—1997年间,格兰仕就达到了这一规模。随后,规模每上一个台阶,生产成本就下降一个台阶,这就为企业的产品降价提供了条件。格兰仕的做法是:当生产规模达到100万台时,将出厂价定在规模80万台企业的成本价以下;当规模达到400万台时,将出厂价调到规模200万台的企业的成本价以下;而现在规模达到1 000万台以上时,又把出厂价降到规模为500万台企业的成本价以下。格兰仕从1996年开始屡屡掀起"降价风暴",先后5次大幅度降价,每次降价幅度均在20%以上,每次都使市场占有率总体提高10%以上,大量小规模的厂家被迫退出市场,行业的集中度不断提高,使行业的规模经济水平不断提高,由此带动整个行业社会必要劳动时间不断下降,进而带来整个行业的成本不断下降。从1993年格兰仕进入微波炉行业到2003年10年间,微波炉的价格由每台3 000元以上降到每台300元左右,降价幅度达90%以上。格兰仕的微波炉,在国内已达到70%的市场占有率;在国外也达到了35%的市场占有率。

格兰仕重大历史事件:

(1) 1978年,格兰仕创建,前身是一家乡镇羽绒制品厂。

(2) 1992年,带着让中国品牌在微波炉行业扬眉吐气、让微波炉进入中国百姓家庭的雄心壮志,格兰仕大举闯入家电业。

(3) 1993年,格兰仕试产微波炉1万台。

(4) 1995年,以25.1%的市场占有率登上中国市场第一席位。

(5) 1999年,产销突破600万台,跃升为全球最大专业化微波炉制造商。

(6) 2001年,全球产销量飙升到1 200万台,并让国人开始从"光波炉普及风暴"中全面领略"高档高质不高价"的新消费主义。

(7) 2004年,格兰仕世界首创光波空调风靡全球,出口名列前茅,跻身世界主要空调制造商行列。

(8) 2005年,"全球最大专业化空调研制基地"落户格兰仕,这个占地3 000亩的超大规模空调研制基地集中开发生产光波空调,同时具备全球领先的空调核心配套能力。

(9) 2006年,格兰仕已经连续12年蝉联了中国微波炉市场销量及占有率第一的双项桂冠,连续9年蝉联微波炉出口销量和创汇双冠,荣获"中国最大微波炉制造企业证书"。

(10) 2011年,格兰仕已拥有家电专利1 473项,其中发明专利166件,世界首创的UOVO圆形微波炉等多项国际专利。

格兰仕作为国内第一家生产微波炉的企业,从无到有,从弱到强,甚至做到全球第一。开创至今,格兰仕微波炉坚持技术创新,从微波到光波,从方到圆,引领着世界微波炉风潮。

[案例 B]　三株帝国为何没落?

在中国企业群雄榜上,三株是一个绕不过去的名字。三株集团创始于1992年,当时是以代理保健品起家,后来开始自己生产并销售三株口服液,陆续发展成为药品、保健品、化妆品生产和销售的民营企业。从1993年年底的30万元的注册资金到1997年的48亿元的公司净资产,从1994年8月到1996年,短短3年时间里,三株销售额从1个多亿跃至80亿元,它所创造的年销售额80亿的业绩至今在业内无人可及。

三株集团在创业之初,人员很少,所有的人都直接听命于负责人,虽然规模小,但是任何策略都能及时、有效地执行,而问题也能及时反馈解决。1995年10月,三株集团创始人吴炳新在新华社一次年会上宣读了《争做中国第一纳税人》的报告,设想到20世纪末完成900亿~1 000亿的销售额,成为中国第一纳税人。为了实现这一理想,三株集团开始实施全面多元化发展战略,向医疗电子、精细化工、生物工程、材料工程、物理电子及化妆品等6个行业渗透。与此同时,三株在全国范围内收购、并购几十家亏损药企,令企业担负起严重的债务压力。1994年到1997年4年期间,三株集团及其下属机构的管理层扩大了100倍,到1997年,三株公司在全国所有大城市和绝大部分地级市注册了300个子公司,拥有县级办事处200多个和13 000多个乡镇工作站,在其鼎盛的4年时间里,至少数以万计的经理、经销商、批发商、零售商,吸纳了15万的销售人员。迅猛扩张的规模及公共关系理念促成了三株爆炸式的增长,其中很多人是利益驱动而打造成的企业经营团队,各地各部门之间画地为牢,形成壁垒,程序复杂,官僚主义盛行,规模过大导致执行越来越慢,企业经营发展信息很难传到负责人耳朵里,企业对市场信号的反应严重迟钝。在其高速发展阶段,产品宣传开始出现大量冒用专家名义、夸大功效、诋毁同行的言语,仅在1997年上半年,三株集团就因"虚假广告"等原因而遭到起诉10余起,三株集团也因此被部分地方卫生部门吊销药品批准文号,总部到最后已疲于奔命而无可奈何。成都市场部人员未经患者同意把其作为典型病例进行大范围宣传引起纠纷,新闻媒体曝光特别是焦点访谈报道使得事件波及全国,给集团带来了极大的负面影响;1996年常德陈伯顺老汉喝完三株口服液后去世引起司法诉讼,三株败诉,随后20多家媒体集体炮轰三株引发了三株口服液的销售"地震",败诉后的第二个月即1998年4月,三株销售额从3月份的2亿元下降到几百万元,15万的营销大军被迫削减为不足2万人,生产经营陷入空前的灾难之中,官司给三株造成的直接经济损失达到40多亿元;1999年法院最终判决三株获胜,但此时三株帝国已经陷入全面瘫痪状态,200多个子公司停业,绝大多数工作站和办事处关闭,全国销售基本停止,辉煌一时的三株帝国轰然坍塌。

思考题:
1. 什么是规模经济? 什么是规模不经济? 制约规模经济的主要因素有哪些?
2. 从规模经济角度分析格兰仕成功和三株失败的主要原因。

案例评析:

1. 规模经济指的是企业由于生产规模扩大产量增加而导致长期平均成本下降的情况;规模不经济是指企业由于规模扩大产量增加使得管理无效而导致长期平均成本上升的情况。

规模经济分为两类,一是从设备、生产线、工艺过程等角度提出的,称为工厂规模经济,其形成原因主要有：① 采用先进工艺，设备大型化、专业化，实行大批量生产，可降低单位产品成本和设备投资；② 实行大批量地生产方式，有利于实现产品标准化、专业化和通用化，降低各种物耗，取得显著经济效果。二是企业规模经济，指若干工厂通过水平和垂直联合组成的经营实体，不仅可带来单位成本降低、节省销售费用、管理人员等，还可使企业有更多资金用于产品研发，使其具有更强的竞争能力。经济学中的规模经济指前者，是生产设备条件即生产能力变化时的生产批量变化带来的成本下降。按照权威性的包括拉夫经济学词典的解释，给定技术条件下，对于某一产品，如果在某些产量范围内平价成本是下降或上升的话，我们就认为存在规模经济（或不经济），具体表现为"长期平均成本曲线向下倾斜"。从这种意义上说，长期平均成本曲线便是规模曲线，长期平均成本曲线上的最低点就是"最小最佳规模"。

制约规模经济的因素主要有以下几点。

(1) 自然条件，如石油储量决定油田规模；
(2) 物质技术装备，如化工设备和装置能力影响化工企业的规模；
(3) 社会经济条件，如资金、市场、劳力、运输、专业化协作对企业规模的影响；
(4) 社会政治历史条件等。

2. 格兰仕的成功在于较好地运用了规模经济的理论，即某种产品的生产，只有达到一定的规模时，才能取得较好的效益，其核心竞争力归纳起来就四个字：规模制造。格兰仕进入微波炉行业始终坚持了总成本领先战略，而它之所以如此频繁地大幅度降价，就在于其成本比竞争对手低许多，有足够大的利润空间。一方面，迅速扩大生产能力，实现规模经济；另一方面，通过降价和立体促销来扩大市场容量，提高市场占有率，从而在短期内使自己的实力获得迅猛提高。规模经济，简单地说，就是同时增加所有生产要素的投入，扩大生产规模，通过规模经营，实现企业的超常规发展。而实施规模化战略的根本目的就在于市场的迅速扩大，通过规模效应，降低经营成本；通过规模效应，增加技术投入；通过规模效应，提高国际竞争力；等等。格兰仕通过几年的努力，在微波炉领域真正实现了规模化经营，专业化、集约化生产，使企业走上了良性发展的轨道。

格兰仕的规模经济首先表现在生产规模上，其次，格兰仕的规模经济还表现在销售、科研和管理等方面。在成本领先策略的指引下，格兰仕的价格战打得比一般企业都出色，规模每上一个台阶，就大幅下调价格。格兰仕降价的特点之一是消灭散兵游勇的目标十分明确。例如，当自己的规模达到100万台时，就把出厂价定在规模为80万台的企业的成本价以下。此时，格兰仕还有利润，而规模低于80万台的企业，多生产一台就多亏一台。如此循环，让竞争对手逐渐淘汰出局。格兰仕降价的特点之二是狠，价格不降则已，要降就要比别人低30%以上。

但从严格意义上讲，格兰仕是一个制造型企业，制造规模越大，平均成本就越低。格兰仕在1996年8月和1997年10月分别进行的两次降幅在40%左右的大规模降价活动，都是基于规模制造的结果。

三株失败的主要原因在于不具备与企业规模扩大相适应的管理经济以及由此带来的信息传递缓慢和失真问题。规模经济形成的原因有很多，不仅需要企业发展到能实现规模生产的阶段，而且其成本策略、营销策略、市场开拓策略、品牌策略、资金等各方面都必须与规模经济相适应;而规模不经济的主要原因则在于管理不经济,任何企业都存在一个最佳规模点,管理好的企业,这个点会出现在较大规模之时,此时企业规模可以做得较大,管理不好,企业规模不可能做大,要想上规模,先得上管理。一般来说,企业规模与管理难度呈正比,与管理的效率呈反比。三株公司在其迅速扩张的过程中,没有建立与之相适应的管理模式,导致各地各自为政,互不买账,又因此引起了规模不经济的另一个因素——信息传递的缓慢和失真,管理的不经济和信息传递问题导致了三株帝国的最终坍塌。

(根据网上资料整理)

第六章 市场理论

6-1 理论要点

西方经济学通常按市场竞争程度的不同将市场结构划分为四种类型：完全竞争市场、垄断竞争市场、寡头垄断市场和完全垄断市场。

一般而言，影响市场类型的主要因素包括以下几点。

第一，厂商的数量。市场中厂商数量的多少反映了每个市场势力（影响力）的大小。如果厂商的数量很多，每个厂商对市场中产品价格影响很小或者根本没有影响，我们就认为市场是竞争性的；反之，如果一个厂商可以影响它出售的物品的市场价格，我们就认为该厂商有市场势力。

第二，产品的差别性。市场中的每个厂商生产的产品如果完全一致或者稍有差别，则这个市场是竞争性的；否则，市场存在市场势力。

以上两点是市场结构的最主要特征。当然，还有一些其他的特征，可视为上述特征的延伸，如单个厂商对市场价格的控制程度，厂商进入或退出一个行业的难易程度。

完全竞争市场和完全垄断市场是两个极端，前者是指有无数厂商生产相同产品的一种市场结构，而后者是指只有独家厂商生产异质产品的一种市场结构。垄断竞争市场和寡头垄断市场是介于这两种极端之间的状态，是竞争和垄断不同程度的结合，又称不完全竞争或不完全垄断市场。

一、完全竞争市场

完全竞争市场，又叫作纯粹竞争市场，是指竞争充分而不受任何阻碍和干扰的一种市场结构。完全竞争市场的假设条件主要有以下四个：第一，市场上有许多买者与卖者。第二，市场上的产品是同质的，即不存在产品差别。第三，资源完全自由流动。第四，市场信息是充分的。

二、完全垄断市场

完全垄断，又称垄断，是指整个行业中只有唯一的一个厂商的市场组织。垄断市场的条件主要有这样三点：第一，市场上只有一家厂商。第二，该厂商的生产和销售的商品没有任何相近的替代品。第三，其他任何厂商进入该行业都极为困难或不可能。

三、垄断竞争市场

垄断竞争和寡头垄断是市场组织中介于完全竞争和完全垄断两个极端之间的一种中间

情形。垄断竞争市场的条件主要有以下三点:第一,引起这种垄断竞争的基本条件是产品差别的存在。第二,市场中存在大量的企业。第三,厂商的生产规模较小,因此,进入和退出该行业比较容易。

四、寡头垄断市场

寡头垄断就是指少数几家厂商控制整个市场产品的生产和销售的一种市场组织。在这种市场上,几家厂商的产量在该行业的总供给中占了很大的比例,每家厂商的产量都占有相当大的份额,从而每家厂商对整个行业价格与产量的决定都有举足轻重的影响。而这几家厂商又存在着不同形式的竞争。寡头垄断市场可按不同方式分类,根据产品生产的特征,如果寡头产业每个寡头所生产的产品是无差别的寡头称为纯粹寡头;生产有差别产品的寡头称为差别寡头。此外,按厂商的行动方式,可分为勾结行为的和独立行动等不同类型。

五、博弈论

博弈论是分析寡头市场的重要理论和方法。博弈论的基本均衡概念是占优策略均衡和纳什均衡。在寡头市场上,寡头出于自身利益考虑,会达成共谋即采取合作的策略。但是,同样是出于自身利益考虑,寡头们达成的合作协议往往是很不稳定的。"囚徒困境"的博弈深刻揭示了这一特征。

6-2 案例分析

【案例1】 攫取行业九成利润 iPhone 是否垄断?

2017年3月18日,在国务院发展研究中心主办的中国发展高层论坛"全球化新环境下的创新与创业"分论坛上,当清华大学经济管理学院院长钱颖问库克 iPhone 是否垄断时,库克予以否认。库克认为苹果在智能手机领域的份额不能用垄断形容,不存在这样的情况,并指出智能手机领域竞争非常激烈,在中国的市场尤其如此。小米、华为等中国手机企业做得很不错,中国的竞争更加激烈,这要归功于中国本土企业的精神,致力于做出更好的产品。没人会傻到承认自己垄断,引别人来调查,一旦罪名成立,还将面临重罚。不过,iPhone 是否垄断由政策和规则决定,而不是靠苹果 CEO 的一家之言。在如此官方的会议上被问及是否垄断,我猜库克的心里是很紧张的:"中国难道要对苹果发起反垄断调查吗?"

赚大钱的低调,赚辛苦钱的乱吵吵

这件事能看出苹果和国产手机有着截然不同的做事风格。苹果,自己闷声赚大钱,却为华为、小米等竞争对手点赞;而国产手机,利润微薄,却纷纷对标 iPhone,时不时地向外界宣告自家产品在某方面已经碾压 iPhone。

2016年,iPhone 全年的利润将近450亿美元,折合人民币约3 000亿元。据手机中国联盟秘书长王艳辉观察,2016年华为、OPPO、vivo 的利润预估相差不大,都在100亿元人民币左右;第二阵营的金立、传音利润预计超过10亿元人民币;其他品牌绝大部分处于亏损状态。也就是说,2016年最赚钱的三家国产厂商华为、OPPO 和 vivo,其利润也只有苹果的1/30,第二阵营的利润只有苹果的1/300,其他多数厂商尚不能盈利。和苹果一比,国产手机赚的都是辛苦钱。

赚大钱的低调，赚辛苦钱的瞎吵吵，这也反映了一个竞争哲学：赚大钱的贬低自己、赞美别人，为的是避免树大招风；赚辛苦钱的夸大自己、贬损别人，为的是引起人们的注意，在消费者心中建立强大的品牌形象。

垄断是最好的赚钱途径

iPhone是否垄断？

从市场份额上看，苹果远算不上垄断。2016年，在全球市场，苹果以14.6%的市场份额排名第二，少于市场份额第一的三星的21.2%。在国内市场，苹果以9.6%的市场份额排名第四，前三名是OPPO、华为和vivo，市场份额依次是16.8%、16.4%、14.8%。所以，无论是在全球市场还是国内市场，苹果的市场份额都不是第一，也不处于垄断地位。尤其是国内市场，在国产手机的冲击之下，苹果的市场份额低于全球水平。

从利润上来看，苹果是有可能垄断。根据市场调研公司Canaccord Genuity发布的最新报告，2016年第四季度，尽管苹果智能手机销量在全球所占份额约为18%，但其所获得的利润占据整个产业的92%。不过，由于OPPO、华为、vivo等国产手机厂商并不是上市公司，很难统计它们的利润，该报告没有统计国产手机的盈利情况，所以该报告的统计并不能完全代表真实情况。但是，由于国产手机分到的利润蛋糕有限（参见上文），还有多数亏损，所以，即便将国产手机的利润计算其中，苹果的利润占比仍然会很强势。所以，从利润的角度来讲，钱颖院长关于iPhone是否垄断的提问，也是有事实支撑的。苹果之所以有如此高额的利润，得益于其在高端市场的霸主地位。根据Counterpoint的报告，在400美元以上的高端市场，三星和苹果一直占据着高端市场80%~90%的市场份额，而且呈现"此消彼长"的态势。不过在过去的一年，苹果在高端市场扩大了与三星的差距，两者的差距从年初的40%扩大到年尾的50%，12月份苹果高端市场份额已经达到70%。

iPhone在高端市场的强势地位和苹果的利润放到一起来看，可以发现企业赚钱的秘密：拥有定价权。在竞争激烈的市场，玩家是很难赚到钱的。相反，如果拥有定价权，赚钱就容易多了。拥有定价权的最好办法就是垄断，这也是企业追求的终极目标。补贴和烧钱的背后，其实也是希望建立资本壁垒，用金钱砸出来垄断，然后掌握定价权进行收割。

智能手机市场虽然竞争激烈，但在利润丰厚高端领域，iPhone是拥有定价权的。国产手机虽然对苹果形成了一定的冲击，但还不足以撼动苹果的地位。去年，在iPhone被诟病创新乏力、销量下滑之际，9月份发布的iPhone 7并未为了销量而降价，相反售价却比iPhone 6s的起步价上涨了100元。从中可以发现，iPhone在高端领域有较强的定价权。

（案例来源 《攫取行业九成利润 iPhone是否垄断？》，http://news.zol.com.cn/632/6326360.html，2017-03-24）

思考题：
1. 我国现如今的手机市场属于哪种市场结构类型？为什么？
2. 苹果为什么不通过降价抢占市场？

案例评析：
1. 垄断竞争是指一个市场中有许多企业在生产和销售近似但不完全相同的产品。垄断竞争市场是指有许多企业生产和销售近似但不完全相同的产品的市场组织。手机市场是一个容量非常庞大,同时也是高度细分的市场,所以需求量非常大,其也成为消费者不断追求精神炫耀的、市场淘汰周期极短的介于耐用品与快速消费品之间的中间产品。我国现如今的手机市场属于垄断竞争市场,原因如下:第一,我国手机市场存在产品差别,消费者对于不同企业生产的手机的偏好不同。这种偏好的不同,一方面是由产品实质上的差异引起的,如不同品牌手机的质量、性能不同等;另一方面,是由于一些主观上的因素或其他因素造成的,如手机在中国市场逐渐发展成为一种时尚消费品。智能手机不光是电子产品,还是用户情感、品位、身份的载体,这些因素都能使某些消费者宁愿购买苹果手机,而不购三星、华为手机,从而造成产品之间的差别。手机市场的品牌优势非常明显。苹果、三星等国际知名品牌凭借其质量、服务等优势,在中国拥有更为广泛的拥护消费群,而其他品牌的手机知名度相对较低,消费群相对较少。第二,我国手机市场上存在三星、苹果、小米、华为等大量的手机生产企业,每个企业的产量只占市场总供给量的很小部分。2016年,在全球市场,苹果以14.6%的市场份额排名第二,少于市场份额排名第一的三星的21.2%。在国内市场,苹果以9.6%的市场份额排名第四,前三名是OPPO、华为和vivo,市场份额依次是16.8%、16.4%、14.8%。因此,一个手机生产企业的行为对市场不会有明显的影响,每个企业在决策时可忽略因自己的行为而引起的其他企业的反应。第三,手机制造厂商的生产规模比较小,企业进出手机行业是自由的,制造商可随时参加生产,随时退出生产,不存在人为的障碍。因此,我国现如今的手机市场属于垄断竞争市场。

2. 垄断竞争市场上,当一个厂商改变自己产品的价格,而该行业中其他与之竞争的厂商并不随其而改变价格时,该厂商的销售量会大幅度变动,因为,如果该厂商在其他厂商价格不变的情况下降价,就很容易把对其他厂商的需求吸引过来。因此,价格小有变动,需求量变动则很大,这条需求曲线就比较平坦。如果苹果手机大幅降价,是否也能很容易地把对其他厂商的需求吸引过来呢?这个问题隐含了一个前提,就是以销量作为衡量企业的重要标杆,这本身带有一定的局限性,忽略了企业存在的最大意义在于创造利润。为什么苹果不会通过降价抢占市场呢?一方面,降价是把双刃剑。降价确实能扩大销量,却不利于扩大利润。众多咨询案例显示,企业提高利润的有效途径就是涨价,降价并不能带来利润的上涨。如果苹果利用低价抢占市场,意味着要渗透到低线城市角落,意味着更多的投入,意味着苹果赚的是辛苦钱。结果很可能是,销量的提升无法弥补降价带来的损失。另一方面,降价也不能保证人人喜欢。产品差别越大,不同的顾客对自己偏好的产品就越忠诚。因此,如果提高价格,企业不会失去全部顾客;如果降低价格,也不会把全部顾客都吸引过来。换句话说,产品差别越大,产品之间的替代性就越小,产品的需求价格弹性也就越小。苹果手机的产品差别不仅仅在于其精美的外观、流畅的用户体验以及安全的ios系统,而且在于其高昂的价格。现如今,智能手机不光是电子产品,也不单单只是用来打电话发信息的通信工具,还是用户情感、品位、身份的载体,并且有部分用户认为,使用苹果手机是其品位与身份的象征。因此,即便"低价+品牌+高质量",苹果依然无法满足消费者各种各样的需求。当苹果手机便宜到平民都能消费得起的时候,那些因为苹果手机贵才购买的用户该离开了。所以,苹果一定是选择利润最大化的战略,而不是销量最大化的战略。

【案例2】 天猫商城和京东谁独占 B2C 鳌头?

从 2009 年开始,淘宝商城在每年的 11 月 11 日推出网购狂欢节,打造一场全民狂欢的景象。购物狂欢节一方面使越来越多的消费者从淘宝"双十一"狂欢节中获得实惠,另外更重要的是使淘宝商城自身得到快速的发展。2011 年 11 月 11 日,实现 33.6 亿元支付宝交易额。在"双十一"当天,3 个品牌破 4 000 万,4 个品牌破 2 000 万,38 个品牌破 1 000 万。2012 年的 11 月 11 日当天淘宝商城的交易金额更是达到了 191 亿这样一个前所未有的高度;2013 年当晚 24 点 55 秒超 1 亿,6 分 07 秒超 10 亿,2013 年天猫"双十一"支付宝成交金额高达 350.19 亿元,美国媒体感叹中国的"双十一"一天的销售规模已经赶超美国两大网上购物日;2014 年"双十一"总成交额高达 243 亿元,2015 年 0 点上线,8 分钟突破 1 亿,21 分钟突破 2 个亿,1 个小时将近 5 个亿,10 个小时 10 亿,13 个小时 15 亿,最后单单淘宝商城 33.6 亿,2015 天猫"双十一"全球狂欢节全天交易额最终达到 912.17 亿;2016 天猫"双十一"交易额超 1 000 亿元,无线交易占比 82%,11 日 22 时 12 分 03 秒,天猫"双十一"交易额首次到达 1 111 亿元。相当于每一个中国人当天花费了 4 块钱。这一刻可以看出中国的网购市场到底有多大。因为淘宝商城,每年 11 月 11 日已经成为消费者心中固定的购物狂欢节,网络购物正逐渐改变着国人的消费方式。

商业模式定位	排名第一		排名第二		排名第三		前三名市场份额合计
	网站名称	市场份额	网站名称	市场份额	网站名称	市场份额	
B2B	阿里巴巴	43%	慧聪网	7.5%	环球资源	4.1%	54.6%
B2C	阿里巴巴	56.6%	京东商城	24.7%	苏宁易购	4.3%	85.6%

京东 2015 全年交易总额(GMV)达到 4 627 亿元人民币,同比增长 78%;2014 年净利润为 8 380 万元,2014 年其整体毛利率达到 11.6%,较 2013 年上涨了 1.8 个百分点;2015 全年交易总额达人民币 4 627 亿元,同比增长 78%;2016 年京东全年交易额高达 9 392 亿元。

2016 年中国零售百强企业排行榜出炉,天猫高居榜首,2016 年天猫销售额达 1.41 万亿。排名第二的是京东,京东 2016 年销售额为 0.93 万亿。排名第三的是大商集团有限公司,2016 年其销售额为 0.23 万亿。国美、苏宁、华润万家、大润发、沃尔玛分列 4~8 名。再从网络购物市场份额来看,从 2015Q1 到 2016Q2 的 B2C 市场份额变化来看,天猫始终位居第一,为 48.5%;京东位居第二,为 33.8%。天猫的整体规模比京东大 50%,而在两年前天猫规模是京东的 2 倍以上,差距正在显著缩小。2016 年"双十一"网购节,根据星图数据显示,"双十一"当天全网销售额最终为 1 770.4 亿元,天猫(含淘宝)和京东(含 1 号店)两家占据了 92.2% 的市场份额。苏宁易购为 2.2%,国美为 1.9%,亚马逊为 1%,未统计在内的唯品会估计占 2% 左右,B2C 前 5 名占据了双 11 网购节 98% 以上的销售额。

(案例来源 吴德庆、马月才、王保林:《管理经济学》,中国人民大学出版社,2010 年版;徐卫民:"消费者网购行为分析",《经济学研究》,2010 年第 6 卷第 2 期;网易财经频道,新浪财经频道,数据来自于 2016 年电子商务研究中心)

思考题：
1. 当前我国电商市场属于哪种市场结构类型？为什么？
2. B2C模式下的电商市场属于哪种市场结构类型？
3. B2C模式下的电商竞争优势有哪些？

案例评析：

1. 当前在我国电商市场行业中有多种模式，如有B2B（企业与企业）、B2C（企业与消费者）、C2C（消费者与消费者）、C2B（消费者与企业）和O2O（线上与线下）等。在各种电商模式下运营的企业有阿里巴巴、慧聪网、环球资、焦点科技、上海钢联、生意宝、环球市场、苏宁易购、国美在线、当当、亚马逊中国、1号店等，因此电商行业属于垄断竞争市场。主要原因有：一是该电商市场行业各种模式中都有较多的企业参与竞争且各企业的经营内容和生产产品都不完全相同，具有产品差异性和经营内容的不完全相关性；二是从2016年电商市场的行业类别细分当中的所占份额比来看，有中小企业电子商务(44.4%)、规模以上企业电子商务(27%)、网络购物(23.1%)、在线旅游(2.9%)和本地服务O2O(2.6%)，各行业所占比例均衡，各行业也包括很多企业；三是电子市场本身具有一定的虚拟性，同时电商的准入门槛较低（即只要有一定技术条件与网上交易进行对接），并且电子商务的退出也比较容易，所以电子商务的制造商可以随时交易生产，并且随时可以退出，不产生任何障碍。

2. 从图表中数据可以知道，在电商市场B2C的模式下，京东以56.6%和阿里巴巴的天猫的24.7%两家各排名第一和第二，且共占据市场份额的81.3%，两大巨头各类商品种类差异较小，都是以B2C销售模式为主，对价格可控程度较大。对于消费者来说，如果有其他B2C模式电商的加入，也未必会选择新加入的电商模式进行购买商品，并且线上红利时期已经过去了，入驻的门槛越来越高，即使是最低的门槛，入驻之后没有流量，由此看来，行业之间形成壁垒，不易加入该行业。从市场份额来看，除了京东和天猫商城外，还有少量地使用B2C模式电商的苏宁、唯品会等，也占据少量市场份额，因此，天猫和京东形成电商市场B2C模式下的寡头垄断形势。

3. B2C模式下的电商竞争优势如下。

(1) 成本优势。

① 商务卖家无须定期缴纳店铺租金。虽然说淘宝商城商户每年需要缴纳相应的技术服务费及年金给淘宝网，但是相对于实体店支付的店铺租金而言，还是节约了一大笔固定成本。

② 电子商务的商家一般不需要大量库存。淘宝商城实行的是品牌商和生产商之间的"一站式"购物方案，因此可以化整为零地存储商品，其仓储费用很低，而很多实体店则需要专门的商品存储空间，存储成本较大。

③ 人工成本低。淘宝商城的卖家一般而言只需要几个客户服务人员和技术支持人员就可以应付大量的产品交易，因此所需人工成本较低；而实体店则需要销售、卫生、结账等各种人员，人工成本相对较高。

④ 税收不规范。由于电子商务交易主体的收入与支出不易为税务机关所察觉，加之目前关于电子商务税收问题仍处于理论探讨阶段，因此，淘宝商城的卖家在税收部分相对于实体店而言能够节约相当一部分成本。

(2) 需求优势。

① 消费者收入水平的提高导致需求增加。对于正常商品而言,其需求的收入弹性是正数,也就是消费者收入增加会加大对此类商品的需求。随着我国经济的发展,我国的人均收入实现了稳步的增长,因此,收入的增加带动需求也是产生淘宝商城"双十一"现象的客观原因。

② 随着中国网民的快速增长,网络营销发展迅速。截止到 2011 年 12 月 31 日,中国网民规模突破 5 亿,全年新增网民 5 580 万。互联网普及率较 2010 年年底提升到 38.3%。网络的普及为网络零售业务的发展和壮大带来了良好的契机,网络营销作为一种全新的营销方式也为企业架起了一座通向更为广阔的市场的桥梁。

(3) 政策的规范和支持。

2005 年国务院办公厅发布了《国务院办公厅关于加快电子商务发展的若干意见》,2008 年发布了《国务院办公厅关于搞活流通扩大消费的意见》等法规,进一步规范了我国网络交易市场。随着网络交易的日益频繁,网络交易的规范性也逐渐引起了人们重视,个人网上交易平台逐步规范,电子商务政策体系也初步形成。

(4) 政府主导物流电商服务平台的整合与构建。

与企业主动建设网上支付体系不同,物流体系的完善需要政府的大力推动。通过整合全省甚至全国的物流资源,建立物流公共信息平台成为一个时期的首要任务。目前国内已经具备了国内物流交易中心、厦门物流公共信息平台等一批市级物流平台,但从信息质量、功能服务等方面看都需要进一步提升。在此背景下,2008 年国家将苏州工业园区综合保税区现代物流公共信息平台列为国家区域性现代物流公共信息平台建设试点,利用政策优势和硬件建设、软件服务优势,建设国内国际电子产品交易基地。

(5) 政府加强引导性投资的注入来解决资金不足的问题。

2008 年,政府加强了在电子商务领域的引导性投资,用以改善国内电子商务行业的投资环境,政府通过将投资收益返还社会投资人、支持社会投资回购政府所持股份等政策,将大量资金引入电子商务的发展。2008 年年底,依托"十一五"国家科技支撑计划重点项目"现代服务业服务交互支撑平台"构建的"正佳网"在广州正式开业,充分说明国家对电子商务发展的扶持力度已经达到一个新的高度,行业发展的资金问题逐步得到缓解。

(6) 消费从众心理。

从众是指个体在社会群体的无形压力下,不知不觉或不由自主地与多数人保持一致的现象。当淘宝商城通过网络、电视等多媒体途径宣传各种促销活动,营造出了浓厚的节日气氛,以及在淘宝商城原有的很多忠实的消费群体的影响下,很多不经常使用网络购物的消费群体也会参加到活动中。这样的消费从众效应为淘宝商城赢得了更多的消费群体,提高了商城的销售额。

【案例 3】 可口可乐与百事可乐价格之战何去何从?

可口可乐公司成立于 1886 年 5 月 8 日,总部设在美国佐治亚州(Georgia,简称 GA)的亚特兰大,是全球最大的饮料公司,拥有全球 48% 市场占有率以及全球前三大饮料(可口可乐排名第一,百事可乐排名第二,低热量可口可乐排名第三)的两项。可口可乐在 200 个国家拥有 160 种饮料品牌,包括汽水、运动饮料、乳类饮品、果汁、茶和咖啡。可口可乐亦是全球最大的果汁饮料经销商,在美国排名第一的可口可乐为其取得超过 40% 的市场占有率。

百事公司是世界上最成功的消费品公司之一,在全球 200 多个国家和地区拥有 14 万雇员,2004 年销售收入 293 亿美元,为全球第四大食品和饮料公司。其在全球的年销售额现已达 270 亿美元,市场占有率约为 32%,百事的产品满足了各种各样的需要和偏爱,从娱乐性的品类到有助健康生活方式的产品都一应俱全,旗下主要知名品牌包括百事可乐、激浪、佳得乐、乐事、百事轻怡、纯果乐、立体脆、七喜、美年达等。

"老板,来瓶可乐!""可口可乐还是百事可乐?""都可以!"大多数人在购买饮料时都会碰到这样的情况,可能你会喜欢特定的可乐品牌,但一定是这两个牌子之一,对吧?那么为什么会有这样的现象呢?为什么没有其他品牌的可乐在市场出现?在这种没有其他竞争对手的前提下,可口可乐和百事可乐又是怎样共存,并分享着全球市场的巨额利润呢?

(案例来源　中学教学研究市场规律作业 2 李锡龙)

思考题:
1. 百事可乐和可口可乐在市场属于哪一类市场结构类型?
2. 从博弈的角度去看待可口可乐和百事可乐的价格战。

案例评析:

1. 从上述案例可以看出,无论是可口可乐还是百事可乐,虽然品牌不一样,但是在价格上 330 mL 一听都是 2.5 元人民币,所以消费者的选择都是趋向五五分的结果。并且可口和百事两种可乐以它独特的配方、优秀的产品品质、卓越的宣传、完善的售后服务以及可能存在的战略合作来垄断市场,实际上使可乐市场形成了很高的门槛准入,即无论从技术、资金还是其他方面都为其他企业进入可乐市场造成了很大难度。如此也就不难发现,娃哈哈公司出产的"非常可乐"这种饮料不久就消失在人们的视线中;也就不难理解,人们只要想喝可乐这种饮品,就只能买到这两个品牌的。其实,在可乐市场上的可口可乐和百事可乐就是双寡头。它的显著特点是两家供应商垄断了某一行业的市场,这些厂商的产量占全行业总产量中很高的比例,从而控制着该行业的产品供给。可口可乐和百事可乐就已经可以代表可乐饮品的整个行业,虽然事实还存在其他企业,但并不能够引起注意。而且在产品配方不外露的情况下,可口和百事的产品是具有永久特色的,所以两家公司作为垄断厂商可以通过产品技术的卓越优势,以指导市场价格。事实上,在目前阶段,新的企业要进入可乐市场和可口、百事一争市场份额,形成类似果汁市场百家争鸣的态势是非常困难的。双寡头垄断,是一种只有两家卖方主导市场的市场状态,比较接近于完全垄断。它们引领某个市场的前进方向,享受着巨额的市场利润。

2. 百事可乐和可口可乐之间的价格战持续多年,两种品牌无论在质量、口感、包装还是传播文化等因素中差异很小,形成可乐市场的双寡头垄断,因此在市场中的竞争也十分激烈。如此看来双寡头垄断可能在长期竞争中形成了一个统一的战略,一致的价格、相近的质量保证和类似的售后服务,即使改变这一企业战略也未必能把对方挤出这一市场,但由于目前的可乐市场是双寡头市场,那么百事可乐和可口可乐之间在可乐市场有着较强的相互依存性或激烈的对抗竞争关系,使其在经营上有着与其他类型的企业不同的重要特点,即寡头垄断者的某项决策完全取决于其对手的反应。让我们从博弈的角度来分析可口可乐和百事可乐激烈的价格战。

假设市场上只存在百事和可口可乐两家企业,它们各占50%市场份额,加价则导致市场份额减少,对手增加占据市场份额,双方同时加价或者同时减价,市场份额不变。具体得益如下:

可口可乐策略		百事可乐策略	
		加价	不加价
	加价	(5,5)	(6,4)
	不加价	(4,6)	(5,5)

注:表中括号内,左边的数据表示可口可乐的市场份额,右边的数据表示百事可乐的市场份额。

无论百事可乐做出什么样的选择,可口可乐也都会认为选择加价是合理的,使公司收益最大化。同样的,无论可口可乐做出什么样的决策,百事可乐都会认为加价是合理的。每一个企业都会认为高价格是策略中最优的,这就是产量博弈的占优策略均衡。从博弈中我们可以看到有四种可能的策略组合以及相应的报酬组合分析。首先,(加价、加价)的策略组合,要优于(不加价、不加价)的策略组合。这表明如果百事可乐和可口可乐两个双寡头企业勾结起来,达成战略共识提高价格,不仅可以平分市场而且可以获得报酬最大化,可以避免双寡头的双方不合作策略和相互竞争造成的两败俱伤的局面。因此,在其他很多行业市场中的双寡头垄断市场下,如果企业之间达成协议,形成战略共识,双方都可以获得利益最大化,并且每个成员也均得到一定的好处。但是商场中并不是所有的企业都会遵守约定的协议,也想要摆脱这一困局成为龙头老大,使企业的利润获得更大化。只要有一方企业不按约定的策略实施,这样就会形成(加价、不加价)、(不加价、加价)的策略组合,一旦形成(加价、不加价)、(不加价、加价)组合,市场的份额就会随之变化。如此看来双方达成一致加价的协议会使得双方总收益更高,是占优策略均衡。

【案例4】 商家冲刺年底销量 武汉食用油市场现大幅优惠促销

市场走向一直较为稳定的食用油,从本月初的"双节"开始出现大幅降价促销。记者走访了解到,为了冲刺年底销量,并应对电商平台在粮油行业越来越强劲的攻势,江城食用油市场的淡季促销战渐成常态。业内称,食用油的终端价格易降难涨,在长期稳价的情况下出现减现金等降价促销方式,说明年底的去库存变现压力增大,市民吃油可享受较长时间的优惠。

多数油品拼着减现促销

近日,在汉口台北路一家超市里,看着满货架的促销信息,选购食用油的李阿姨挑花了眼:"都在减现,品种又都差不多。"李阿姨说,可能还是会选经常吃的一款,"反正都在促销,就选熟悉的吧。"

在后湖大道的一家连锁超市里,食用油区同样挂出了减现金、送抽奖的促销信息。导购员告诉记者,本月中旬前后,几乎每个品牌都在进行减现金促销,只要每桶售价在100元以上的食用油,都会减5元到10元不等,其中力度最大的满100元减20元,相当于最高降价两成。"食用油减现金的活动此前很少见,现在有几个品牌在做。"导购员说,除了满减现金以外,还有不少品牌推出了特价油,促销力度最大的有6至7折,优惠促销战似乎成为常态。

消费不旺又遇电商冲击

尽管多个品牌食用油进行降价优惠促销,但记者在探访中发现,因降价促销而选择购入的消费者并不多,这也显露出近期食用油市场消费不太旺盛的情况。

几家卖场的销售人员称,食用油多是以4升到5升为主,市民采购的频率相对较低,但厂家上货的量却在增加,加上品牌多、竞争激烈,就越发显得食用油走量比较慢,需要促销刺激。

不过,记者在线上的各个销售渠道查询发现,不少品类的食用油同样给出了力度更大的秒杀、满减、满送等促销活动,不少平台还包邮,平台旗舰店一款食用油的日销售量至少数百瓶,购买者评论很多,成交量较高。

一位食用油经销商透露,成品粮油的毛利较低,是一种"销不快"的快消品,这就体现在实体终端的走量缓慢上,而电商可以通过降低成本实现薄利多销,线下渠道则必须抓住节令、时令来走量。

油价易降难涨延续实惠

粮油行业观察人士介绍,目前国内食用油市场竞争已经高度集中,利润近乎见底,线下实体店减现金促销的模式都是厂家和经销商在全力去库存。

洪湖一家粮油加工企业的营销负责人也告诉记者,国内食用油原料价格在低位徘徊,由此带来了成品食用油的降价。他说,粮油的毛利润只有一到二成,消费者对食用油的价格非常敏感,所以降价容易涨价难。

该人士称,国庆"黄金周"档期结束后,目前只剩下年底的冬至和元旦档期是企业销货回款的冲刺期,加上不能直接降价,所以才会出现满减、特价等大力"以促代降"的方式。由于11月至12月中旬没有明显的消费刺激,预计今年年底前,市民吃食用油还能继续享受实惠。

(案例来源 李辉、王晓易:《"商家冲刺年底销量 武汉食用油市场现大幅优惠促销"》,http://news.163.com/17/1024/11/D1GSV6C000018AOP.html,2017-10-24)

思考题:

1. 食用油市场属于什么市场结构类型?为什么?
2. 食用油市场价格易降难涨,毛利只有一到两成,为什么还有企业在继续经营?

案例评析:

1. 食用油市场属于垄断竞争市场。原因:第一,民以食为天,食用油是人们日常饮食生活中的生活必需品,因此,此市场存在较多数量的消费者。国内食用油市场不断有新的企业进入,生产厂商数量剧增。第二,食用油分为很多种类,如菜籽油、大豆油、橄榄油、芝麻油等,市场上关于食用油相关种类的销售也是花样百出,食品油企业生产的产品外包装不同,其产品质量、销售的条件等也存在差异。任何一位消费者都可以根据自己的消费偏好去选择产品,任何一家生产厂商也可以根据市场需求生产不同品种的食用油,因此,二者都会对市场产生一定的影响。第三,食品油厂商可任意进入该行业,其进入门槛较低。第四,食品油市场的每个买者和卖者相对信息比较充分。

2. 食物对于老百姓而言是非常重要,随着行业新资本的不断进入,国内食用油行业竞争逐渐加剧,使得在现阶段食用油企业处于微利甚至亏损状态,这可能会导致一些厂家在长期内退出该行业。供给减少,价格上升后就会吸引新的厂商进入市场,通过市场不断调整食品油市场最终将会处于长期均衡状态,每个厂商将获得正常利润。

【案例5】 中国高铁客运市场分析

自1964年日本建成世界上第一条东海道新干线以来,高速铁路这一新型的交通运输方式从无到有,其建设和发展不断呈现着全球化的趋势。高速铁路作为一种先进的运输方式,已经成为世界交通业发展的重要趋势。

我国高速铁路的规划和建设虽然起步较晚,但是发展非常迅速。2006年,动车组列车登上中国铁路历史舞台;2008年8月1日,开通的京津城际铁路宣告着中国高速铁路的首次出现;2013年,中国高铁通车里程全球居首,全国"四纵四横"主干网基本成形。经过10多年的发展,我国已经建成了比较完善的高速铁路系统,极大地促进了我国区域间经济发展。

广大民众在接触高铁这一交通工具时,肯定会首先关注其票价问题。由于高铁造价高,速度和服务比较好,价格自然高。对普通民众来说,高铁票价远远超出了人们对这一服务的价格预期。从高铁属性来说,通常铁路等公共交通部门属于国家自然垄断行业,也是公共服务行业,应该由国家实行补贴制定低票价来使人民享受福利。

从高铁定价机制来说,由于铁路运营属国家行政垄断,票价一直都实行政府定价或政府指导价,实行严格的价格规制政策,向社会公开运行成本和引入听证机制方面做得很不完善,定价机制极其不透明且不合理,没有形成完善的竞争机制,没有充分反映票价构成和市场供求关系。

我国高铁产业由于其客运专线路网建设的自然垄断性和中国铁路总公司的单一建设运营管理使得我国高铁产业具有浓重的自然垄断特性。而自然垄断行业中的"网运分离"模式打破了属于非自然垄断业务的高铁客运垄断经营管理,高铁客运经营管理由垄断向垄断竞争过渡,竞争化程度加深,互为竞争关系的高铁客运公司势必会根据市场供求状况制定高铁客运票价、降低经营成本、提高服务质量,最终达到企业经济效益最大化。

思考题:
1. 我国国有铁路行业属于哪种市场结构类型,为什么?
2. 高铁客运票价机制是如何形成的?
3. 中国高铁的自主定价有何利弊?

案例评析:

1. 我国国有铁路行业属于完全垄断市场。完全垄断是指整个行业中只有唯一的一个厂商的市场组织。我国国有铁路行业满足垄断市场的三个条件:第一,市场上只有一家厂商。只有中国铁路总公司(原铁道部)一家厂商。第二,该厂商的生产和销售的商品没有任何相近的替代品。中国铁路总公司提供的铁路运输服务替代性不强。第三,其他任何厂商进入该行业都极为困难或不可能。

垄断可分为自然垄断和行政垄断。自然垄断是指由于市场的自然条件而产生的垄断,在这些行业只需要一家厂商经营就可以满足整个市场的需求,若由两家或两家以上厂商生产将产生较高的平均成本,造成社会资源浪费。行政垄断是指借助于行政权力而造成的垄断行为。铁路产业初期固定资本投入大、资产专用性强，沉淀成本造成较高的进入壁垒，铁路网建设具有范围经济、网络经济和规模经济的特征，多条铁路网的建设会造成不可避免的资源浪费，因此铁路产业一般被认为是自然垄断产业。然而，随着对我国铁路行业的进一步分析研究可发现，铁路产业在某些方面是具有行政垄断属性的。

在我国铁路产业客货经营运输中，中国铁路总公司（原铁道部）一方面承担旅客运输服务，一方面承担货物运输服务。客运服务的服务对象是普通旅客，为国民提供基础的中短长途出行条件。货运服务的服务对象主要针对企业货主，为企业或个人提供货物运输服务。中国铁路总公司的客货经营具有浓厚的行政垄断属性。政府授予中国铁路总公司垄断客货经营的特许权。

2. 高铁问世以来，作为交通运输领域的新产品，更快更优质的服务使得高铁必然拥有比普通铁路更高的基准票价率。高铁客运票价的制定同普通铁路一样遵循基准票价率上递远递减的定价原则，同时参考现有普通铁路价格和飞机的票价制定的。

目前我国铁路客运票价的制定从一开始的单纯政府定价到如今的政府指导价，在定价权上由过去发改委中的价格司为主导转变为铁路总公司。铁路总公司是原来国务院下属铁道部改建而来，实质上还是没有完全脱离国家部门的干预，铁路总公司的市场垄断地位使得其在高铁服务供给量和价格上具有强大的控制权。在高铁价格管制上，国务院既没有对票价做出相关规定，也没有采取价格听证会等必要程序，随着铁路行业的不断发展和国企市场化改革的不断深入，铁路部门逐渐摆脱了国家发改委的行政性价格规制，走上了垄断定价过程。

3. 2016年初发改委发布的《关于改革完善高铁动车组旅客票价政策的通知》中规定，放开高铁动车票价，改由铁路总公司自行定价，并给予铁路总公司根据市场竞争状况和客流分布等因素实行一定的折扣票价的权利。

（1）自主定价的优点。

① 中国铁路总公司独立法人地位得以体现。

高铁客运票价一直以来依据发改委制定的价格，虽然中国铁路总公司实现了政企分离，但是其经营过程还是受到了国家行政力量的极大干预，企业独立法人地位不明显，如今的改革措施完善了铁路总公司的企业法人地位，独立性增强，有利于以真正的市场身份参与市场化运作。

② 根据市场供需情况定价有利于资源优化配置。

高铁线路有"热门""冷门"之分，相对于"热门"线路的高上座率，较为"冷门"的线路常有许多空闲座位。通过市场化定价，铁总可制定较为弹性的价格，一方面适当提高"热门"线路的票价，分流乘客到其他高铁线路及公路、民航等，缓解部分线路的客流压力；另一方面，通过降低"冷门"线路的票价，提高上座率，减少高铁资源浪费。通过价格调整，可使运营亏损状况有所改善，进而改善铁路建设和投资环境。

（2）自主定价的缺点。

由于市场的垄断地位，采取自主定价可能导致高铁客运票价的大幅度上涨，并且通过降低客运运营能力来获取超额垄断利润。

（案例来源　王亚南：《中国高铁客运市场垄断竞争与价格形成机制研究》，天津财经大学出版社，2016年版）

第七章 分配理论

7-1 理论要点

分配理论要解决"为谁生产"的问题。作为资源配置的问题之一,"为谁生产"这个问题也要由价格来解决。根据西方经济学的解释,各种收入就是生产要素的价格,所以,分配理论也就是要解决生产要素的价格决定问题。

一、生产要素需求的特点

企业对生产要素的需求是从消费者对消费品的需求引致或派生的。

对生产要素的需求具有以下特点:

(1) 对生产要素的需求是"引致需求"。

(2) 对生产要素的需求,不是对生产要素本身的需求,而是对生产要素使用的需求。

(3) 生产要素的需求来自于生产者——企业。

(4) 企业对生产要素需求的目的,是用于生产产品,希望从中间接地得到收益。

二、决定生产要素需求的因素

生产者对于一种生产要素需求的大小,决定于以下几个因素:

(1) 生产要素的边际生产力。边际生产力是表示某种单位数量的生产要素所能生产的产品数量的大小。

(2) 所生产产品价格的高低。

(3) 生产要素本身价格的高低。

(4) 对生产要素的需求还受到技术因素的影响。

(5) 短期和长期的生产要素需求是不同的,时间因素亦会对要素需求产生影响,因为短期与长期的要素需求弹性不同。

三、生产要素的边际生产力

生产要素的边际生产力有两种表示方式。一种是用实物形式表示,表现为生产要素投入的边际产量。另一种是用价值形式表示,表现为边际产量价值。

生产要素边际产量价值等于生产要素所生产的产品价格乘以生产要素的边际产量,即

$$VMP = p \cdot MP$$

在完全竞争的条件下,边际产量价值决定企业对要素投入的需求。要素边际产量的价

值等于要素的价格,即

$$VMP = w$$

四、生产要素的供给价格及决定生产要素供给价格的因素

所谓要素供给价格,是指要素所有者供应一定数量的该要素时,对每一单位要素所要求的价格。

五、生产要素价格决定的原则

克拉克根据边际生产力递减规律和利润极大化或成本极小化条件下生产要素最佳使用原则,提出生产要素价格决定的原则是所有生产要素价格等于其边际收益产量。从成本极小化原则来推导出这一结论。企业在决定生产要素的最佳投入组合时,必须遵循成本极小化原则,即

$$MP_X/P_X = MP_Y/P_Y = \cdots = MP_Z/P_Z$$
$$p_X/MP_X = p_Y/MP_Y = \cdots = p_Z/MP_Z$$

六、均衡收入分配理论

以马歇尔为代表的要素均衡价格分配主要用生产要素市场中供给与需求两种力量的均衡来说明生产要素的价格决定。

七、生产要素价格的变化

除去价格自身因素之外,所有影响到企业购买要素数量的其他因素的变化都会导致生产要素需求曲线的移动。① 需求的变化对要素均衡价格的影响;② 对生产要素的供给变化也可进行类似的讨论。

八、劳动的供给及其曲线

劳动供给取决于劳动者对于提供劳动所得报酬和由此引起的负效用(劳动带来的不舒适和痛苦)的比较。

(1) 当工资水平较低时,劳动供给会随着工资的上升而增加。
(2) 当工资水平较高时,劳动供给会随着工资的上升而减少。

九、工会卖方垄断劳动市场情况下的工资决定

工会与处于完全竞争条件下的企业议定工资时,会采用以下三种方法来争取提高工资。① 工会通过限制每位工人的产量,使得每件事情需要更多的工人来完成,迫使企业增加雇佣人数,使得劳动力的需求曲线向右移动。② 工会通过要求企业只能雇用工会会员,限制入会,限制移民,缩短工作时间,强迫退休等办法,减少劳动力供给,使得劳动力供给曲线向左移动,导致工资水平的提高。③ 强有力的产业工会可以通过组织相关的工人,以控制劳动力供给,强行要求提高工资。

十、资本的供给及其曲线

资本的供给,就是整个社会在各个不同的利率水平下愿意提供的资本数量。

影响资本供给的因素:① 人们在既定收入下的消费—储蓄决策;② 人们对货币的流动性偏好。所谓对货币的流动性偏好,是指人们总希望以货币形式持有个人财富。

总之,一般说来,利息率越高,人们的储蓄越多,从而资本的供给量越多,资本的供给与利息率同方向变化。

十一、利息率的决定

利息被看作货币资本的价格。从需求方面看,利息取决于资本的边际生产力。从供给方面看,利息取决于借贷资本的供给量。

利息就由货币资本需求和供给两方面共同作用所决定。

十二、地租的决定

根据均衡价格理论,地租是由土地要素的需求和供给决定的。土地的需求曲线是一条向右下方倾斜的曲线,土地的供给曲线被认为是一条固定的垂直线,地租就是土地的需求曲线和土地的供给曲线的交点所决定的。

十三、利润的种类

(1) 正常利润。

(2) 超额利润。超额利润是超过正常利润的那一部分利润。企业得到超额利润的原因不是唯一的,创新可以带来超额利润,垄断也可以带来超额利润。

(3) 垄断利润。垄断利润也可视为一种超额利润,它是由企业或企业家的专买或专卖而产生的超过正常利润的利润。所谓专买(即买方垄断),是指在市场上有很多生产要素或产品的出售者,但购买者只有一家。

7-2 案例分析

【案例 1】 "延迟退休"为何引网友愤愤不平?

根据国务院 2015 年 1 月 14 日公布的机关事业单位工作人员养老保险制度改革方案,近 4 000 万机关事业单位人员告别"免缴费"时代,也意味着中国养老"双轨制"正式终结。随着养老金并轨尘埃落定,与此密切相关的延迟退休争议声再起。

2015 年 12 月,由中国社会科学院人口与劳动经济研究所及社会科学文献出版社共同主办的《人口与劳动绿皮书:中国人口与劳动问题报告 No.16》发布。绿皮书建议,按照并轨先行、渐进实施和弹性机制的原则逐步延迟退休年龄。具体建议如下:首先,实现养老金制度并轨,将退休年龄归为两类:职工养老保险领取年龄和居民养老保险领取年龄;其次,职工养老保险的退休年龄改革方案分两步走。第一步:2017 年完成养老金制度并轨时,取消女干部和女工人的身份区别,将职工养老保险的女性退休年龄统一规定为 55 岁。第二步:从 2018 年开始,女性退休年龄每 3 年延迟 1 岁,男性退休年龄每 6 年延迟 1 岁,直至 2045 年同时达到65岁。再次,居民养老保险的退休年龄从2033年开始每3年延迟1岁,直至2045年完成。该方案受到众多网友的关注,引发热议,很多网友愤愤不平。

尽管人社部尚未出台正式的延迟退休方案,但人社部表示"推迟退休年龄是一种必然趋势"。对于人社部"将适时提出弹性延迟领取养老金年龄"的做法,社会上赞同与反对之声此起彼伏。

(案例来源 《"延迟退休"为何引网友愤愤不平?三大争议悬而未决》,http://www.managershare.com/post/218389,2015-11-19;乌梦达、赵仁伟、温馨:《养老金并轨延迟退休争议声再起 百姓四大关切待回应》,http://business.sohu.com/20150126/n408083582.shtml,2015-01-26)

思考题:
1. 什么是延迟退休?
2. 为什么要延迟退休?为何延迟退休争议大?

案例评析:

1. 延迟退休即延迟退休年龄,指国家结合国外有些国家在讨论或者已经决定要提高退休的年龄来综合考虑中国人口结构变化的情况、就业的情况而逐步提高退休年龄或延迟退休的制度。

2. 选择延迟退休政策,主要基于以下几方面的考虑:

第一,缓解养老金发放的压力。中国已进入老龄化社会,随着抚养比的不断下降,若再不实行"延迟退休",未来职工养老保险将会入不敷出。根据预测,2020年我国60岁以上人口将达到19.3%,2050年将达到38.6%,这对我国养老和医疗都会带来巨大影响。有专家测算,退休每延迟一年,全国养老金统筹资金可增长40亿元,减少支出160亿元,减缓基金缺口约200亿元,这样可以缓解养老金发放的压力。

第二,我国现行的退休政策延续的是1978年制定的标准,依照全国人大常委会通过的《国务院关于安置老弱病残干部的暂行办法》和《国务院关于工人退休退职的暂行办法》,男工人年满60周岁可以退休,女工人退休年龄为50周岁,女干部则为55周岁。当时人口的预期寿命不到50岁。现在人口的预期寿命已达70多岁。而我国的退休政策没改,参加企业职工养老保险的退休人员有8 000多万,平均退休年龄不到55岁,这显然是不合理的。

第三,我国企业养老保险待遇水平连续11年提高,由2005年的月养老金人均700元,一直到现在人均超过2 000元。退休职工养老金的逐年上升,虽然提高了老年人口的生活质量,但是对养老保险基金来说已是巨大的支出压力。

延迟退休的争议主要集中在以下四个方面:

第一,群体化差异明显,利益如何协调?

新华网发展论坛一项2万多人次参与的调查显示,如果2018年起实施延迟退休,超过92%的人反对。普通职工和重体力劳动者反对的主要理由是工作权力利益小,"想早拿养老金享受生活"等,而一些党员干部和专业技术人员支持,仍存"特权阶层继续保有权力"质疑。国家行政学院教授汪玉凯表示,赞成与反对延迟退休的声音兼有,就要求政策制定要考虑对不同人群的影响,根据社会不同行业设计弹性退休制度,解决好各群体间的政策公平。

第二,费率高年限长,个人和企业缴费是否应该下降?

社会上有"月薪1万,养老金缴满30年,27年才能回本"的说法,引发养老金"交的比拿的多"等质疑。

匡贤明表示,这一算法不对。经过精算,60岁退休,计发139个月,约合11.6年。领到这个月数就不亏,超过就赚了,与27年相去甚远。但我国养老金单位缴费率偏高,政府财政支出偏低,对这一代人不公平,也对企业转型不力,缴纳税费应当降低。十八届三中全会的决定中明确提出了"适时适当降低社会保险费率"。

第三,年轻人工作难找,老年人还延退,会不会对就业形成"双向挤压"?

目前,全国每年毕业大学生700多万人,就业压力年年递增,再延迟退休,年轻人工作岂不是更难找?

北京大学国家发展研究院院长姚洋表示,延迟退休牵涉广泛,对年轻人就业有影响,但同时也减轻了年轻人供养退休人员的负担。世界范围内,英国、日本、瑞士等国的退休年龄都超过60岁,德国甚至达到67岁,发达国家的一些经验可以研究和借鉴。

第四,从"计划生育好,国家来养老"到养老不能全靠政府,是不是政府在甩包袱?

有网友表示:"30年前说'计划生育好,政府来养老';20年前说'计划生育好,政府帮养老';10年前说'养老不能靠政府';现在我们老了,说适时推迟养老计划,我们怎么办?"

匡贤明等认为,养老保险制度设计是政府、企业、个人三方共担的机制。但目前政策制度设计中将机关事业单位基础养老金替代率设置过高,导致支付压力的产生,政府支出结构上应该调整。

【案例2】 女明星为何不再嫁"土豪"?

娱乐新闻,比如某两位明星婚姻组合,这并不一定只是拿来刷屏休闲的。它是一种社会现象,乃至政经现象。

这些年,从媒体关注的明星婚配(并非指所有明星)来看,中国女星的婚嫁已经经历了数个世代,每个世代都有每个世代的不同特征。

改革开放初期,一些女明星流行中外结合,嫁老外或者外籍华人,幸不幸福,冷暖自知。当私营企业大范围崛起时,则是嫁给国内企业家。再之后,金融业地位上升,各地都要建金融中心,于是一部分人选择嫁给金融人士。

但现在,女明星更愿意嫁给男明星。近期娱乐圈的婚嫁新闻,多半都是明星互配,鲜有与商界精英的组合。这是为什么?

(案例来源 谭保罗:《女明星不再嫁"土豪"的经济学解读》,http://www.nfcmag.com/article/6762.html,2016-10-12)

思考题:
1. 明星婚配模式的变迁有着怎样的深意?
2. 明星婚配模式变迁的背后折射着中国经济怎样的隐忧?

案例评析:
1. 从法律上讲,婚姻类似于一种合伙关系,在个人情感之外,必然涉及财富利益的组合和配置。当今中国,明星已成为全方位的社会精英,无论在社会地位、财富阶层还是公众名望上都是如此。因此,作为理性人,从本质上讲,他们的婚配必然是对社会经济变动趋势的回应。

那么,这种变动是什么?有着什么样的深意?

到底是明星"傍大款",还是大款"傍明星"?在当下的中国,这还真是一个问题。

大款和明星的感情纠葛曾一度占据着中国新闻娱乐版的显著位置。曾经,很多女明星们挤破了头也要嫁给豪门,嫁给金钱和权利。女明星们厌倦娱乐圈喜新厌旧的残酷法则,渴望找到能够接管自己命运的稳定金主,是促使她们嫁给"土豪"的一个根本动因。而"土豪"也愿意迎娶女明星,提高自己的档次和信用。一个不容否认的事实是,在中国特殊的政商环境、金融体制之下,"大款""土豪"更多的时候必须寻求名望和信用的背书,而名望和信用,最终也会带来源源不断的财富,特别是财产的安全。"傍上女明星",显然一举多得,一本万利。

不过,这些年以来,中国女明星的净资产早已超过了大多数"土豪"。而且,后者的财务透明程度也很糟糕,财富往往虚虚实实,无从判断。显然,她们自己也越来越认识到不是自己"傍大款",更可能是反过来。对某些"土豪"而言,如果从现金流的角度看,娶了女明星,有时候等同于控股一家中小型的金融机构。

在中国内地,明星群体在人身、财产安全上,几乎没有顾虑。他们是中国"安全感"最强的一群富豪。这种人身、财富上的安全感,以及基于安全感而生的优越感,让他们的婚姻选择更加自主,也更加理性和从容。

实际上,和所谓的"大款""土豪"们相比,明星群体有着更明显的双重优势:一是他们的财富安全感更强,因为劳动报酬要得到保护,往往比股权受到保护更为容易和有效。二是在当前的经济形势下,他们创造现金的能力超过了中国的绝大多数"大款",乃至上市公司。

Wind 数据显示,从 2016 年中报的财务数据看,在 A 股上市的 2 900 多家上市公司,有 395 家出现亏损,在盈利的公司中,232 家的利润不足 1 000 万。如果和北上深的房价进行对比,很容易发现,这几百家上市公司的利润根本不足以买两套像样的房子。

上市公司 *ST 宁通 B 所谓"卖房保壳"一事更受到市场关注。该公司发布公告称,公司以公开挂牌方式公开转让北京市西城区的两套房产。经评估,两套房产增值率为 1 651.68%,一旦卖出,公司利润会得到极大改善,保壳成功率必然上升。

某种意义上可以说,明星特别是一线明星,如果将他们比作企业,那么他们显然已经成了中国现金创造能力最强、利润率最高、盈利能力最稳定,以及抗经济波动能力最强的"绩优企业"群体。在目前的经济形势之下,"绩优企业"显然没有和"土豪"合并的必要,而明星之间的组合,反倒是一种强强合并,"1+1>2"。

当然,明星的另一面也是普通人。从积极的一面来说,他们作为公众人物,"金童玉女"式的婚姻组合,这在追求自由、回归家庭价值方面对普通人起到了很好的表率。

2. 娱乐新闻,有时候更是社会、经济趋势流变的独特截面。明星婚配模式变迁的背后,也折射着中国经济不应被忽略的变动,乃至隐忧。

【案例3】 九成人认为:中国财富分配很不公平

[情景1]

《2015全球财富报告》显示,全球个人财富首次突破 100 万亿欧元(折合人民币约 715 亿元)大关,全球跻身中产阶级的人口首次超过 10 亿。但是,财富分配很不平均。"在所调查的53个国家和地区中,较贫穷的50%人口仅占有约5%财富。"不同地区的财富增长速度也差异巨大。与以往一样,财富增长最快的仍是亚洲地区。这里的金融资产净值增长了18.2%。这尤其要归功于中国股市的曾经大涨。

那么,目前中国社会财富分配是否公平?

中国目前的经济现状,几乎所有人都提及财富分配不公的问题,10%的人口占全国收入的41.4%,并且,中国亿万富翁91%是高干子女。而那些拥有土地使用权和资本的富人利用手中的资源赚取更多钱,富人更富,但是房改、教改和医改,把本来应该属于政府负责的福利制度推向了市场,导致我国百姓住房贵,上学难,看病难。对于没能占有社会资源的穷人来说,只能导致穷人更穷,民怨沸腾。根据《老马价值观》的调查数据,95%的人认为目前中国社会财富分配很不公平;1%的人认为公平;4%的人认为比较公平。

[情景2]

他们是同一所大学同一个专业的同班同学,成绩相当不分上下,然而从踏出校门的那一刻起,他们的命运却迥然不同。如果追溯,这并不是四年的学生时光改变了他们,而是一出生,这几个同学便站在完全不同的起跑线上。

A同学的舅舅马上就要从国家垄断企业的管理层位子上退休了,而退休后空出的招聘名额正好留给A同学。工作合同中的税后收入高得让她自己有些惊讶。虽然每天的工作没有新意,但两年后,她名下已经有了国家配给的房子和汽车。

B同学的家乡是沿海地区的省会,家人希望他能在北京扎根,这样也许能改变下一代的命运。自己的努力加上领导的青睐让他在公司比较吃香,除了房租占去他三分之一的收入,其余B同学觉得还算不错,只是买房子他还从来没有计划过。

C同学的家在农村。想到回农村没有出路,C同学留在了北京。挤了无数场招聘会后他收到一个小公司的录取通知,月薪4 000元,不管吃不管住不管上保险。急需维持生计的他只好答应,在郊区租了便宜的房子,每月省出几百块钱寄给已经无地可耕且毫无社会保障的爹娘。

(案例来源 马尚田:《九成人认为:中国财富分配很不公平》,http://money.163.com/15/1013/11/B5Q6MUCG00254TI5.html,2015 - 10 - 13;李迅雷:《寻找中国公平分配财富的有效路径》,http://www.xcf.cn/tt2/201412/t20141216_700292.htm,2014 - 12 - 14)

思考题:
1. 导致财富分配不公的原因有哪些?
2. 财富分配不公会对社会造成哪些"恶果"?
3. 靠什么手段可以缩小已经存在的贫富差距呢?

案例评析:

1. 关于收入分配,研究历年薪酬报告,我们发现,在国民收入初次分配过程中,政府、企业和居民之间存在着收入此增彼减的现象。目前政府、企业得到的收入部分明显偏高,居民所得份额是偏低的。有人算出,居民收入份额十余年间下降了约10个百分点,消费率很低。

影响我国财富分配不公的因素可以归结为以下三大因素:对要素价格的过多管制、行政权力过大、法制环境欠佳。

首先是要素价格的过多管制导致财富分配不公问题。中国从计划经济向市场经济转型的过程中,各种管制一直存在。20世纪90年代初,普通商品的价格从单一的计划价,到实行价格双轨制,这一过程的收入分配不公平主要体现在商品的流通领域,即产生了一批掌握特权的"倒爷"。之后,是汇率的多轨制到并轨。如今,对土地价格和流通的管制依然没有取消,同样存在土地多重价格现象;利率市场化尽管在推进,但进展并不顺畅,首先是金融行业的垄断很难消除,这就避免不了对价格的干预。当今金融领域中"倒爷"的活跃度并不亚于20世纪90年代初的商品领域。

除了土地、资金等要素价格的管制之外,当今的户籍制度、社保制度及教育医疗制度等都导致人力资本的总报酬的不公平。

其次是行政权力过大容易引发权力滥用和权力寻租,从而加大了收入和财富分配的不公。行政权力实际上也是计划经济的产物,尽管行政审批项目在不断减少,但与西方市场经济国家比,还是太多了。例如,公共财政的转移支付原本是缩小贫富差距的再分配工具,一般要占中央公共财政支出的60%以上,但其中的专项转移支付规模过大,财政部数据显示,2013年中央对地方的一般性转移支付2.4万亿元,而专项转移支付高达1.9万亿元。如此高的专项转移支付,其透明度和公平性是存在疑问的。

第三是法律法规不健全或执法不严、违法不究等现象普遍存在,使得少数人的财富积累都是靠违法或损害大众利益来实现的。例如,靠不正当手段获得土地的现象十分常见,房产税至今还没有推行,而房地产的暴涨是导致当今贫富差距拉大的主要因素。又如,某些国有股权的贱卖而导致国有资产流失、落入私人腰包的现象曾经在中国国企三次改革中发生过。再如,资本市场中利用制度缺陷和内幕交易进行圈钱和获取价差收益的,显然是以损害其他投资者为前提。

执法不严方面的典型案例是中国的个税存在大量逃税现象,2013年中国工薪所得税4 092亿元,加上其他税种,个税总额也不过6 500多亿元,占当年国家税收总额的比重不足6%,因此,通过个税来实现劫富济贫基本失效。而同样实行累进税的美国,个税占总税收的比重高达40%。说明中国难以向富人实行有效征税。此外,像遗产税等也迟迟没有推出,而中国富人向海外转移资产的规模却越来越大。

2. 收入分配改革严重滞后,是造成居民收入增长较慢的重要因素。居民收入增幅较低,必然导致社会收入差距进一步拉大,并已经成为制约我国经济社会发展的瓶颈。

财富分配不公会引发一系列的不良后果。

其一:社会僵化让有志者无法事竟成。生下来就没有站在同一条起跑线上这件事基本无法改变,但是如果处在一个健全、开放的社会中,底层人员上升的流动空间就比较大。然而从20世纪90年代中期开始,社会阶级出现严重僵化,世袭制、阀制卷土重来,少数人掌握权力,而这些人通常是依附资本但效率极低的。他们控制着权利的流向,使得底层人通过自己的努力改变生活越来越困难。

其二:财富分配不公会加剧社会矛盾。我们小时候还被教育,人生而平等,王侯将相宁有种乎?但现实告诉我们:人生来就是不平等的,王侯将相还真有种乎。人的命运可能在出生的那一刻就决定了,两个资质相当的人,因为生在不同的家庭,其命运就可能会有天壤之别。哪里有压迫,哪里就有反抗。所谓人为财死,社会也可能因为财富分配不公而动荡。

其三:财富分配不公可能会令我国的发展变得糟糕。中国近年来的发展举世公认,但如果因为财富分配不公,导致内耗加剧,就得不偿失了。有天赋的年轻人都去混官场,没人愿意做学术,也不可能产生苹果、谷歌那样的成功公司,国家无法输出有益的价值观。人才断档,会使整个国家退步。而且社会不稳定的话,维持稳定也要花费巨资。辛辛苦苦挣的GDP都拿来维稳了,还怎么发展?

总而言之,只有合理的规则才能实现公平,那么,怎么体现在收入分配上呢?两个人买了一个大蛋糕,该由谁分,怎么分,两人争吵不休。后来一聪明人给出了主意,让一个人分,另一个人先挑,这样,公平得到保证,两个人都很满意。

【案例 4】 海盗的难题

10名海盗抢得了窖藏的100块金子,并打算瓜分这些战利品。这是一些讲民主的海盗(当然是他们自己特有的民主),他们的习惯是按下面的方式进行分配:最厉害的一名海盗提出分配方案,然后所有的海盗(包括提出方案者本人)就此方案进行表决。如果50%或更多的海盗赞同此方案,此方案就获得通过并据此分配战利品。否则,提出方案的海盗将被扔到海里。然后下一个提名最厉害的海盗又重复上述过程。

所有的海盗都乐于看到他们的一位同伙被扔进海里,不过,如果让他们选择的话,他们还是宁可得一笔现金。他们当然也不愿意自己被扔到海里。所有的海盗都是有理性的,而且知道其他的海盗也是有理性的。此外,没有两名海盗是同等厉害的——这些海盗按照由上到下的等级排好了座次,并且每个人都清楚自己和其他所有人的等级。这些金块不能再分,也不允许几名海盗共有金块,因为任何海盗都不相信他的同伙会遵守关于共享金块的安排。这是一伙每人都只为自己打算的海盗。

(案例来源 http://blog.csdn.net/gogdizzy/article/details/4283184,2009 - 06 - 19)

思考题:

每个人提出的意见需要满足什么特点?每一名海盗应当提出什么样的分配方案才能使他自己的收益最大化?

案例评析:

为方便起见,我们按照这些海盗的厉害程度来给他们编号。最怯懦的海盗为1号海盗,次怯懦的海盗为2号海盗,如此类推。这样最厉害的海盗就应当得到最大的编号,而方案的提出就将倒过来从上至下地进行。

分析所有这类策略游戏的奥妙就在于应当从结尾出发倒推回去。游戏结束时,你容易知道何种决策有利而何种决策不利。确定了这一点后,你就可以把它用到倒数第2次决策上,如此类推。如果从游戏的开头出发进行分析,那是走不了多远的。其原因在于,所有的战略决策都是要确定:"如果我这样做,那么下一个人会怎样做?"因此在你之后的海盗所做的决定对你来说是重要的,而在你之前的海盗所做的决定并不重要,因为你反正对这些决定也无能为力了。在提出自己的意见时需要满足这样两个特点:保命最要紧和得到金币要最大化。

记住了这一点,就可以知道我们的出发点应当是游戏进行到只剩两名海盗——即1号和2号——的时候。这时最厉害的海盗是2号,而他的最佳分配方案是一目了然的:100块金子全归他一人所有,1号海盗什么也得不到。由于他自己肯定为这个方案投赞成票,这样就占了总数的50%,因此方案获得通过。现在加上3号海盗。1号海盗知道,如果3号的方案被否决,那么最后将只剩2个海盗,而1号将肯定一无所获——此外,3号也明白1号了解这一形势。因此,只要3号的分配方案,给1号一点甜头使他不至于空手而归,那么不论3号提出什么样的分配方案,1号都将投赞成票。因此3号需要分出尽可能少的一点金子来贿赂1号海盗,这样就有了下面的分配方案:3号海盗分得99块金子,2号海盗一无所获,1号海盗得1块金子。4号海盗的策略也差不多。他需要有50%的支持票,因此同3号一样也需再找一人做同党。他可以给同党的最低贿赂是1块金子,而他可以用这块金子来收买2号海盗。因为如果4号被否决而3号得以通过,则2号将一文不名。因此,4号的分配方案应是:99块金子归自己,3号一块也得不到,2号得1块金子,1号也是一块也得不到。5号海盗的策略稍有不同。他需要收买另两名海盗,因此至少得用2块金子来贿赂,才能使自己的方案得到采纳。他的分配方案应该是:98块金子归自己,1块金子给3号,1块金子给1号。

这一分析过程可以照着上述思路继续进行下去。每个分配方案都是唯一确定的,它可以使提出该方案的海盗获得尽可能多的金子,同时又保证该方案肯定能通过。照这一模式进行下去,10号海盗提出的方案将是96块金子归他所有,其他编号为偶数的海盗各得1块金子,而编号为奇数的海盗则什么也得不到。这就解决了10名海盗的分配难题。

第八章 竞争的效率

8-1 理论要点

到目前为止,我们所讨论的全部理论均属于局部均衡分析的范畴。局部均衡分析研究的是单个(产品或要素)市场;其方法是把所考虑的某个市场从相互联系的构成整个经济体系的市场全体中"取出"来单独加以研究。在这种研究中,该市场商品的需求和供给仅仅被看成是其本身价格的函数,其他商品的价格则被假定为不变,而这些不变价格的高低只影响所研究商品的供求曲线的位置;所得到的结论是,该市场需求和供给曲线共同决定了市场的均衡价格和均衡数量。

一、局部均衡和总体均衡

局部均衡分析方法是把其中一个环节孤立地抽象出来,撇开次要的联系(即假设其他条件不变)抓住主要联系,做出实证的解释。总体均衡分析方法是分析经济生活中所有经济单位之间的相互联系。

总体均衡是指所有经济部门同时实现了均衡。当一个经济处于总体均衡时,就达到了所谓帕累托最优,从而实现了社会福利最大化。

二、帕累托最优

帕累托最优是指这样一种状态:资源配置的任何改变都不可能使一个人的境况变好而又不使别人的境况变坏。如果资源配置达到帕累托最优状态就表明:在技术、消费者偏好、收入分配等条件给定时,资源配置的效率最高,从而社会福利达到最大。否则,就需要帕累托改进。帕累托改进是指:在没有任何一个人境况变坏的情况下,通过改变资源的配置使得至少一个人的境况变好的行为。在生产和交换埃奇沃思框图中,那些不在生产契约线或交换契约线的点都没有实现帕累托最优,通过重新配置资源使生产或交换达到契约线上就实现了帕累托最优,而这个重新配置的过程就是帕累托改进的过程。一旦经济实现了帕累托最优,资源就实现了最佳配置,帕累托改进就没有必要。

三、交换的帕累托最优

假设社会上有两个消费者 A 和 B、两种商品 X 和 Y;A 拥有一定数量 X,B 拥有一定数量 Y,但二人均需消费 X 和 Y 两种商品,亦可假设 A、B 都拥有比例不等的一定数量的 X 和 Y。A 和 B 的消费偏好为给定。

假设对于消费者 A 和 B 来说,X 代替 Y 的边际替代率分别用 MRS_{XY}^{A} 和 MRS_{XY}^{B} 来表示,则交换的帕累托最优状态条件的公式就是:$MRS_{XY}^A = MRS_{XY}^B$。即实现消费总体均衡的条件就是各消费者的边际替代率相等,如图 8-1 所示。

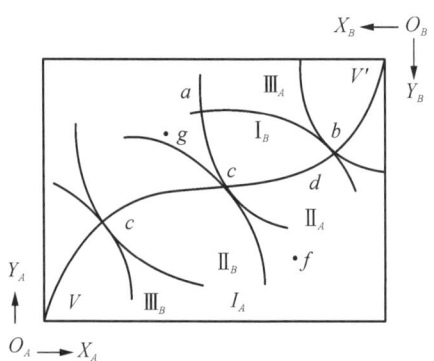

图 8-1 交换的帕累托最优

四、生产的帕累托最优

假定两种要素分别为 L 和 K,其既定数量为 $\overline{L}$ 和 $\overline{K}$,两个生产者分别为 C 和 D。于是要素 L 和 K 在生产者 C 和 D 之间的分配状况亦可以用埃奇渥斯盒状图来表示,参见图 8-2。

生产的帕累托最优状态是等产量线的切点,而等产量线的切点的条件是在该点上两条等产量线的斜率相等。如果对于生产者 C 和 D 来说,L 代替 K 的边际技术替代率分别用 $MRTS_{LK}^C$ 和 $MRTS_{LK}^D$ 来表示,则生产的帕累托最优状态条件的公式就是:$MRTS_{LK}^C = MRTS_{LK}^D$。即边际技术替代率相等。

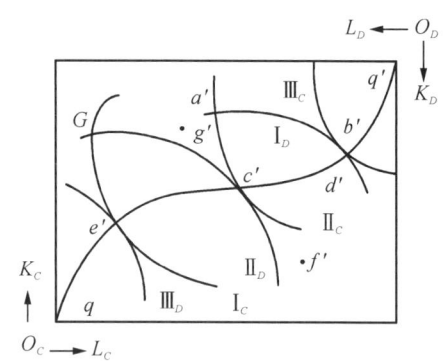

图 8-2 生产的帕累托最优

五、生产与交换的帕累托最优

如图 8-3 所示,假定整个经济只包括两个消费者 A 和 B,它们在两种产品 X 和 Y 之间进行选择,以及两个生产者 C 和 D,它们在两种要素 L 和 K 之间进行选择以生产两种产品 X 和 Y。给定生产可能性曲线上一点 B 和与 B 相应的交换契约曲线上一点 C,只要 B 点的产品边际转换率不等于 C 点的产品边际替代率,则点 C 就仅表示交换的帕累托最优状态,而非生产和交换的帕累托最优状态。由此即得生产和交换的帕累托最优条件:$MRS_{XY} = MRT_{XY}$。即产品的边际替代率等于边际转换率。

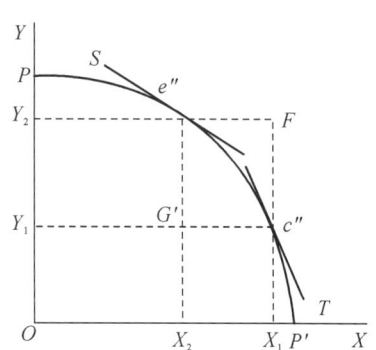

图 8-3 生产和交换的最优

8-2 案例分析

【案例1】 汽油价格与小型汽车的需求

如果市场对某几种产品的需求相互影响,可能出现什么情况呢?其中一种情形就是,导致一种产品价格发生变化的因素,将同时影响对另一种产品的需求。举例而言,在20世纪70年代,美国的汽油价格上升,这一变化马上对小型汽车的需求产生了影响。

回顾20世纪70年代,美国市场的汽油价格两次上升,第一次发生在1973年,当时石油输出国组织切断了对美国的石油输出;第二次是在1979年,由于伊朗国王被推翻而导致该国石油供应瘫痪。经过这两次事件,美国的汽油价格从1973年的每加仑0.27美元猛增至1981年的每加仑1.40美元。作为"轮子上的国家",石油价格急剧上升当然不是一件小事,美国人面临一个严峻的节省汽油的问题。

既然公司和住宅的距离不可能缩短,人们只好继续奔波于两地之间。美国司机找到的解决办法之一就是他们需要放弃自己的旧车、购置新车的时候,选择较小型的汽车,这样每加仑汽油就可以多跑一段距离。

分析家们根据汽车的大小来分类确定其销售额。就在第一次汽油价格上升之后,每年大约出售250万辆大型汽车、280万辆中型汽车以及230万辆小型汽车。到了1985年,这三种汽车的销售比例出现明显变化,当年售出150万辆大型汽车,220万辆中型汽车以及370万辆小型汽车。由此可见,大型汽车的销售自20世纪70年代以来迅速下降;反过来,小型汽车的销售却持续攀升,只有中型汽车勉强维持了原有水平。

对于任何产品的需求曲线均假设其互补产品的价格保持不变。以汽车为例,它的互补产品之一就是汽油。汽油价格上升导致小型汽车的需求曲线向右移动,与此同时大型汽车的需求曲线向左移动。

造成这种变化的理由是显而易见的。假设你每年需要驾驶15 000英里,每加仑汽油可供一辆大型汽车行驶15英里,如果是一辆小型汽车就可以行驶30英里。这就是说,如果你坚持选择大型汽车,每年你必须购买1 000加仑汽油,如果你满足于小型汽车,你只需购买一半的汽油,也就是500加仑就够了,当汽油价格处于1981年的最高点,即每加仑1.40美元的时候,选择小型汽车意味着每年可以节省700美元。即便你曾经是大型汽车的拥护者,在这种情况下,在每年700美元的数字面前,难道你就不觉得有必要重新考虑一下小型汽车的好处吗?

(案例来源 侯俊华、程国江:《西方经济学》,南京大学出版社,2016年版)

思考题:

什么是局部均衡?什么是一般均衡?联系实际说明我国汽油价格的上升对整个市场均衡的影响?

案例评析:

局部均衡一般是指单个市场或部分市场的供求与价格之间的关系或均衡状态。一般均衡是指在承认供求与市场上各种价格存在相互关系和相互影响的条件下,所有市场上各种商品的价格与供求的关系。

案例中一种产品价格发生变化将同时影响另一种产品的需求,汽油价格上升导致小型汽车的需求上升和大型汽车的需求下降。因为汽车的互补产品之一就是汽油,所以汽油价格上升导致小型汽车的需求曲线向右移动,与此同时大型汽车的需求曲线向左移动。

目前,在我国由于受国际原油价格上升的影响,我国汽油的价格几次上升,在这种情况下养车成本就更高了,消费者为节约成本,选择了节油的小排量汽车,也是这个道理。因此在汽车销售排名榜上领先的始终是小排量车。

【案例2】 择偶标准之门当户对

中国人自古讲究门当户对,无论是旧时"父母之命,媒妁之言",还是当今追求个性独立自由的恋爱,门当户对一直是人们择偶的标准。最近,某网站就"门当户对"在网上调查发现,86%的人认同门当户对。

(案例来源 http://www.sxrb.com/sxrb/cban/c1/3983297.shtml,2014-07-21)

思考题:

门当户对彰显出怎样的理念?什么是帕累托最优?门当户对是否符合帕累托最优?

案例评析:

在经济学家眼里,门当户对是一种最优的选择。门当户对不仅合情合理,而且科学高效。

首先,门当户对可以有效地减少婚姻市场上的信息不对称,降低寻觅成本。从人类婚姻历史的演变过程来看,男女双方的信息不对称是制约婚姻市场上的一个重要因素。在封建社会里,婚姻的缔结主要依靠的是"父母之命,媒妁之言"。媒人是穿梭于男女之间唯一的中间人,男女之间的信息沟通主要是凭借媒人之口获悉的,这就难免影响双方信息的真实性,因此常常会引发出巨大的风险。

在现代社会里,虽然男女交往的限制取消了,交往的范围也扩大了,但是受交往成本的限制,男女双方进行大范围内地"海选"也是不可行,信息不对称的因素依然存在。而通过门当户对制定可选择的标准,无疑是降低寻觅成本的有效途径。寻找家庭经济条件和社会地位对等的人结亲,可以有效地推断个人信息的真实性。寻找与自己家庭背景、学历教育相仿相近的人,生活环境大致相同,他们之间的共同点也会多一些,不失为降低风险的一个有效办法。

其次,门当户对可以实现强强联合,使双方的资源实现有效配置,这也符合经济上帕累托最优的原理。帕累托最优是指资源分配的一种理想状态。假定固有的一群人和可分配的资源,从一种分配状态到另一种状态的变化中,在没有使任何人境况变坏的前提下,使得至少一个人变得更好,这就是帕累托改进或帕累托最优化。简而言之就是,帕累托改进是达到帕累托最优的路径和方法,帕累托最优是公平与效率的"理想王国",门当户对的结合体现了这一原理。即两个都拥有较高生活质量的人结合,两人帕累托改进的可能性极大,就越能实现个人效用的最大化;而与境况稍差的人结合的话,则可能导致个人效用的减少。

最后,门当户对更能体现出夫妻间的平等关系。如果男女双方有一方处于强势地位,另一方面处于弱势地位,是不利于家庭之间的和睦相处的。无论男人还是女人,弱者往往会被"奴化",长期下去,必然会丧失平等的话语权。

幸福和睦的家庭,多为门当户对,有的体现出的是经济上的对应,有的是文化程度对应,有的则是个人能力的对应。

【案例 3】 土地制度改革之"三权分置"

2013 年 11 月,十八届三中全会通过《中共中央关于全面深化改革若干重大问题的决定》,指出"坚持农村土地集体所有权,依法维护农民土地承包经营权,发展壮大集体经济。鼓励承包经营权在公开市场上向专业大户、家庭农场、农民合作社、农业企业流转,发展多种形式规模经营。"

农村土地制度改革方向"三权分置"正式提出。2014 年 11 月,《关于引导农村土地经营权有序流转发展农业适度规模经营的意见》发布,指出"坚持农村土地集体所有,实现所有权、承包权、经营权'三权分置',引导土地经营权有序流转"。

2015 年 11 月 2 日,新华社发布了由中共中央办公厅、国务院办公厅印发的《深化农村改革综合性实施方案》,明确指出深化农村土地制度改革的基本方向是"三权分置":落实集体所有权,稳定农户承包权,放活土地经营权。

(案例来源 刘水:《土地制度改革是一次帕累托改进》,http://www.guandian.cn/m/show/167332,2015 - 11 - 03)

思考题:
1. 什么是"三权分置"?
2. "三权分置"的实施是帕累托改进吗?
3. "三权分置"的实施具有怎样的意义?

案例评析:

1. 2015 年 11 月,新华社发布由中央办公厅、国务院办公厅印发的《深化农村改革综合性实施方案》,确定"深化农村土地制度改革的基本方向是:落实集体所有权,稳定农户承包权,放活土地经营权,实行'三权分置'"。落实集体所有权,就是落实"农民集体所有的不动产和动产,属于本集体成员集体所有"的法律规定,明确界定农民的集体成员权,明晰集体土地产权归属,实现集体产权主体清晰。稳定农户承包权,就是要依法公正地将集体土地的承包经营权落实到本集体组织的每个农户。放活土地经营权,就是允许承包农户将土地经营权依法自愿配置给有经营意愿和经营能力的主体,发展多种形式的适度规模经营。

2. "三权分置"的实施是一次帕累托改进。所谓"帕累托改进",就是一项政策能够至少有利于一个人,而不会对任何其他人造成损害。在经济政策中为了改善某些人的利益而损害另外一些人,这就不是帕累托改进。"所有权"明晰了集体土地产权归属,"承包权"维护了农户在土地上的利益,"经营权"保证了经营主体的利益,"三权分置"的实施,明确了各方权益。特别是"经营权"的放活,有利于农业发展适度规模经营,提高农业生产效率,促进农业经济发展,进而会使集体、农户、经营主体三者的利益都得到增加,且没有哪一方的利益受到损害,因此农村土地"三权分置"的实施是一次帕累托改进。

3. "三权分置"是对"家庭联产承包责任制"的继承和发展。"三权分置"中的"承包权"是对"家庭联产承包责任制"的继承,其中的"所有权"和"经营权"是对"家庭联产承包责任制"的发展。"三权分置"与"家庭联产承包责任制"是一脉相承的,也将进一步激发农业活力,解放生产力,提高农业效率,促进农业经济发展。

"三权分置"是新时期有中国特色的农村土地产权制度。其中的"承包权",是现阶段我国为保护农户利益而设置的一种权益,是由"家庭联产承包责任制"沿袭而来的,是中国的特色。产权制度的最主要功能在于降低交易费用,提高资源配置效率,"三权分置"无疑会提高土地利用效率。"三权分置"的实施,是我国土地制度改革的又一次突破,将掀起我国新一轮农村土地制度改革。"三权分置"将激发农业活力,是我国农业领域改革的又一次重大突破,也预示着新一轮改革的大幕启动,必将把我国的改革事业推向新的高度。

【案例4】 东欧国家的经济转型是如何做到"公平"与"效率"兼顾的?

东欧剧变之后,一些成功实现了民主化转型的东欧国家在经济和政治领域都经历了一系列的重要变化。正因为有了民主制度的保障,这些国家才得以成功实现公平与效率兼顾的经济改革,进而融入欧盟经济体,驶入经济发展的快车道。同时,民主制度也理顺了东欧国家政府与民众之间的关系,使得政府能够切实地对选民负责。某种意义上,我们可以认为,正是因为选择了市场经济和民主政治的道路,这些东欧国家才得以在一定程度上实现当年"社会主义"曾许诺过的美好愿景。匈牙利是公认的民主转型进行得最为成功的几个国家之一。现以其"私有化"改革为例来考察民主制度的建立对于其经济转型进程究竟产生了什么样的影响。截至20世纪80年代末,匈牙利已经积累了巨额的国家债务,国家财政濒临破产,急需大量的现金来清偿债务。所以,剧变后的几届政府都只能对国有资产进行拍卖以求变现。而由于实行了公开竞价,出价最高的多数都是外资公司,于是便出现了所谓"面向外资全卖光"的情形。但是需要指出的是,由于剧变后的匈牙利建立了基本的民主制度,民间社会具有充足的渠道和手段对政府实行监督与制约,因此匈牙利对于国有资产的拍卖便得以在公开规范的前提下予以实施,结果在很大程度上实现了国有资产变现的价值最大化,而出售所得也均能用于偿还外债、充实社会保障与公益福利基金等公共用途。

(案例来源 张琦:《人民日报观点:统筹兼顾效率与公平》,http://opinion.people.com.cn/n1/2016/0408/c1003-28260776.html,2016-04-08;邰浴日:《东欧国家的经济转型是如何做到"公平"与"效率"兼顾的?》,http://pit.ifeng.com/a/20170829/51793397_0.shtml)

思考题:
1. 如何理解经济增长和收入分配的关系?
2. 欧洲的改革对中国有怎样的启示?

案例评析:

1. 经由以上的分析可以看到,匈牙利的"私有化"方案,符合基本的公开公平原则。他们当时实行私有化改革的基本预设就是:国有资产理论上就是属于全体国民所有的,而事实上也是经由全体国民的辛勤工作才得以实现了国有资产的积累,那么对于国有资产的分配就必须做到基本的透明与公正。

事实上,私有化结果也的确得到了多数民众的认可。道理很简单,因为如果社会上不满的人很多,那么就自然会出现主张实行"反攻倒算"的政党,该政党只要能够在选举中获得足够的选票上台执政,就大可以"合法"地对之前的私有化过程进行"反攻倒算"了。而剧变以来各国都经历了多次民主选举的政党轮替,左派右派轮番上台,但都并未出现对私有化结果进行大规模"清算"的情况。

由此我们看到,如果说匈牙利在经济体制上从计划经济转向市场经济、所有制上从公有制转向私有制的转型实践是为了追求"效率"的话,其经济转型过程中更为突出的一个特点便是同时兼顾了起点的"平等"和规则的"公平"。而要想实现这种"公平与效率"的兼顾,则又是与这些国家民主制度的建立与完善脱不开关系的。

经济增长和收入分配的关系,是公平与效率关系的集中表现。"效率"在经济方面主要体现为经济增长,"公平"在经济方面主要体现为收入分配。经济增长过程中的收入差距拉大,是世界各国共同具有的普遍现象。从国际经验来看,经济高速增长阶段通常伴随着收入差距拉大,但收入分配格局并不会随着经济的进一步增长而自动改善。

2. 对即将全面建成小康社会的中国来说,应立足当下、面向未来,在充分汲取发达国家经验和教训的基础上,正确处理经济增长与收入分配的关系。

首先,要认识到经济增长与收入分配二者是相辅相成的关系。一定的经济增长速度是改善收入分配的必要前提。改善收入分配状况,特别是通过二次分配,需要以雄厚的财政资金为支撑。保持一定的经济增长速度是财政收入稳步增长的前提,一定的经济增长速度也是确保就业率的必要前提。收入分配差距过大,一方面不利于形成较大规模的中产阶层,从而无法形成拉动经济增长的稳固内需;另一方面,也不利于整个社会凝聚力的提高,甚至有可能使民粹主义思潮抬头,过度福利化会拖累可持续的经济增长,导致社会陷入"中等收入陷阱"的泥淖。

其次,应当在经济新常态、经济结构转型、人口结构老龄化等大背景下来思考经济增长与收入分配的关系。中国经济面临的一个挑战,是经济结构转型与人口结构老龄化同步发生。从长期来看,经济结构转型是保证经济可持续增长的必要条件,但短期内可能会影响经济增长速度。从发达国家经验看,在进行结构转型过程中,采取激励创新政策来应对可能的经济增长放缓十分重要。

第三,应积极推动财税体制改革,逐步提高直接税在整个财税收入中的比重,充分发挥财税制度在调节收入分配方面的作用。理论和实践都表明,直接税与累进制相结合,能够更好地调节收入分配、缩小贫富差距。因此,一方面要继续提高现有直接税的比重,另一方面应积极研究开征其他财产税等新税种的必要性和可行性。

最后,应建立与完善的市场经济相适应的社会保障制度。一方面应明确社会保障制度只是保障最基本的医疗、养老待遇,更高层次的保障水平则交由商业保险来负责。另一方面在整个社会保障体系中,要充分贯彻"政府购买服务"的原则,凡是能够通过购买服务的方式提供公共服务的,一律以购买服务的方式进行。

改善收入分配并非一朝一夕之功,在保持中高速经济增长的同时不断缩小贫富差距,是智慧的考量。

【案例5】 发生在空中的帕累托改良

航空公司总是希望航班上座率越高越好,然而他们也知道总有一小部分订了机票的旅客临时取消旅行计划。这就使他们开始尝试超额售票术,就是在一个合理估计的基础上,让售票数量稍大于航班实际座位数。不过,有时确实可能出现所有旅客都不打算改变行程,要按期出发的情形,航空公司必须决定究竟取消谁的座位才好。这里列举几种可能的决定方法。

在20世纪60年代,航空公司只是简单取消最后到达机场的乘客的座位,安排他们换乘后面的航班,而那些倒霉的乘客也不会因行程被迫改变而获得任何额外补偿。结果确认座位的过程演变成让人血压骤升的紧张时刻。

为了避免这种情况,第二种选择可能是由政府出面明令禁止超额售票术。飞机可能被迫带着空座位飞行,公司和买不到票的旅客都受到损失。1968年,美国经济学家尤利安·西蒙提出了第三种方案:"办法非常简单,超额售票术需要改进的地方就是航空公司在售票的同时交给顾客一个信封和一份投标书,让顾客填写他们可以接受的延期飞行的最低赔偿金额。一旦飞机出现超载,公司可以选择其中数目最低者按数给予现金补偿,并优先售给下一班飞机的机票。各方受益,没有任何人受到损害。"

实际上,目前航空公司采用的超额售票术同西蒙的方案非常接近,区别在于通常干脆以免费机票替代现金补偿(有时提供相当数量的机票折扣)。人们远比估计的更加愿意接受这种安排。航空公司从中受益,因为他们可以继续超额售票,有助于实现航班满员飞行。事实上,免费机票本身可能属于根本卖不出去的部分,航空公司提供免费机票的边际成本接近于零。这是一个发生在真实世界的帕累托改良。其中牵涉的各方均受益,至少不会受到损失。

(案例来源 (美)斯蒂格利茨:《〈经济学〉小品和案例》,中国人民大学出版社,1998年版)

思考题:

什么是"帕累托改良"?它与"帕累托最优"有什么区别?举例说明发生在我们身边的真实的"帕累托改良"和"帕累托最优"。

案例评析:

在其他条件不变的条件下,如果某一经济变动改善了一些人的状况,同时又不使一些人蒙受损失,这个变动就增进了社会福利,称为帕累托改良;在其他条件不变的条件下,如果不减少一些人的经济福利,就不能改善另一些人的经济福利,就标志着社会经济福利达到了最大化的状态,实现了帕累托最优状态。案例中美国经济学家尤利安·西蒙提出了"超额售票术"使得民航公司和消费者各方都增加了利益,我们称之为"帕累托改良"。因为现实中很难达到最优标准,正所谓世事往往没有最优选择,只能寻求次优选择。

第九章 市场失灵和微观经济政策

9-1 理论要点

本章分析在市场机制失灵情况下，政府就成了替代的手段之一。政府成为微观经济的主体，其目的是为了促进市场更有效率地运作，尽可能地避免市场失败所产生的不良后果。通过本章的学习，了解市场失灵的原因和种类，熟悉不同类型市场失灵的情况下，政府的微观经济政策，并借以分析我国的现实经济问题。

一、市场失灵

当市场经济有效运行的某个条件无法在现实中得到满足，那么自由市场均衡将背离帕累托最优，出现市场失灵现象。导致市场失灵的情况有：垄断、公共物品、外部影响及信息不对称。

二、垄断

厂商面临的需求曲线不是一条水平直线，而是向右下方倾斜，厂商的利润最大化原则是边际收益等于边际成本，而不是价格等于边际成本。当价格大于边际成本时，消费者愿意为增加额外一单位产量所支付的数量超过了生产该单位产量所引起的成本，就出现了低效率的资源配置状态。但由于厂商和消费者达成协议存在各种困难，潜在的帕累托改进难以实现，垄断厂商利润最大化状况没有达到帕累托最优状态，市场机制不能导致资源的有效配置。

为获得和维持垄断地位从而享受垄断的好处，厂商常常需要付出一定的代价，完全是一种"非生产性的寻利活动"，这种活动被称为"寻租"活动。就单个的寻租者而言，一般不超过垄断利润。在很多情况下，由于争夺垄断地位竞争非常激烈，寻租代价常常要接近甚至等于全部垄断利润。一般来讲，可以采取政府管制和依靠反托拉斯法来防止垄断厂商取得过度的利益。

三、公共产品

公共产品指那些在消费上具有非排他性和非竞争性的产品。由于"搭便车"问题的存在，公共产品的生产就难于达到帕累托最优。这就需要政府对之进行调节和干预，发挥"看得见的手"的功能。但由于市场经济运行的复杂性以及政府机制本身的缺陷，政府这只"看得见的手"也往往会出现失灵的情况。

四、外部影响

当市场价格不能完全反映交易的全部成本(社会成本)和收效(社会收益)时,就出现了外部影响。此时,市场对商品的配置是缺乏效率的,即具有外部经济的产品会低于社会需要的最优产量;具有外部不经济的产品的生产会高于社会需要的最优产量。如何有效解决这一问题,我们可以采用征收税收和发放津贴、企业合并、规定财产权等方法解决。

五、信息不对称

价格调节能够保证帕累托最优状态实现的一个重要前提是完全信息。在现实世界中,人们所面对的信息都是不完全的。不完全信息或信息不对称会导致逆向选择和道德风险两个问题。信号发送机制和激励机制的建立能够较有效地解决这两个问题。

9-2 案例分析

【案例1】 可口可乐收购汇源果汁案

1992年,朱新礼接手了一个停产三年、负债千万元的县办罐头厂,将其更名为山东淄博汇源食品有限公司。一年后,朱新礼采用补偿贸易的方法,引进了德国水果加工设备并安装投产,依靠这一外资利用方式,为汇源争取到了第一批价值500万美元的大订单。1994年10月,朱新礼带领30来人的队伍北上,创立北京汇源食品饮料有限公司。

2005年3月,汇源分拆果汁产品业务,统一集团斥资2.5亿元人民币,双方共同组建合资公司"中国汇源果汁控股"。当时,汇源的估值已经高达50亿元,统一只拿到了5%的股权。2006年7月3日,朱新礼引入达能、美国华平基金、荷兰发展银行和香港惠理基金作为战略投资者,融资2.2亿美元。2007年2月23日,汇源成功登陆港交所,筹集资金24亿港元,创造了10年以来港交所最大规模的IPO。获得在资本市场筹集的资金后,朱新礼带领汇源不断扩大规模,2005年至2008年期间,汇源相继投建了十余家新工厂,并且布局上下游,接连展开并购,2007年,汇源果汁销售额达到26.56亿元,增长28.6%。根据AC尼尔森报告,2007年,中国果汁饮料市场大幅增长,果蔬汁(包括百分百果汁、中浓度果蔬汁和果汁饮料)则是增长最快的软饮料。以价值计,果蔬汁已成为碳酸饮料后第二大饮料市场。截至2007年年底,汇源的百分百果汁及中浓度果蔬汁销售量分别占国内市场总额的42.6%和39.6%,分别比上一年上升1.8和0.8个百分点,这两项指标继续占据领市场领导地位。

2008年上半年,汇源销售额和毛利这两个关键指标第一次出现负增长:上半年销售额12.94亿元,同比下滑5.2%;毛利下跌得更为剧烈,从5.03亿元下滑至3.67亿元,跌幅达到20%以上。2008年9月3日,可口可乐宣布将以每股12.20港币、共179.2亿港元全额收购汇源果汁。交易完成后,朱新礼将以41.53%的股权套现74亿港元。这是当时可口可乐在中国,也是在其发展史上除美国之外最大的一笔收购交易。

根据国务院的规定,如果外资企业并购香港上市的内地企业,满足以下两个条件之一即可达到申请商务部反垄断审查的标准:① 2007年,双方在全球范围内的营业额合计超过100亿元人民币,并且双方在中国境内的营业额均超过4亿元人民币;② 2007年,双方在中国境内的营业额合计超过20亿元人民币,并且双方在中国境内的营业额均超过4亿元人民币。可口可乐收购汇源达到了这一标准。

2008年9月8日:国内企业欲联名上书反对收购案。

2008年9月18日,商务部收到可口可乐公司收购中国汇源公司的经营者集中反垄断申报材料。

2008年9月19日:可口可乐称已将申请材料递交商务部。

2008年11月6日:商务部表示申请材料尚未达标,未立案。

2008年11月20日,经申报方补充,申报材料达到了《反垄断法》第二十三条规定的要求,商务部对此项集中予以立案审查。

2008年12月5日:商务部首次表态已立案受理并购案。

2008年12月20日:商务部决定在初步审查基础上实施进一步审查。

2009年1月6日:商务部表示并购案反垄断审查进入第二阶段。

2009年3月18日:商务部表示,可口可乐并购汇源未通过反垄断调查,因为收购会影响或限制竞争,不利于中国果汁行业的健康发展。商务部具体阐述了未通过审查的三个原因:第一,如果收购成功,可口可乐有能力把其在碳酸饮料行业的支配地位传导到果汁行业。第二,如果收购成功,可口可乐对果汁市场的控制力会明显增强,使其他企业没有能力再进入这个市场。第三,如果收购成功,会挤压国内中小企业的生存空间,抑制国内其他企业参与果汁市场的竞争。

(案例来源　鲁运超:"从汇源并购案看我国反垄断法的作用",《法制与社会》,2010年2月)

思考题:
1. 垄断如何导致效率的损失?
2. 商务部否决可口可乐收购汇源果汁的意义是什么?

案例评析:

1. 经济学的原理告诉我们,完全竞争市场是资源配置的最有效的方式,但在现实经济中,这种完全竞争的市场只是一种理论上的假设。现实经济中的市场主要是由完全垄断、寡头垄断、垄断竞争等构成。垄断的经济损失不仅仅包括由于垄断造成的总经济福利的减少,还包括寻租活动的经济损失。市场的不完全性即垄断的存在会给社会带来损失,其主要表现是资源浪费和社会福利的损失。同时,为获得和维持垄断地位从而享受垄断的好处,厂商常常需要付出一定的代价。在很多情况下,由于争夺垄断地位竞争非常激烈,寻租代价常常要接近甚至等于全部垄断利润。

当今世界上主要的经济发达国家都拥有自己的保护竞争法律体系,如美国的反托拉斯法、日本的反垄断法以及欧洲共同体的竞争政策等。美国是最早颁布反托拉斯法的国家,1890年颁布了《谢尔曼反托拉斯法》、1914年颁布了《克莱顿法》和《联邦贸易委员会法》。

2. 2009年3月18日,商务部发布公告,否决了可口可乐公司收购汇源果汁集团有限公司的申请,这是我国自2008年8月1日《反垄断法》实施以来首个未获通过的案例。作为中国最大果蔬汁生产商的汇源,2007年,其在中国国内百分百果汁市场及中浓度果汁市场占有率分别为42.6%和39.6%,2008年第一季度占浓度果汁市场56.1%的份额。而2007年可口可乐在中国果蔬汁市场的占有率为9.7%,如果两者合并,将占据中国果汁饮料市场一半左右的份额。中国《反垄断法》规定,为了预防和制止垄断行为,保护市场公平竞争,提高经济运行效率,维护消费者利益和社会公共利益,促进社会主义市场经济健康发展,禁止具有竞争关系的经营者达成垄断协议,禁止具有市场支配地位的经营者从事滥用市场支配地位的行为,禁止经营者集中等行为。该法不仅适用于中国境内经济活动中的垄断行为,也适用于中国境外对中国境内市场竞争产生排除、限制影响的行为。反垄断审查的目的是保护市场公平竞争,维护消费者利益和社会公共利益。如果可口可乐和汇源合并,它会对产业的状态造成很大冲击,挤压了国内中小型果汁企业生存空间,影响了整个产业的竞争氛围和竞争结构,给中国果汁饮料市场竞争格局造成不良影响。可口可乐公司可能利用其在碳酸软饮料市场的支配地位,搭售、捆绑销售果汁饮料,或者设定其他排他性的交易条件,集中限制果汁饮料市场竞争,中国的这种饮料产品可能在市场上就逐渐消失了,而更多的是美国可口可乐公司的主导产品,导致消费者被迫接受更高价格、更少种类的产品;同时,由于既有品牌对市场进入的限制作用,潜在竞争难以消除该等限制竞争效果。

【案例2】 2017年车辆保险费新规

不少网友在网上询问车险费的相关问题,目前关于车险二次费改的时间,暂时都还不得而知。据此前《每日经济新闻》报道,2017年上半年可能暂时还不会出来。

近日,全市银行、保险公司等金融机构设立咨询台,解答市民在金融消费时遇到的问题。今年实施车险新规,许多市民感到疑问和不解,成为现场咨询的热门话题。接下来,我们一同来看看小编整理的2017汽车保险新规的内容。

理赔不足千元,续保费用竟然翻番。"我刚刚续保了今年的车险,商业险费用竟然比去年翻了一番,价格接近4 000元。但我的车去年总共理赔了不到1 000元,有两次还是划痕险出险,这合理吗?"昨日,市民张先生专程来到活动现场,咨询自己购买车险时遇到的问题。对于市民的疑问,市保险行业协会财险部副主任陈玫霖表示,由于车险政策在今年刚刚调整,协会接到了不少市民关于保费上涨的咨询和投诉。"整体来看,主要是市民对于政策调整的细节还不是很清楚,以为是保险公司出现乱收费的现象。"

陈玫霖说:"根据今年实施的车险新规,如果车辆上一年出现多次理赔将按次数相应上浮费率,出险1次保费不打折,出险2次、3次、4次保费分别上浮25%、50%、75%,出险5次及以上保费将翻倍。反之,1年不出险的话,保费可享受8.5折优惠,2年享受7折优惠,连续3年则可享受6折优惠。""一些车主出现一些小剐小蹭就立即报案,一次理赔不过几百元,但由于报案次数过多最终导致保费大幅上涨,确实有些得不偿失。"

陈玫霖介绍说,新规的出发点是规范车主的驾驶习惯,不要因为有保险就可以随意开车。只要谨慎小心驾驶,出现小剐小蹭自己掏钱维修,来年优惠的保费能省下不少钱。

"因为过去即使一年出个两三次险,续保时依然能享有一定折扣,但如今只要出险一次,来年的保费就不会再打折了。"陈玫霖说,"所以今后几百元的小事故,建议市民还是不要报案出险,遇上较大的事故时才有必要让保险公司出险理赔。"

新规的实施对市民选择商业车险品种也产生一定影响。业内人士建议,一些保额较少的险种已经不必要购买,如划痕险、玻璃险等。这些险种即使全额赔付也不过几百、上千元,但却要占用出险次数。"市民可以花几十元购买一款'找不到第三方'险。"陈玫霖说,"如果车辆受损又找不到肇事方,同时又遭遇较大的损失,可以报案理赔。"

改革实施后,2017汽车保险出险次数和保费关系:保费是涨是降因车而异,主要取决于上年度出险情况,出险越多,保费越高;出险越少,保费越低。改革后,车险费率的浮动范围将进一步扩大。原来连续3年不出险的车主,最多只能享受到7折的优惠,而经常出事故的车主,其费率最多上浮到基准水平的1.3倍。而在新的制度里,最低系数到0.6,最高到2倍,在价格上充分体现了奖优惩劣的定价趋势。以后车险会出现两极分化,可谓有人欢喜有人愁,对于安全开车、文明驾驶的人来说无疑是个好消息。

根据新方案的规定,比如你的新车保费是4 000元/年,如果当年出险达到2次,次年保费就会变成5 000元;如果出险3次,次年保费就会变成6 000元;如果出险4次,次年保费是7 000元,出险达到5次,次年保费将达8 000元。当然,不出险的奖励也很令人期待。同样的例子,新车保费4 000元/年,如果当年不出险,次年保费会变成3 400元;2年不出险,次年保费是2 800元;3年不出险,次年保费会是2 400元。

(案例来源 搜狐小编:《2017车险费改新政策解读 车险费改最新通知》,http://www.sohu.com/a/157035344_765855,2017-07-14)

思考题:
1. 汽车保险市场为什么会出现逆向选择的现象?
2. 2017年车辆保险费新规中保费与出险次数挂钩,车险市场会发生什么变动呢?

案例评析:

1. 所谓逆向选择是指市场的某一方如果能够利用多于另一方的信息使自己受益而使另一方受损,倾向于与对方签订协议进行交易。导致逆向选择的根源在于事前信息不对称。当买卖双方在信息不对称的商品市场进行交易时,逆向选择可能使市场上质量差的商品将好的商品驱逐出市场。逆向选择维持的结果,将产生市场的萎缩。购买汽车保险的人通常比保险公司更清楚自己对于风险的态度,因而常常是风险比较高的人更愿意购买保险,也正因为如此,保险的价格反映出的通常是高风险的人的成本而不是普通人的成本。而收取较高保险价格会阻止具有较低风险的人购买保险。如果保险公司为了解决收不抵支的问题而进一步提高价格,出险率低的人就干脆不买保险了。逆向选择由此形成。

2. 导致逆向选择的根源在于事前信息不对称,正如案例中的保险公司所掌握的信息是不完全的,保险公司知道个人之间肯定存在着风险差别,应该将他们进行分类,并征收不同的保险费,但在费改前,费率统一,保险公司只能提高费率来保证企业的正常收益,但对风险低的人是不公平的。2017年车险费改建立了保费与出险次数挂钩的费率奖惩机制的意义在于,保险公司能通过出险次数将风险高的人与风险低的人有效区隔,使得保险市场能获得较好的发展。

【案例3】 信息传递与大学生的求职成本?

据统计,2003年全国有212万高校毕业生进入就业市场,比2002年多出67万人,毕业人数创历史最高。每当毕业临近,学生们不仅在网上"冲浪",而且还要怀揣个人履历,为谋求一份满意的工作而奔波于各地的人才市场、招聘会、就业指导中心。学生求职本应该是学生与用人单位之间以最低的成本利用某种方式传递信息而同时实现雇工和就业的目的。但是,在用人单位与求职者之间的信息是不对称的,如何解决双方之间的信息不对称问题呢? 以下是媒体报道的有关毕业求职现象。

毕业求职现象透视

(1) 自我包装:除添置相应的服装之外,大学生还要精心制作毕业推荐表,彩色简历,光盘简历,E-mail 简历,还有的学生花大价钱拍摄写真集或在简历中贴上自己的"玉照"。

(2) 饥不择食:由于毕业生数量增加了很多,大家总担心期望值太高错失了良机,于是有些学生四处打听用人单位,见到一个用人单位,不管地方好不好,福利待遇高不高,只要人家愿意,就匆忙和用人单位签了协议。

(3) 性别歧视:对于女大学毕业生来说,不但面临着就业的压力,而且还面临着性别的歧视,就连重点大学的毕业生也不能幸免。女生要获得同样的工作,要比男生付出更多的努力。对于许多女大学毕业生来说,就业压力的大小,往往还取决于自己的长相和身材。

(4) "人情求职"日益严重:面对严峻的就业形势,托人情、走后门等"人情求职"现象日益严重,还有许多家长不得不放下手中的工作,陪着孩子一起应聘。

(5) 高校间互设信息"壁垒":在扩招就业"第一年"的巨大心理压力下,2003 年许多高等院校相互设置信息"壁垒",妄图以此保护本校毕业生获取更多的就业信息和机会。无论是在互联网还是在招聘会上,经常出现"外校学生不得进入",或其他"不平等"待遇。

(6) "造假风""投机风"盛行:从记者采访和许多高校毕业生反映得知,就业压力使学生求职中的"造假风"日益严重。在制作求职材料时,改学习成绩,编造实习经历,虚报获奖证书等。

另据报道,2002 年大学生求职费用总共花了 10 亿人民币,去年全国高校毕业生 145 万,人均费用高达 6 800 多元,而一些大城市的求职成本则远远高于这个平均数。另据问卷调查,2002 年北京应届大学生用于找工作的费用人均超过 1 万元(教育专家戏称这是"毕业消费",而商家则称之为"毕业经济")。

(案例来源 根据北京晚报、新华网(2003-06)相关报道改编)

思考题:

1. 劳动力市场为什么会出现信息不对称的现象?
2. 如何解决学生与用人单位之间的不对称信息?

案例评析:

1. 信息不对称是指在市场交易中,当市场的一方无法观测和监督另一方的行为或无法获知另一方行动的完全信息,抑或观测和监督成本高昂时,交易双方掌握的信息所处的不对称状态。劳动力市场是一个典型的不对称信息市场,一般说来,雇员比企业掌握有更多的劳动质量信息(比如工作能力、态度和责任心等)。企业关注员工有关工作能力或生产力等劳动力质量方面的信息,那么一个很自然的问题是雇员是否会传递以上信息。雇员在面试时穿上一套整洁得体的服装自然会向企业传递一些信息,但是该信息是一种弱信号,它不足以区别雇员劳动力质量的高低,因为低生产力的雇员也可以以近乎同样的方式和成本"装扮"成高质量的雇员,企业不能区分雇员能力的高低。

2. 要解决学生与用人单位之间的不对称信息应从以下几个方面着手。

信号发送和信号筛选是典型的两种解决方式。但是,由于就业过程中竞争比较激烈,所以学生主动发送信号(投递简历)比较常见。文凭是一个最常用的信号之一。教育可以反映雇员劳动力质量等多方面的信息。雇员接受教育可以提高劳动生产力水平,雇员的受教育年数、学分的多少、知识水平的高低、学校的声誉等可以直接或间接地提供劳动力质量的信息。无论雇员所掌握的知识对以后的工作是否有益,其接受的教育水平可以作为雇员劳动生产力高低的信号,因为与弱工作能力的雇员相比,高质量的雇员更容易获得比较高的教育水平,后者一般接受能力更强,更具创造性或工作更努力。所以,高质量的员工愿意通过自己接受的教育水平显示自己的生产力水平,并在企业里获得比较高的报酬。所以,受教育水平是劳动力质量的一个信号,表明了劳动者的生产技能,企业也愿意将教育水平作为员工生产力水平的参考指标,因而工资率取决于受雇者的受教育水平(事实上,员工的受教育程度往往也取决于企业或雇主开出的工资水平)。

另外,现在的高校毕业生相对来说比较多,由于目前的教育体制等方面存在一定的缺陷,各高校的教学质量也存在比较大的差别,所以一张简单的文凭是最常用的信号之一,但是它在解决信息不对称方面的作用是有限的。所以导致了学生在就业求职过程中上述各种现象和行为的出现。

虽然不同的单位在不同的岗位对员工的要求不一定完全一致,但是不容否认信号发送过程中弱信号与强信号的存在,不同能力的学生发送了相同的信号,用人单位无法区分学生素质与能力的高低。只有高素质或高能力的学生发出了低能力学生不能发送的信息,将自己与后者区别开来,用人单位才能挑选到合意的员工,并给予相应的报酬。

第二篇

宏观经济学

第十章 国民收入核算理论

10-1 理论要点

通过本章的学习,让学生掌握国内生产总值的含义和国内生产总值的核算方法,理解国内生产总值与其他国民收入核算总量之间的关系,了解国内生产总值作为衡量一国经济福利所存在的一些缺陷。

一、国内生产总值

国内生产总值(GDP)是反映国民经济活动的核心指标,它是指一个国家或地区在一定时期内(通常指一年)运用生产要素所生产的全部最终产品(物品和劳务)的市场价值。我们对于 GDP 这一概念应从以下几个方面理解:GDP 是一个市场价值的概念;GDP 是指最终产品的总价值;GDP 是一定时期内(往往是一年)所生产而不是所卖掉的最终产品价值;GDP 是一国范围内生产的最终产品的市场价值,这是一个地域概念;GDP 一般仅指市场活动导致的价值;GDP 中的最终产品不仅包括有形的最终产品,而且包括无形的最终产品——劳务。

总需求(AD)是指全社会在一定时期内对最终产品和劳务的需求总量,在国民收入核算体系中用购买最终产品和劳务的总支出(AE)来表示。总供给(AS)是指全社会在一定时期内所生产和提供的最终产品和劳务总量,在国民收入核算体系中用出卖最终产品和劳务所得的总收入(Y)来表示。

从核算角度看,总支出=总收入=总产出。

二、支出法

用支出法核算 GDP,就是核算经济社会在一定时期内消费、投资、政府购买以及出口这几方面支出的总和。其计算公式为

$$GDP = 消费(C) + 投资(I) + 政府购买(G) + 净出口(X-M)$$

三、收入法

用收入法核算国内生产总值,就是首先计算出生产要素意义上的国民收入,再用反推法计算出 GDP,其计算公式为

$$GDP = 工资 + 利息 + 租金 + 利润 + 间接税和非税支付 + 企业转移支付 - 政府对企业净补贴 + 折旧 + 统计误差$$

四、衡量国民收入的总量指标

用于衡量社会经济活动成就的国民收入是一个广义的概念。衡量国民收入的总量指标包括五个总量：国内生产总值(GDP)、国内生产净值(NDP)、国民收入(NI)、个人收入(PI)、个人可支配收入(DPI)，其中最核心的概念是国内生产总值，它们之间相互联系。

$$NDP = GDP - 折旧$$
$$NI = NDP - (间接税 + 企业转移支付) + 政府补助金$$
$$PI = NI - 公司未分配利润 - 公司所得税 - 社会保险税 + 转移支付$$
$$DPI = PI - 个人税 - 非税支付$$

五、GDP 紧缩系数

GDP 有名义 GDP 和实际 GDP 之分，名义 GDP 是按当年价格(P_t)计算的国内生产总值，实际 GDP 是指用从前某一年作为基期的价格计算 GDP，为反映产出的真实变化，我们通常用实际 GDP 衡量经济效果。名义 GDP 与实际 GDP 之比，称为 GDP 紧缩系数。

$$GDP\ 紧缩系数 = \frac{某年名义 GDP}{某年实际 GDP} = \frac{\sum P_t Q_t}{\sum P_0 Q_t} \times 100\%$$

六、GDP 核算经济成果的局限

尽管 GDP 的核算是 20 世纪最伟大的发明之一，但用 GDP 核算经济成果仍具有某些局限及缺陷：没有衡量出某些经济成果；不能反映地下经济活动；不能正确反映社会经济发展水平；无法反映人们从产品和劳务消费中获得的福利状况；满足人们的需要时却影响了人们的生活水平与质量的经济活动，GDP 没有反映出来；由于不同国家产品结构和市场价格的差异，两国 GDP 指标难以进行精确比较。

七、国民经济循环

通过国民收入流量模型来描述国民经济活动的循环流动，了解国民收入的构成及其相互关系。从经济统计角度看，国民收入一定会等于国民产出，即 $AE = Y$，那么，储蓄一定会等于投资。

$$两部门经济：I = S，投资 = 储蓄$$
$$三部门经济：I = S + (T - G)，投资 = 私人储蓄 + 政府储蓄$$
$$四部门经济：I = S + (T - G) + (M - X)，投资 = 私人储蓄 + 政府储蓄 + 国外储蓄$$

10-2 案例分析

【案例 1】 GDP 数字的奥妙

一个国家的经济状况，需要一套经济指标来测度。在宏观经济学领域，最常用的经济指标就是国内生产总值(GDP)。这个指标衡量一个国家一定时期(通常是一年)，其国境内所有经济单位所生产的最终商品和劳务的货币总值。它由最终商品和劳务的市场销售量乘以(当期或固定)市场价格,加在一起的总和,即是一种市场交易记录。但GDP在量上的增加,并不意味着财富的增加。

GDP既然是交易记录,那么,进入记录的交易增加,则GDP增加;反之,则下降。然而,市场交易记录的变化,所引起的GDP的变动,并不总是意味着实际财富的变动。例如,一个富有家庭,聘请一位刚刚大学毕业、训练有素且貌美如花的女家务总管,薪资丰厚,比如每年15万美元。其他条件不变,当年的GDP增加15万美元,因为多了这项市场交易记录。后来,这大户人家的公子与此管家坠入爱河,某年元旦大婚,有情人终成眷属。既然成了一家人,自然不用再开年薪。结果,其他条件不变,从成婚之日起,每年的GDP减少15万美元,因为少了这项市场交易记录。于是,就出现了这样一种现象:幸福美满的人增加了一对,GDP却因此减少了,岂有此理?假设大户人家的公子花心不改,寻花问柳,终致这桩婚姻破裂,女子别处重操旧业,GDP因这不幸的婚姻结局,还会相应增加。

我们可以想象更为戏剧性的情形。有两位家庭主妇,各自忙完家务外出采买,在街区花园的长椅上坐下来,大倒生活的"苦水"。她们最伤脑筋的事情,就是手头紧,丈夫紧紧攥着钱袋子不放,格外抠门。聊着聊着,她们突然心头一亮,有了好主意。不是都说女子要自立自强吗?那么,就从我们自己做起。咱俩择日去劳务市场登记,外出做家政挣钱,自食其力。你来我家做,我去你家做,咱们丈夫又不知道咱俩的这个计划。当然,起身离开时,其中一位认真地交代:"咱可只做家务啊!"对方点头应允。做家政比如每月2 000美元工资,每人每年就是24 000美元,两个人就是48 000美元。其他条件不变,GDP增加了48 000美元。但劳务总量没有任何变化呀!

(案例来源 霍彦立:"GDP数字的奥妙",《企业观察家》,2017年11月)

思考题:
什么是GDP,应如何理解GDP这一概念?
案例评析:
GDP是指在一定时期内(通常是一年)一国境内所生产出的全部最终产品和劳务的市场价值总和。美国著名的经济学家保罗·萨缪尔森说:"GDP是20世纪最伟大的发明之一。"没有GDP这个发明,我们就无法进行国与国之间经济实力的比较,贫穷与富裕的比较;没有GDP这个总量指标我们无法了解一国的经济增长速度是快还是慢,是需要刺激还是需要控制。因此GDP就像一把尺子,就像一面镜子,是衡量一国经济发展和生活富裕程度的重要指标。

要正确理解GDP这一概念,应从以下几个方面考虑:首先,GDP是一个市场价值概念,家务性劳动、自给性劳动、非法地下经济活动等非市场活动价值不计入国内生产总值。正如案例中的第一个故事,女家务总管未嫁前,负责该家庭的家务管理,通过市场交易,获得15万年薪,导致GDP增加了;但当她嫁入豪门后,仍负责该家庭的家务管理,由于成了一家人,市场交易取消,不用再开年薪,导致GDP减少了。其次,GDP只计算最终产品价值,不计算中间产品价值,实际上是指一国在一年内所生产的产品和劳务的价值增值部分。第三,GDP是一定时期内(往往是一年)所生产而不是所卖掉的最终产品价值。例如,二手商品的交易,应将二手商品的市场价值排除在外,但在二手商品交易过程中所发生的佣金应计算在内。第四,GDP是一个地域概念,是一国范围内生产的最终产品和劳务的市场价值。

【案例2】 中国首发各省绿色发展指数:北京排名首位

参考消息网12月27日报道,境外媒体称,中国12月26日首次发布了各省份绿色发展指数,该指数列举了推动环境友好发展的地方政府,北京排名首位。据路透社12月26日报道,中国国家统计局发布的数据显示,2016年在31个省份的绿色发展指数排名中,北京位列第一,随后是福建和浙江。

报道称,中国政府已誓言今年冬季减少北方28座城市的空气污染。据路透社报道,中国国家统计局局长宁吉喆就2016年生态文明建设年度评价工作有关问题答记者问时说:"年度评价通过衡量过去一年各地区生态文明建设的年度进展总体情况,引导各地区加快推动绿色发展,落实生态文明建设相关工作,同时也为五年考核打下好的基础。"报道称,中国国家发改委、环保部、中组部与国家统计局联合发布了《2016年生态文明建设年度评价结果公报》。据路透社报道,尽管北京在绿色发展指数排行榜上位列第一,但在31个省份的公众生态环境满意度抽样调查中却排名倒数第二。这一抽样调查结果是与2016年度各省份绿色发展指数同时在国家统计局网站上公布的。报道称,宁吉喆说,绿色发展指数包括6个方面55项指标,涉及生态文明建设领域的各个方面,而公众对反映当地空气、水、居住周边环境等环境质量状况相关指标的主观感受相对更加深刻,在年度评价结果中也体现出"公众满意程度"与"环境质量指数"排名具有较为显著的相关性。宁吉喆还说,年度评价也是今后长期开展的一项常规工作。

(案例来源 《外媒关注中国首发各省绿色发展指数:北京排名首位》,参考消息网,2017-12-27 11:10:00,责任编辑:卫嘉)

思考题:
1. 为什么GDP不是万能的?
2. 中国发布各省绿色发展指数的意义是什么?

案例评析:

1. 国内生产总值(GDP)是一定时期内(通常是一年)一国境内所生产出的全部最终产品和劳务的市场价值总和。GDP一出现就成为国家经济核算体系的重要组成部分,与全社会的投入产出、资金流量、国际收支及资产核算体系构成了统一整体,全面概括和描述了国民经济运行体系的总量。GDP核算在国民经济管理中起着十分重要的作用,通过它可以全面观察经济增长波动,预测经济发展趋势,制定宏观调控政策,并为经济理论的研究提供全面的基础数据。GDP核算也是国与国之间衡量本国经济及进行比较研究的标准,从GDP核算形成到今天,尚没有一个指标能够代替这种功能,很多国际机构都将人均GDP作为衡量国家经济发展水平的标志,或者作为其政策制定的依据。

GDP可以反映一国经济的总体状态,但GDP不是万能的,用它来衡量一国的经济成果存在着一些缺陷和不足。第一,GDP不能衡量出某些经济成果,如一些自给自足的生产。第二,实际GDP没有反映人们闲暇时间的增加或减少。第三,GDP不能反映地下经济活动。第四,国内生产总值表明社会的产品和劳务的价值量,但不能说明具体的是什么商品和劳务。例如,一国国内生产总值增长10%,主要是由于增加了教育投资,而另一国家增长同一比率是由于增加香烟的生产。第五,有一些经济活动在提供产品和劳务满足人们的需要时却影响了人们的生活水平与质量,这些GDP都没有反映出来,如环境污染问题。

改革开放以来,我国经济发展取得了举世瞩目的成就,GDP从1978年的3 624亿元增长到2016年的744 127亿元,我国GDP已经达到相当规模。由于我国地域广阔,区域差异较大,出现经济增长的不平衡。近年来,舆论大有对经济表现好的省份予以追捧之势,各省份的GDP排名刺激了先进,鞭策了落后,强化了竞争,推动了经济增长。然而,这种带有崇拜特征的GDP排名也带来了一系列不良后果,如单纯追求GDP而忽视其他经济与社会问题,特别是结构质量和不平衡等重大问题,刺激地方不惜债台高筑加大投资拉动GDP,甚至以牺牲生态环境和民生福祉来追求GDP。在经济高速发展中积累了一系列问题,如部分产能过剩、生态建设滞后、环境问题严重、资源保障难以为继。

2. 中国发布各省绿色发展指数的意义就在于:中国经济已由高速增长阶段转向高质量发展阶段,构建与高质量发展相适应的统计体系尤为关键,此次发布的绿色发展指数无疑是一个良好的开端。国家统计局总经济师盛来运说,现有指标体系反映经济建设方面的指标偏多,反映社会发展、人与自然和谐发展的指标少,要按照五大发展理念要求,增加完善相关指标体系。此外,要按照建设现代化经济体系和推动高质量发展的要求,增加反映产业、行业、地区等各方面结构协调性指标、质量效益指标和新动能发展指标。绿色发展指数,不仅是督促和引导各地区推进生态文明建设的"指示器",更是推动我国未来经济高质量发展的"风向标"。近年来,我国生态文明建设各项工作取得积极成效。但总体上看,我国生态文明建设水平仍相对滞后,一些地方片面追求GDP增速、发展方式粗放、生态环境恶化等问题仍未有效解决。将绿色发展纳入官员政绩考核指标体系,彻底纠正一些地方唯GDP是从的政绩观,引导各地补齐绿色发展短板,有助于各地区加快推进绿色发展和生态文明建设,有助于推进生态文明建设更平衡,推进环境治理,打好持久战,提升生态文明建设的公众"获得感"。

第十一章　AE—NI 模型

11-1　理论要点

凯恩斯学说的中心内容是国民收入决定理论。凯恩斯主义的全部理论涉及 4 个市场，即产品市场、货币市场、劳动市场和国际市场。由于国民收入均衡的条件是总支出等于总收入，用 AE 表示对产品的总支出，NI 代表产品的总收入，当 AE=NI 时，产品市场均衡，因此把仅仅包括产品市场的国民收入决定理论称为 AE—NI 模型。AE—NI 模型是最简单的国民收入决定理论，需要关注的主要问题包括以下几个方面。

一、均衡产出的决定

传统的西方经济学信奉"供给自动创造需求"的萨伊定律，认为均衡产出由供给所决定。根据萨伊定律，生产的目的是为了交换自己所需的物品，如此社会上一切产品都能被卖掉，不会存在生产过剩问题，且由于每个生产者都希望享用品质最多和数量最大的各种物品，每个生产者都尽量生产出最大数量的产品以便与其他人交换，从而使社会达到充分就业状态。也就是说，传统西方经济学认为均衡产出由供给决定，且是充分就业的均衡，经济社会可以自动实现这种均衡而无须任何人为干预。

凯恩斯的观点与萨伊定律相反，他认为均衡产出由总需求决定，只要存在着需求，社会便可以生产出任何数量的产品与之相适应；凯恩斯认为，经济社会中的充分就业只是偶然现象，大多数时候经济社会处于非充分就业状态，此时的均衡为非充分就业均衡，如果要实现充分就业的均衡，就必须通过人为因素干预经济，刺激总需求以实现。

二、消费理论

所谓"消费理论"就是研究把家庭作为消费者，如何选择以多少比例的收入用于当前的消费，以多少比例的收入用于将来消费而储蓄的理论，实际上就是关于储蓄率选择的理论。现代宏观经济学消费理论以凯恩斯消费理论为主，其他消费理论为辅。

凯恩斯消费理论研究的是现期收入与消费和储蓄之间的关系，属于短期消费理论。凯恩斯消费理论认为，消费取决于人们的现期收入，$C=C(Y)$；消费与收入之间存在一条基本心理规律：随着收入的增加，消费也增加，但消费的增加小于收入的增加。当消费与收入之间呈线性关系时，消费函数的形式为 $C=a+bY_D$，消费曲线具有正截距，消费与收入之间不呈固定比例，消费倾向随收入增加而递减。储蓄是收入减去消费的余额，若储蓄与收入之间呈线性关系，则储蓄函数表示为 $S=-a+(1-b)Y_D$，储蓄倾向随收入增加而递增。

凯恩斯得出的消费增加比例小于收入增加比例从而消费倾向递减的结论在长期中没有

得到证实,经验数据证实消费与收入之间在长期呈固定比例,消费函数始于原点,即 $C=bY$。凯恩斯消费理论只能解释短期中消费与收入的关系而无法解释长期中消费与收入的关系,从而导致了大量学者从不同角度解释消费与收入的关系,其他消费理论主要有相对收入消费理论、生命周期消费理论和持久收入消费理论等。

三、国民收入的决定及影响因素

凯恩斯认为,在短期中决定国民收入的是总需求而不是总供给。也就是说,由劳动、资本和技术所决定的总供给,在短期中是既定的,这样,短期中国民收入的大小取决于总需求,总需求增加国民收入增加,总需求减少国民收入减少。

国民收入达到均衡的条件是总供给等于总需求。从总供给角度看,一国的国民收入由各种生产要素生产出来,这可用各种生产要素相应所得的收入总和 NI(通常用 Y)来表示;从总需求角度看,一国的国民收入是消费、投资、政府购买、国外需求的总和,这可分别用消费支出、投资支出、政府购买支出、国外支出 AE 来表示。简单国民收入决定理论中,国民收入均衡条件是 $AE=Y$。

在两部门经济中,总支出 $AE=C+I$,其中,$C=a+bY$,$I=I_0$,总收入 $Y=C+S$。当国民收入均衡时,有 $AE=Y$,即 $I=S$,均衡国民收入公式为

$$Y=\frac{a+I_0}{1-b}$$

在三部门经济中,$AE=C+I+G$,其中 $G=G_0$;$Y=C+S+T$,其中 $T=T_X-T_R$,均衡国民收入公式为

$$Y=\frac{a+I_0+G_0-bT}{1-b}=\frac{a+I_0+G_0-b(T_X-T_R)}{1-b}$$

在四部门经济中,若用 $M=M_0+\gamma Y$ 表示进口函数,则均衡国民收入公式为

$$Y=\frac{a+I_0+G_0-b(T_X-T_R)+X_0-M_0}{1-b+\gamma}$$

从以上公式可以看出,影响国民收入的主要因素有:自主消费、自主投资、政府购买、税收、转移支付、进出口以及边际消费倾向,其中税收、进口对国民收入的影响是负方向的,其他因素均为正向影响。

四、乘数原理

乘数理论是凯恩斯宏观经济理论的重要内容之一。乘数指每单位外生变量(如政府支出或银行储备)的变化所带来的引致变量(如 GDP 或货币供应)的变动情况。乘数原理说明投资、政府支出等变化对收入和就业的影响倍数。根据凯恩斯乘数理论,当由于消费不足造成的总需求不足时,可以依靠投资、政府购买等支出的增加来弥补,投资、政府购买、消费、收入和就业之间存在连锁反应,一般而言,当投资、政府购买、消费等支出增加时,将会使收入成倍数增加。但应该看到,乘数原理发生作用有一定前提:第一,经济社会存在过剩生产能力,也就是说资源未充分利用,否则投资、政府支出增加只能带来物价上涨;第二,乘数大小

受限于投资、政府支出增加对利率的影响,如果投资增加使得货币需求增加的同时,货币供给不增加或未能同幅度增加,将会使利率上升,从而导致储蓄增加,这不仅导致消费减少还会抑制投资使总需求降低,此时乘数的作用将十分有限;第三,由于只有本国的生产才会对本国就业产生影响,因此,增加的这部分投资、政府购买只有在购买本国产品的前提下才能导致总需求增加。

乘数有消费乘数、投资乘数、政府购买乘数、税收乘数、政府转移支付乘数及平衡预算乘数等,消费乘数、投资乘数和政府购买乘数要大于税收乘数、政府购买乘数,因此,当经济不景气需采取扩张的财政政策时,西方经济学家一般主张增加政府购买而不是减税或增加政府转移支付。

11-2 案例分析

【案例1】 中国居民的边际消费倾向为什么低于美国?

消费将随着收入的增加而增加,在人们由贫穷向富裕过渡的过程中,由于穷人未能满足的需求较多,从而增加的收入中将有很大一部分用于消费,而富人由于其未能满足的需求较少,从而增加的收入中用于消费的比重较低,也就是说,穷人的边际消费倾向高于富人的边际消费倾向。按照这一思维,中国经济发展水平低于美国,中国相对于美国而言是穷人,从理论上看,随着经济的发展,收入水平的提高,中国居民的边际消费倾向应该高于美国。但事实是,据估算,目前美国的边际消费倾向大约为0.68,而中国的边际消费倾向大约为0.48,且2001年以来,中国居民的边际消费倾向呈大幅度、迅速下降趋势,长期边际消费倾向仅仅维持在0.3左右。为什么中美边际消费倾向有这种差别呢?

思考题:
1. 什么是边际消费倾向?其变化趋势如何?
2. 试分析中国居民边际消费倾向低于美国边际消费倾向的原因。

案例评析:

1. 边际消费倾向表示增加1单位收入中用于增加消费部分的比率,用消费增量和可支配收入增量之比表示。根据凯恩斯消费理论,随着收入增加,消费也增加,但消费的增加低于收入的增加,也就是说,随着收入增加,边际消费倾向将呈现递减趋势。

2. 按照常规,中国边际消费倾向应该高于美国,但事实正好相反,中国的边际消费倾向低于美国,之所以出现这种结果,原因主要有以下几点。

第一,中美两国消费观念不同。勤俭节约是中国传统文化的重要组成部分,是中国人引以为豪的传统美德,这使得中国人崇尚节俭,不敢花钱,任何消费都要量力而行,而美国人一般崇尚享受,今天花未来的钱,这导致了中国储蓄率较高,从而边际消费倾向处于较低水平。

第二,中国社会保障制度没有美国健全。美国的社会保障体系较为完善,覆盖面广而且水平较高,美国人没有养老、看病、子女上学等忧患,而中国由于还不是成熟的市场经济国家,各项社会保障制度还未健全,社会保障制度中的养老保障制度、医疗保障制度、就业制度是居民生活消费支出的最大隐患,尤其近年来子女的教育费用和房价高涨,使得人们收入中出于预防分配动机的储蓄增加,导致用于消费的部分减少。

第三,美国的经济稳定性强于中国,使得两国居民收入稳定性不同。美国是一个成熟的市场经济国家,其经济总体运行较为稳定,从而决定了美国居民收入具有较高的稳定性,再加上美国失业保障制度较健全,美国人的消费无后顾之忧,所以美国人不仅敢把今天的钱花光,还敢于借贷消费;中国则不同,中国经济正处于转型时期,人们失业风险较大,收入不够稳定,再加之失业保障制度不健全,因此收入中的绝大部分用于储蓄,边际消费倾向自然较低。

第四,中国目前收入分配状况不合理。据国家统计相关数据显示,2016年中国基尼系数为0.465,收入差距较大。我国收入分配的二八现象十分明显,改革开放以来,社会收入虽然不断增加,但增加的收入中大部分被占人口20%的高收入人群所占有,使得收入差距越拉越大。虽然低收入居民边际消费倾向较高,但由于其收入增长缓慢,难以形成对消费增长率的实际贡献,而高收入阶层的边际消费倾向较低,对消费的贡献率同样不大,导致了全社会总的边际消费倾向偏低。

(案例来源　根据百度文库相关资料整理编写)

【案例2】　居高不下的中国居民储蓄率

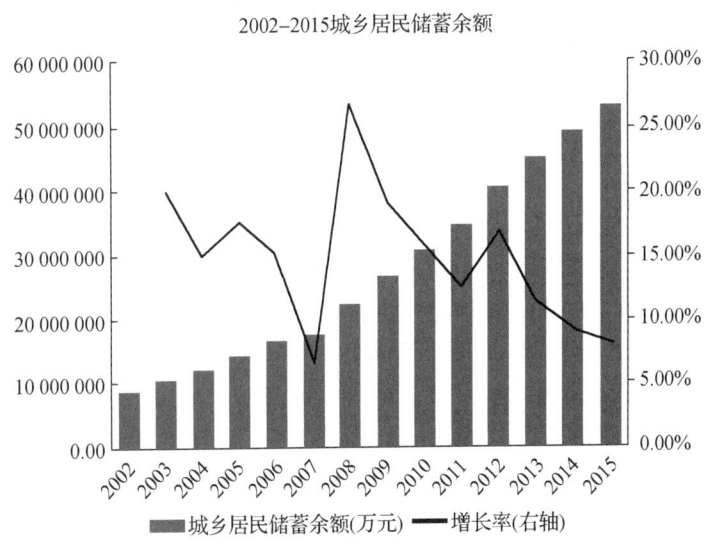

上图反映了我国2002—2015年居民储蓄情况。根据国家统计局相关资料显示,2009年、2010年和2011年,我国城乡居民储蓄余额分别为26.0772万亿元、30.3302万亿元和35.2万亿元,到2015年突破了50万亿元,我国城乡居民储蓄余额呈逐年上升的趋势。从储蓄率来看,我国居民储蓄率从20世纪70年代至今一直居世界前列,90年代初期居民储蓄占国民生产总值的35%,到2005年中国储蓄率高达51%,尽管2008年以后居民储蓄增长率呈下降趋势,但我国储蓄率依然远远高于全球平均储蓄率19.7%的水平;据国际货币基金组织、世界银行和美国中央情报局2015年度《世界概况》称,卡塔尔、科威特和中国内地在收入储蓄排行榜上位居前三甲,中国居民储蓄率全世界排名第三,而美国是同期储蓄最低的国家之一。

思考题:

1. 影响居民储蓄的主要因素有哪些?
2. 试析中国居民储蓄率居高不下的主要原因。
3. 储蓄率高低对经济增长有何影响?

案例评析:

1. 影响居民储蓄的因素主要有以下几点。

(1) 居民收入。居民储蓄与收入正相关,一般而言,由经济发展引起的居民收入水平提高将使居民储蓄增加。

(2) 储蓄存款利率。当名义利率上升时,居民会适当减少目前消费而增加储蓄。

(3) 通货膨胀率。经济学理论认为,一般情况下,通货膨胀率带来商品价格上涨会使货币购买力下降,居民持币欲望下降,加之实际利率(名义利率减通货膨胀率)也在下降,从而储蓄存款增幅会下降。

(4) 有价证券的投资回报率。一般情况下,股票、债券等有价证券的投资回报率越高,人们将一部分储蓄存款转化为有价证券,此时居民储蓄将减少。

2. 中国居民储蓄率居高不下的主要原因有以下几点。

(1) GDP 高速增长。高储蓄率往往是 GDP 增长的后果。日本在 20 世纪 70 年代 GDP 增长很快,在那个时期的储蓄存款率也是很高的。到了 90 年代,日本经济增长变缓,储蓄存款率也随着下降了。中国目前还是处在高 GDP 增长期间,较高的储蓄存款率其实是正常的。

(2) 传统习惯、文化的原因。我国居民长期以来有节俭的习惯,亚洲人较西方人节俭,因此,亚洲国家的储蓄率明显高于西方国家。

(3) 社会保障体系不完善。我国养老保障、医疗保障、失业保障等制度不完善,加之近年来教育支出、房价高涨等原因,使得老百姓出于预防动机的储蓄增加。

(4) 投资渠道有限。中国居民的投资渠道十分有限,消费剩余的收入除了投资股市似乎没有其他地方可去,而中国资本市场不健全,绝大多数散户在股市里很难赚到钱,此时,把剩余的钱放入银行成为一种不得已的选择。

3. 储蓄率高低对经济增长都将产生一定影响,具体分析如下:

(1) 过度储蓄阻碍经济增长。储蓄是收入中减去消费的余额,储蓄高意味着消费低。2011 年年初,央行公布的储户问卷调查报告显示,高达 85.8% 的城镇居民倾向于储蓄,只有 14.2% 的居民倾向于更多消费,这是 1999 年进行问卷调查以来的最低值。我们知道,拉动经济增长的"三驾马车"是消费、投资和出口,而近年来,出口对 GDP 的贡献越来越低,长期依靠投资、政府购买拉动经济也是无法持续的,只有消费拉动才是经济增长的长期动力,因此,过度储蓄导致消费不足将阻碍经济增长。

(2) 过低储蓄将导致消费过度,引起信贷危机。过高的储蓄不利于经济增长,但并不意味着储蓄率越低越好,储蓄率过低可能会导致消费过度的膨胀,这种消费也是不可持续的,它会产生一些虚假的繁荣,像美国,其储蓄率很低,但是消费却很高,超过自身借贷能力,资金又没有相应来源,就会形成一些信贷的膨胀,美国次贷危机的产生和美国长期以来的低储蓄率有关。

由此看出储蓄过高和过低都是不好的,应使储蓄率保持在一个合理且适度的水平,当然这一水平到底为多少不应是一个统一标准,各国国情不同,需要根据各国国情来制定和调整。

【案例3】 我国国民收入的决定

根据国家统计局统计年鉴相关数据,2011—2015年我国三大需求对GDP的贡献率如下表所示。

2011—2015年三大需求对国内生产总值的贡献率(按不变价格计算)

年 份	最终消费贡献率	资本形成总额贡献率	净出口贡献率
2011	61.9	46.2	−8.1
2012	54.9	43.4	1.7
2013	47	55.3	−2.3
2014	48.8	46.9	4.3
2015	59.9	42.6	−2.5

(案例来源 根据《中国统计年鉴》数据编制)

其中最终消费包括居民消费支出和政府消费支出,相同年份居民消费支出总额及比重和政府消费支出总额及比重如下表所示。

最终消费支出构成

项目 年份	居民消费支出		政府消费支出	
	总额(亿元)	比重(%)	总额(亿元)	比重(%)
2011	176 532	73.2	64 490	26.8
2012	198 537	73.2	72 576	26.8
2013	219 763	73.2	80 575	26.8
2014	242 540	73.9	75 773	26.1
2015	264 758	73.6	94 756	26.4

(案例来源 根据《中国统计年鉴》数据编制)

相关数据显示,经济发达国家消费支出对GDP的贡献率一般在70%以上,在最终消费支出中,居民消费支出占比80%左右,政府消费支出占比20%左右;2005—2007年间,我国净出口贡献率均在10%以上。

思考题:

1. 什么是国民收入?如何决定?
2. 上述表格中反映了我国国民收入决定中存在什么问题?
3. 应如何调整三大需求结构才能使我国经济持续稳定增长?

案例评析：

1. 广义的国民收入是用来衡量一个国家在一定时期投入的生产资源生产出来的产品和劳务的价值或由此形成的收入的一个数量指标。可以从三种不同角度来定义：

（1）国民收入是指一个国家的人民所生产的商品和劳务的总价值（生产或供给角度）；

（2）国民收入是指一个国家的人民由于协作生产这些产品和劳务所取得的收入（收入角度）；

（3）国民收入是指这些既是生产者又是消费者的居民从他们的收入中消费的商品和劳务（消费或支出角度）。

因此，从核算角度看，国民收入核算有支出法、收入法和生产法，其中最常用的是支出法。用支出法核算国民收入，就是核算经济社会在一定时期内个人消费、私人国内总投资、政府购买以及净出口这几方面支出的总和。也就是说，在一个开放经济中，国民收入由消费、投资、政府购买和出口决定。

2. 众所周知，拉动经济增长的"三驾马车"是消费、投资和出口，消费和投资要保持合理比例，因为收入减去消费的余额是储蓄，而投资的来源是储蓄，消费过高将使投资来源受限，消费过低生产出的产品没有销路，投资也会减少。从我们近年来决定国民收入的三大因素占比来看，存在以下问题：

（1）消费支出对GDP的贡献率远远低于经济发达国家。尽管我国消费支出贡献率较好年份达到60%以上，但与发达国家70%以上的贡献率相比仍处于较低水平。

并且我国消费支出中，居民消费支出比重低于经济发达国家，而政府消费支出高于经济发达国家。

（2）资本形成贡献率高于世界水平。以韩国为例，2011—2013年韩国资本形成贡献率分别为30.9%、33%和37.7%，我国近5年资本形成总额贡献率最低水平也在42%以上。

（3）出口贡献率不稳定。出口不畅固然受到世界经济不景气需求萎缩的影响，我国出口产品长期以来的低端化也是出口受阻的重要原因。

3. 促进经济稳定增长的主要措施：

（1）向内需型经济增长转型。我们知道，拉动经济增长的"三驾马车"是消费、投资和出口，我国近十来年的经济增长中，投资的贡献功不可没，但也出现了投资过热等问题，因此依靠投资拉动经济增长是无法持续的，而出口是我们难以把控的因素，因此，要保持经济长期稳定增长，就需要把现在依靠投资拉动的增长模式向内需型增长模式转变，而在提高内需中，尤其要提高居民消费水平，这需要我们在提高居民收入的同时，完善各项社会保障制度，让居民有钱花，舍得花。

（2）转变低端化出口模式。为了保持出口的稳定性，需要改变目前出口产品附加值低、初级化等现象，对于传统产品提高产品质量，建立符合经济发达国家的生产标准，扩大出口；加大技术含量较高产品的出口，改变我国出口产品低端化的现象。

【案例4】 乘数理论

[案例A] 乘数是把"双刃的剑"

某制衣企业对未来经济形势看好，增加100万元投资购买了10台缝纫设备，这一行为不仅会使制衣部门收入增加,且会在其他部门引起连锁反应,使得这些部门的支出和收入也增加。首先,新增的 100 万元投资将以工资、利息、租金、利润的形式流入生产要素所有者手中,即居民收入增加了 100 万元;这是 100 万元投资对国民收入的第一轮增加。其次,假设边际消费倾向为 0.8,增加的这 100 万元会有 20 万元用于储蓄,80 万元用于购买其他产品,于是这 80 万元又以工资、利息、租金、利润的形式流入生产这些产品的生产要素所有者手中,从而使社会居民收入又增加 80 万元,这是国民收入的第二轮增加。同样,这些产品生产者会把这 80 万元中的 64 万元用于消费,使社会总需求提高 64 万元,这个过程不断继续下去,最后使国民收入增加 500 万元。具体过程如下:

$$\Delta Y = 100 + 100 \times 0.8 + 100 \times 0.8^2 + \cdots + 100 \times 0.8^{n-1}$$
$$= 100 \times (1 + 0.8 + 0.8^2 + \cdots + 0.8^{n-1})$$
$$= \frac{1}{1-0.8} \times 100 = 500(万元)$$

这 500 万元是最初投资增加量 100 万元的 5 倍,这就是乘数效应的结果。但如果企业对经济形势不乐观而减少投资 100 万元,将引起国民收入减少 500 万元,是最初投资减少量 100 万元的 5 倍。即当自发总需求增加时,所引起的国民收入的增加要大于最初自发总需求的增加;当自发总需求减少时,所引起的国民收入的减少也要大于最初自发总需求的减少。所以,经济学家形象地把乘数称为一把"双刃剑"。

思考题:
1. 乘数理论的含义是什么?
2. 为什么说乘数理论是一把"双刃剑"?

案例评析:
1. 乘数指自主性支出增加一倍所导致的均衡国民收入增加的倍数。乘数理论就是关于自主性支出变化和均衡国民收入变化的关系的理论。由于支出包括消费支出、投资支出、政府购买支出以及税收、转移支付等项目,因此乘数也包括消费乘数、投资乘数、政府购买乘数、税收乘数和转移支付乘数等种类。

投资乘数是指收入的变化与带来这种变化的投资支出的变化的比率。简单地说,就是当自主投资增加 1 个单位时,国民收入增加的倍数。

$$K_I = \frac{1}{1-b}$$

自发消费乘数、政府购买乘数大小与投资乘数相同,税收乘数和转移支付乘数小于投资乘数,且税收乘数引起国民收入反方向变动。乘数的大小取决于边际消费倾向的大小,边际消费倾向越大,乘数也越大。

2. 乘数是一把"双刃剑",理由如下:一方面,当投资增加时,它所引起收入的增加要大于所增加的投资;另一方面,当投资减少时,它所引起的收入的减少也要大于所减少的投资。在经济萧条时增加投资可以使国民经济迅速走向繁荣和高涨,在经济繁荣时减少投资也可以使国民经济避免发展过热,所以说乘数是一把"双刃剑"。只有在社会上各种资源没有得到充分利用时,总支出的增加才会使各种资源得到利用,产生乘数作用。如果社会上各种资源已经充分利用了,或者某些关键部门存在着制约其他资源利用的"瓶颈状态",乘数也就无法发挥作用。

[案例 B] 国防支出与经济

通过分析美国国防预算对经济的影响,可以看出政府购买乘数的作用。20 世纪 80 年代前期,里根执政时,美国国防开支急剧扩张,国防预算从 1979 年的 2 710 亿美元飞速增长到 1987 年的 4 090 亿美元,相当于 GDP 的 7.5%,国防建设对经济增长起了很强的刺激作用,帮助经济走出了 1981—1982 年的衰退,并且推动了 80 年代中期经济景气的形成。

从 1990 年开始,美国加快了对国防开支的削减。到 90 年代中期,国防开支已经被削减到低于 GDP 5% 的水平。这时乘数的作用就相反了,削减国防开支导致 90 年代初产出增长缓慢,从飞机制造业来说,从 1990 年到 1993 年,至少损失掉 170 000 个工作机会。

(案例来源 中华考试网 www.examw.com 2016 年 9 月)

思考题:
1. 试解释什么是政府购买乘数,并说明政府购买乘数发生作用的机制。
2. 美国国防支出的变动对其经济产生了什么样的影响?请用经济理论说明理由。

案例评析:

1. 政府购买乘数是指由政府购买变动引起的收入改变量与政府购买支出的改变量之间的比率,其数值也等于边际储蓄倾向的倒数。如果政府购买的变动量为 ΔG,国民收入变动量为 ΔY,则

$$\Delta Y = \Delta G \times K_G = \Delta G \times \frac{1}{1-b}$$

这一结论就是政府购买乘数定理,而 K_G 被称为政府购买乘数。

政府购买乘数发生作用的变动机制是,增加一单位政府购买,经济中将增加等量的政府购买产品的需求,从而使得所购买商品增加相同的数额。这种商品供给的增加使得经济中的总收入增加相同数额,收入的增加又导致家庭增加消费,其数量为边际消费倾向的倍数。消费需求增加又同政府购买引起的需求增加一样引起连锁反应,直到经济再次处于均衡。

2. 从案例论述中可以看出,美国国防支出的变动对其经济产生同步影响,国防支出增加,刺激了美国的经济增长,使美国走出了经济衰退并形成了繁荣;而国防支出的削减使得美国产出增长缓慢,失业增加。国防支出对经济的这种影响正说明了乘数理论的存在,国防支出属于政府购买支出,对经济的影响受支出变动数额和政府购买乘数的影响,国防支出增加将使经济成倍增加,反之国防支出减少也将使经济成倍减少。

[案例 C] 投资增加国民收入一定增加吗?

根据凯恩斯投资乘数理论,增加一笔投资可以带来数倍于这笔投资的国民收入的增加。凯恩斯投资乘数理论的推理过程是:新增一笔投资,比如 100 亿元,这 100 亿元的投资用于购买产品引起销售收入增加 100 亿元,当边际消费倾向为 0.8 时,这 100 亿元中的 80 亿元

又用于购买其他产品从而形成 80 亿元的销售收入,这无数次的消费购买引起的销售收入最终都以工资、利息、利润和租金的形式流入社会的居民手中,从而形成全社会销售收入增加到 500 亿元,也就是总需求增加了 500 亿元。在这一过程中,凯恩斯考虑的都是需求的问题,没有考虑供给问题,那么,新增的 500 亿元总需求是否一定能得到满足呢? 有三种情况:第一种情况,经济社会存在大量闲置资源,能完全生产出相应产品满足这 500 亿元的需求,此时均衡国民收入增加 500 亿元;第二种情况,经济社会存在部分闲置资源,假设能生产 300 亿元的产品,此时,500 亿元的总需求只能满足其中的 300 亿元的需求,有 200 亿元的需求无法满足,此时均衡国民收入只能增加 300 亿元而不是 500 亿元;第三种情况,经济社会没有闲置资源,即使总需求增加 500 亿元,由于供给无法增加,此时均衡国民收入也无法增加。可见,投资增加并不一定能使国民收入增加,投资增加引起国民收入增加需要满足一定的条件。

思考题:
1. 乘数发生作用的前提是什么?
2. 我们从中能得到哪些启示?

案例评析:
1. 乘数发生作用有一定的前提条件:只有在存在闲置资源(即没有实现充分就业)的情况下,乘数才能发挥作用,当支出增加时才能使国民收入成倍增加。如果资源已得到充分利用(实现了充分就业),或存在个别部门短缺制约的"瓶颈状态",乘数就无法发挥作用。支出的增加意味着总需求增加,如果经济社会没有闲置资源,总供给无法增加,也就无法满足增加的这部分总需求,此时总需求是无法增加的。只有当经济社会存在闲置资源,当总需求增加时,总供给能提供满足总需求的产出水平,国民收入才能增加。

2. 给我们的启示:

(1) 正确理解投资乘数理论的意义。不能一味地以为扩大消费、扩大投资就能带来国民收入的增加,这将导致指导思想上的失误,将人们引向重消费投资轻生产的误区中。事实上,消费的对象消费品是靠生产提供的,只有通过生产才能创造出国民收入,消费投资只能为国民收入创造提供适当的经济环境。

(2) 完善投资(消费)乘数发生正向作用的条件。应及时精准地预测市场供求变化,使生产领域及时了解需求,生产出符合消费者需求的产品,提高边际消费倾向;合理引导居民的消费结构,使消费结构接近于现有的产品结构;投资应随国民收入增长而适度增长,投资结构以市场需求为向导,从量上扩大总供给能力,从结构上满足总需求,从而实现国民收入的增长。

第十二章　IS—LM 模型

12-1　理论要点

IS—LM 模型是宏观经济分析的一个重要工具,是描述产品市场和货币市场之间相互联系的理论结构。该模型放开了投资是自主投资的假设,认为投资是利率的减函数,从而使得国民收入的决定因素从产品市场延伸到了货币市场,一方面,总需求尤其是投资需求受利率影响,利率由货币市场供求决定,因此货币市场影响产品市场;另一方面,产品市场上所决定的国民收入又会影响货币需求,从而影响利率,这又是产品市场对货币市场的影响。可见,产品市场和货币市场是相互联系、相互作用的,而收入和利率也只有在这种相互联系,相互作用中才能决定。在 IS—LM 模型中,值得关注的问题主要包括以下几点。

一、产品市场均衡:IS 曲线

影响投资的因素有很多,如实际利率水平、预期收益率和投资风险等。当投资的预期收益率固定时,一项投资是否可行就取决于实际利率的高低,投资需求与实际利率之间呈反方向变动,投资函数可写作:$i=i(r)$。

IS 曲线是描述产品市场均衡条件下国民收入和利率之间关系的曲线,在该曲线上任何一点利率和收入的组合都有 $I=S$,即产品市场处于均衡状态。IS 曲线左下方的点所对应的收入和利率组合都是产品市场存在过度需求的情况,国民收入有扩张的趋势;IS 曲线右上方的点所对应的收入和利率组合都是产品市场存在过度供给的情况,国民收入有收缩的趋势。IS 曲线斜率为 $-\dfrac{1-b}{d}$,一般地,利率对投资需求的影响系数 d 值越大,或者边际消费倾向 b 值较大,IS 斜率就越小,曲线就越平坦,说明国民收入对利率变化较为敏感,利率的较小变动将使国民收入发生较大变动。投资函数或储蓄函数发生变动,IS 曲线位置将发生移动,扩张性财政政策使 IS 曲线右移,紧缩性财政政策使 IS 曲线左移,移动距离取决于政府购买或税收变动量及乘数大小。

二、货币市场均衡:LM 曲线

凯恩斯认为,货币需求与供给决定利率。货币的需求简单地说就是人们在不同条件下出于各种考虑对持有货币的需要。货币需求动机有三种类型:交易动机、谨慎(预防)动机和投机动机。交易动机需求是指个人和企业为了进行正常的交易活动而需求的货币。谨慎(预防)动机需求是指为预防意外支出而持有一部分货币的需求。货币交易需求和谨慎动机需求与收入呈正比,$L_1=ky$。投机动机需求是指人们为了抓住有利的购买债券的机会而持有的一部分货币的需求,它与利率呈反比,即 $L_2=-hr$。对利率的预期是人们调节货币和债券配置比例的重要依据,债券价格的高低以反比例关系表现为利率的高低,当利率较低而使得公众持有货币的机会成本小到可以忽略不计时,公众愿意持有任何数量的货币供给量,此时将陷入流动偏好陷阱之中,也就是无论货币供给如何增加,利率将不再下降。对货币总需求是以上三种动机的需求总和,其函数形式为 $L=L_1+L_2=ky-hr$。货币供给是指在某个时点上所保持的不属于政府和银行所有的硬币、纸币和银行存款的总和,是一个存量概念。西方经济学家认为,货币供给量由国家通过货币政策来调节,是一个与利率无关的外生变量。利率由货币市场上货币需求与货币供给共同决定。

LM 曲线是描述货币市场处于均衡条件下国民收入和利率之间关系的曲线,在该曲线上任何一点利率和收入的组合都有 $L=\dfrac{M}{P}$,即货币市场处于均衡状态。LM 曲线右下方的点所对应的收入和利率组合都是货币市场存在过度需求的情况,利率有上升的趋势;LM 曲线左上方的点所对应的收入和利率组合都是货币市场存在过度供给的情况,利率有下降的趋势。LM 曲线斜率为 $\dfrac{k}{h}$,西方学者认为 k 较为稳定,LM 曲线斜率主要取决于 h,h 越大即货币投机需求对利率变动越敏感,LM 曲线斜率就越小,曲线越平坦,说明国民收入对利率变化较为敏感。

尤其当 $h\to\infty$ 时,LM 为一水平直线,称为凯恩斯区域,而当 $h\to 0$ 时,LM 为一垂直线,称为古典区域;名义货币供给量 M、价格水平 P 等因素变化都将使 LM 曲线位置发生移动,扩张性货币政策使 LM 曲线右移,紧缩性货币政策使之左移,而当 M 不变 P 下降时,LM 曲线右移,若 M 不变 P 上升则左移。

三、产品市场和货币市场同时均衡:IS—LM 分析

当经济运行在 IS 曲线和 LM 曲线交点时就实现了产品市场和货币市场的同时均衡。任何失衡状况都是不稳定的,虽然宏观经济的自发调节最终会使经济趋向均衡,但产品市场和货币市场同时均衡的国民收入不一定是充分就业的国民收入,而政府可以通过改变税收、政府购买和货币供给等来改变 IS 曲线和 LM 曲线的位置,使经济达到充分就业的水平。一般地,当 LM 曲线不变时,IS 曲线右移将会引起收入和利率的提高,左移则使收入和利率下降;当 IS 曲线不变时,LM 曲线向右下方移动将会使收入提高,利率下降。反之,则相反。因此,为实现充分就业和利率稳定,政府需要财政政策和货币政策的适当配合。

四、基于 IS—LM 模型的政策效果分析

政策效果指移动 IS 曲线或 LM 曲线带来的国民收入变动幅度,一定幅度的 IS 曲线或 LM 曲线移动带来的国民收入变动量越大,说明政策效果越大,否则政策效果就越小。在 IS—LM 模型中,财政政策和货币政策的效果既取决于 IS 曲线的斜率,也取决于 LM 曲线的斜率。

当 LM 曲线斜率不变时,IS 曲线斜率的绝对值越大,即 IS 曲线越陡峭,财政政策效果越大;反之,则相反。当 IS 曲线斜率不变时,LM 曲线斜率越大,即 LM 曲线越陡峭,财政政

策效果就越小;反之,LM曲线越平坦,则财政政策效果就越大,尤其在凯恩斯主义的极端情况下,财政政策将十分有效,而货币政策将完全无效。

当LM曲线斜率不变时,IS曲线越平坦,LM曲线移动对国民收入变动的影响就越大;反之,IS曲线越陡峭,LM曲线移动对国民收入变动的影响就越小。当IS曲线斜率不变时,LM曲线越平坦,货币政策效果就越小;反之,货币政策效果就越大,尤其在古典主义的极端情况下,财政政策完全无效,而货币政策完全有效。

12-2 案例分析

【案例1】 中国人缘何购房热情不减?

自2002年以来的十几年间,中国房价除了个别年份外,其他年份均呈上涨趋势,且上涨幅度较大,使得中国居民购房热情高涨。2008年为了降低金融危机对中国经济的影响,个人房贷5年期以上利率为5.94%,如果是首套个人住房,2008年10月27日以后的贷款享受7折优惠,这样,2009年执行利率为4.158%,这使得全国平均房价从2008年的1 026元/平方米上涨到2009年的1 368元/平方米,涨幅达33.3%。2013年为了去库存,房贷利率进行了两次调整,第一次是在6月8日,5年期以上贷款利率由7.05%调整为6.8%,调整之后不到一个月,在7月6日又进行了一次调整,5年期以上贷款利率由6.8%调整为6.55%,这又使得全国平均房价从2012年的1 344元/平方米上涨到2013年的1 900元/平方米,涨幅高达41.4%。高涨的房价不仅刺激着居民的购房热情,也使得我国固定资产投资中房地产投资额居高不下,2011年房地产业投资总额75 663.7亿元,2012年为92 639.4亿元,到2013年增加到111 379.6亿元,分别比上年增长22.4%和20.2%,投资规模仅次于制造业。

(案例来源 根据国家统计年鉴和网上相关数据编辑)

思考题:
1. 影响投资的主要因素有哪些?
2. 利率变化如何影响购房投资?
3. 从投资和利率的关系来看,政府应如何抑制住房投资的增速过快?

案例评析:
1. 根据凯恩斯投资理论,影响投资的主要因素有利率、预期收益和风险等主要因素。就投资与利率的关系而言,一般来说,投资是利率的减函数,当预期收益既定时,利率越高,投资成本就越高,投资需求相应减少;利率越低,投资成本越低,投资需求相应增加。而当利率既定时,预期收益与投资额呈正比;当人们预期风险较小时,投资将增加,否则减少。一项投资是否可行,取决于利率与预期收益率的比较,只要预期收益率大于利率,这项投资就是可行的。

2. 中国居民购房热情高涨的根本原因在于近十来年房价持续上涨。

首先,利率变动对房地产市场产生影响。居民在经济社会中充当多种角色,一方面是储蓄者,居民收入中未用于消费的部分将形成储蓄,储蓄意愿与利率呈反比;当居民购买住房时,他又是投资者,投资意愿与利率呈反比。降息一方面激活了购房热情,促进了房地产业的发展,另一方面在一定程度上降低了居民储蓄意愿,增大了消费和投资倾向,居民大量的收入开始向包括住房在内的各类消费倾斜,同时较低的贷款利率也降低了购房的贷款成本,使得居民更乐于通过银行贷款来实现当前的购房需求,促使房地产市场需求迅速增加。

其次,近年房地产行业较高的利润率对企业和个人投资产生巨大吸引力。

在实际需求的基础上,房地产行业迅速发展,产生巨大的利润,再加上我国沪深股市长期低迷,银行存款利率又偏低,还需缴纳利息税,社会上闲置资本增加但投资渠道狭窄,在房市看好的情况下大量涌入就是必然结果。这些资本以盈利为目的,而且购买力强大,把本应提供给真实消费群体的商品房购入炒作,进一步造成商品房供给不足,房价被逐步抬高。巨大的盈利产生了示范效应,其他投资者也开始进入房市,而大量真实消费群体又担心房价继续走高,也急于买房,两种需求形成合力,房市开始进入恐慌性购房阶段,房价必然应声而涨,难以驾驭。

3. 对策:为了抑制住房投资增速过快,就是要控制房价过快增长。首先,政府应提高利率,增加企业和居民的房产投资成本,甚至控制房贷规模,减少投资需求。其次,增加房产换手成本,根据持有房产不同年限设置不同交易税,严控投机行为。再次,配合其他相关政策抑制房价过快增长,比如增加廉价房源供给,住房租售制度等。

【案例 2】 营改增如何惠及小规模纳税人,进而影响国民收入?

2016 年 5 月 1 日开始,营改增在经过几年的试点后开始在全国范围内推广。一年来,全面实施营改增的减税预期目标成效显著:2016 年 5 月—2017 年 4 月,营改增累计减税 6 993 亿元。据相关报告披露,全面推开营改增后,原"3+7"行业(交通运输业、邮政业、电信业 3 个大类行业和研发技术、信息技术、文化创意、物流辅助、有形动产租赁、鉴证咨询、广播影视 7 个行业)和新纳入的四大行业(建筑业、房地产业、金融业、生活服务业)实现了全面减税,试点行业直接减税合计 4 581 亿元,减负率高达 22.85%。"3+7"行业平均减负率 44.64%,四大行业平均减负率 15.91%,"3+7"行业平均减负程度高于四大行业。营业税改征增值税,一方面,可消除重复征税,降低企业成本,增加企业效益。另一方面,增值税以增值额为计税基础,增值额越大,产生的税款缴纳越多。而对于增值税抵扣较少的企业,"营改增"反而增加了企业税负。因此,企业规模不同、性质不同,"营改增"对企业造成的影响不同。

小规模纳税人指应税服务年销售额 500 万元以下的企业,"营改增"前,研发和技术、信息技术、文化创意、物流辅助、有形动产租赁和鉴证咨询等 6 个领域现代服务业都按 5% 的税率缴纳营业税,改革后都按 3% 的征收率缴纳增值税,整体税负都将下降 40% 以上。在普华永道中国内地及香港流转税主管合伙人胡根荣看来,由于全面实施营改增主要集中在服务业,第三产业的减税效果尤为明显,也使得第三产业内部形成完整的增值税抵扣链,资源配置在行业、产业间日趋合理,引导了产业分工与协作,促进了结构优化、产业升级和经济转型。根据报告测算,全面实施营改增第一年,对经济增长净影响为 0.892%。

(案例来源 根据网上相关资料编辑)

思考题:
1. 什么是 IS 曲线?营改增后我国 IS 曲线将如何移动?
2. 营改增对小规模纳税人税负有何影响?
3. 营改增对我国国民收入产生什么影响?

案例评析：

1. IS曲线是描述产品市场均衡时,国民收入和利率之间关系的曲线。在IS曲线上任何一点的国民收入和利率的组合,都代表着产品市场的均衡。

营改增后,我国IS曲线将向右上方移动。因为营改增后,尽管有极少数企业税负水平提高了,但总体来看税负水平是下降的。资料显示,2016年5月—2017年4月,营改增累计减税6993亿元。在其他条件不变情况下,税收变动将使IS曲线位置发生移动,税收增加,IS曲线向左下方平行移动,税收减少,IS曲线向右上方移动。

2. 营改增将减轻小规模纳税人的税负水平。针对年营业额在500万元以下的小规模纳税人,营改增不采用层层抵扣的方式来缴税,而是直接用营业额乘以税率来计算税额,而且税率会从5%(营业税)降到3%(增值税),整体税负下降40%以上。这对于一家年营业额500万元的企业来说,等于每年直接减掉了10万元的税负。

3. 营改增将促进我国国民收入的增长。营改增后,整体来看企业纳税金额减少,是一种积极的财政政策,这将使得IS曲线右移,在其他条件不变情况下,国民收入增加;另一方面,营改增受益最大的是服务行业,而服务行业是劳动密集型产业,意味着较多居民可支配收入增加,这会进一步推动IS右移的距离,带来国民收入更多增长。当然,IS曲线移动最终将使国民收入增加多少,一方面取决于IS曲线移动的幅度,另一方面也取决于IS曲线、LM曲线的斜率。

【案例3】 货币的需求动机

丈夫小王和妻子小李是一对年轻的夫妻,两人均是硕士毕业,小王毕业后进入了一家外资企业,月收入6000元左右,小李则考入了事业单位,月薪4000元左右,两人月收入1万元左右,在一个三线城市来说收入水平算是不错了,然美中不足的是两人婚前并没有买房,双方父母也不在该城市,他们需要自己购买住房,而就如何分配他们的收入,两人有着不同的观点。小王认为,虽然他们收入不错,但将来用钱的地方很多,需要购买住房,也要为将来抚养孩子做准备,所以除了留下平常必需的花费以及预防发生意外事件的钱外,剩下的钱要定期存入银行,不能动用,这样可以获得稳定的利息收入,又没有损失的风险。但小李认为,一来他们还年轻,今后肯定能赚比现在更多的钱,因此要趁着年轻享受下生活,买些高档衣服、高档护肤品犒劳自己;二来银行利率太低,存银行获得的利息收入有时候抵不过物价上涨幅度,存银行划不来,如果有余钱,不如投资于股市,也许运气好能在股市赚一笔。但小王却说,中国股市行情太不稳定,运行不规范,所以最好不进入股市,如果一定要做,那也只能投入很少的钱,大部分钱还是应该存入银行。

思考题：

1. 根据上面两个人的争论,说明货币需求动机有哪些?
2. 分析上述各种动机导致的货币需求的决定因素,并给出货币的总需求函数。
3. 什么是货币供给?利率如何决定?

案例评析：

1. 人们的货币需求主要是出于以下三种不同的动机:

(1)交易动机,指个人和企业为了进行正常的交易活动而需要货币的动机。

(2)预防动机又称谨慎动机,是指人们为了防止意外情况发生而持有一部分货币的动机。

(3) 投机动机,是指人们为了抓住有利的购买有价证券的机会而持有的一部分货币的动机。

2. (1) 交易性货币需求决定于收入水平以及惯例和商业制度,而惯例和商业制度在短期内一般可假定为固定不变,所以,一般来说这一货币需求量主要决定于收入。收入越高交易数量越大;交易数量越大,所交换的商品和劳务的价格越高,从而交易性货币需求越大。

(2) 个人对货币的预防需求主要取决于其对意外事件的看法,但从全社会来看,这一货币需求量大体上也和收入呈正比,是收入的增函数。

(3) 人们对货币的投机需求取决于市场利息率,这一需求与利息率呈反方向变化。由于债券价格的高低以反比例关系表现为利率的高低,当利率越高即债券价格越低时,人们手中出于投机动机而持有的货币量就会减少;相反,当利率越低即债券价格越高时,人们会抓住机会卖出债券,手中出于投机动机而持有的货币量就会增加。

根据以上的分析,我们知道,从整个社会来说,交易和谨慎动机导致的货币需求都取决于实际收入,并且与实际收入呈正比。如果以 L_1 表示交易动机和谨慎动机所产生的全部货币需求量,用 Y 表示收入,用 k 表示边际持币倾向,可以把货币的交易需求与收入之间的关系简单地表示为:$L_1=kY$。而对货币的投机性需求取决于利率,如果用 L_2 表示货币的投机需求,用 r 表示市场利率,用 h 表示货币的投机需求对利率 r 变动的灵敏程度,则这一货币需求量和利息率的关系可表示为:$L_2=L_2(r)=-hr$。

这样,货币的总需求函数就可以表示为:$L=L_1+L_2=kY-hr$。

3. 货币供给是指在某个时点上所保持的不属于政府和银行所有的硬币、纸币和银行存款的总和,是一个存量概念。西方经济学家认为,货币供给量由国家通过货币政策来调节,是一个与利率无关的外生变量。实际货币供给量为名义货币供给量 M 与价格指数 P 的比值即 $\frac{M}{P}$。

利率由货币需求和货币供给共同决定,即由垂直的 $\frac{M}{P}$ 与向右下方倾斜的 $L=kY+-hr$ 的交点决定。

【案例4】 IS—LM 分析及政策效果
[案例A] 扩张性货币政策为何效果不明显?

美国"次贷危机"在 2006 年春季开始逐步显现,2007 年 8 月开始席卷美国、欧盟和日本等世界主要金融市场,"次贷危机"引起美国经济及全球经济增长的放缓,对中国经济最主要是对出口造成极大不利影响。2007 年,由于美国和欧洲的进口需求疲软,我国月度出口增长率已从 2007 年 2 月的 51.6% 下降至 12 月的 21.7%。美国次贷危机造成我国出口增长下降,一方面引起我国经济增长在一定程度上放缓,同时,由于我国经济增长放缓,社会对劳动力的需求小于劳动力的供给,将使整个社会的就业压力增加。我国面临经济增长趋缓和严峻就业形势的双重压力,在这种情况下,2008 年我国货币政策由从紧转为适度宽松,金融体系流动性从紧张向宽松逆转。一是存款准备金率下调,这就大幅度地增加了基础货币供应;二是降低利率和放开贷款规模,逆转货币创造收缩趋势;三是利率下调改变纯粹定期化趋势,活跃市场资金供应。但随后的3个月显示,尽管央行采取了一系列增加货币供给降低利率的措施,我国投资仍连续两个月大幅度回落,企业效益下降,流动资金匮乏,居民把收入中的大部分储蓄起来,2008年二季度我国货币乘数降至3.84,三季度降至3.81,创2003年以来的最低水平。尽管利率大幅度下降,但投资和消费难以刺激,储蓄存款仍大幅度增加。

(案例来源　根据《南方都市报》2008年12月戎明迈文章改编)

思考题:
1. 以上事件说明了什么经济现象?在我国其产生的原因有哪些?
2. 什么是LM曲线?不同形状的LM曲线形成的原因及政策意义是什么?
3. 为什么说在流动偏好陷阱状态我国扩张的货币政策效果不明显?

案例评析:

1. (1) 文中论述的事件说明了"流动偏好陷阱"的存在。流动偏好陷阱是凯恩斯提出的一种假说,指当一定时期的利率水平降低到不能再低时,人们就会产生利率上升而债券价格下降的预期,因而人们有了货币也绝不会再去购买有价证券,不管有多少货币都愿意持有手中的现象。发生流动性陷阱时,政府实施宽松的货币政策增加货币供给也无法降低市场利率,也不能增加国民收入,因而货币政策失效。

(2) 我国流动偏好陷阱产生的主要原因有以下几点:

① 流动性难以释放到消费领域。从我国居民消费反映模式看,我国居民消费主要取决于当前收入和存量财富,与利率无关,利率难以起到刺激消费的作用。2009年,我国居民消费主要受以下因素影响:一是经济下行,企业效益下降,居民收入难以保持高增长,消费受限。短期内利率下降对经济的刺激作用有限,对提高企业效益作用较小。二是银行存款利率下调,由于居民储蓄在居民财富中占比较大,利息下调减少居民财产性收入。三是,利率下降,但物价下降速度更快,实际利率为正,这意味着,即使再度下调利率和存款准备金率,居民还是会将相当的收入储蓄起来而不是增加消费支出,增加的流动性不会释放到消费领域。

② 流动性难以释放到实体投资领域。2009年我国经济还处于下行周期中,存货消化还需一年左右,企业设备投资恢复还需3年左右,由于居民购买力下降、产能过剩、企业效益下降等原因,自主投资会明显下滑。尽管2009年货币充裕,利率降低,银行信贷额度取消,但货币流动性难以释放到投资领域。

2. LM曲线是描述货币市场均衡时国民收入和利率之间关系的曲线。在LM曲线上任何一点的国民收入和利率的组合,都代表着货币市场的均衡。

LM曲线斜率为$\frac{k}{h}$,k为边际持币倾向,表示每增加一单位的国民收入需要保持在手中的出于交易动机和谨慎动机的货币量,一般较为稳定,因此,LM曲线斜率主要取决于投机动机需求对利率变动的敏感系数h。当$h \to 0$时,国民收入对利率完全没有弹性,LM为一与横轴垂直的直线;当$h \to \infty$时,国民收入对利率具有完全弹性,LM为一与横轴平行的直线;当h介于0和∞之间时,LM曲线向右上方倾斜。因此,LM曲线可分为三个区域:水平的LM曲线——凯恩斯区域($h \to \infty$),向右上方倾斜的LM曲线——中间区域,垂直的LM

曲线——古典区域($h\to 0$)。

凯恩斯区域也称萧条区域,LM 曲线呈水平状,在这一区域,如果政府希望通过扩张的货币政策来刺激国民收入增加将是无效的,相反通过扩张的财政政策却可以取得完全的效果。在古典区域,LM 曲线呈垂直状,在这一区域,扩张的财政政策只能导致利率上升而国民收入不变,而扩张的货币政策既能使利率下降,还能使国民收入增加,因此货币政策完全有效而财政政策完全无效。而在中间区域,政策效果取决于 LM 曲线斜率。

3. 理由:

当经济处于流动偏好陷阱状态时,利率极低,此时 LM 曲线斜率为零,LM 曲线呈水平形状,也就是进入了凯恩斯区域。货币政策将导致 LM 曲线发生位置移动,若采用扩张的货币政策,增加货币供给量,LM 曲线将向右方移动,在 IS 曲线位置既定情况下,水平移动的 LM 曲线无法使利率下降,利率将保持原有水平;当利率不变时,作为对利率变化较为敏感的投资将不会增加,总需求无法增加,从而国民收入也不会增加,这就是导致流动偏好陷阱状态下我国扩张的货币政策效果不明显的原因。

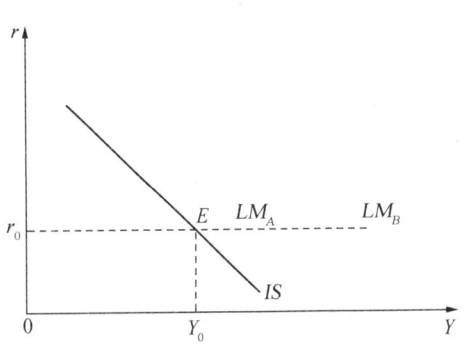

流动偏好陷阱状态下扩张的货币政策效果

右图中,r_0 代表某一极低的利率水平,IS 曲线位置既定,在实施扩张性货币政策之前,LM 曲线位置由 LM_A 表示,LM_A 与 IS 交于 E 点,对应的均衡国民收入为 Y_0。实施扩张性货币政策之后,LM 曲线位置由 LM_B 表示,LM_B 与 IS 曲线仍交于 E 点,均衡国民收入也为 Y_0,均衡国民收入无变化,可见,扩张的货币政策在"流动偏好陷阱"状态下无效。

【案例 B】 战争与经济

大多数美国学者认为越南战争始于 1965 年,结束于 1973 年 1 月 27 日《巴黎协定》的签署。为应付越战,从 1965 年年初到 1966 年年末,美国驻越南军队由不足 2.5 万人急剧增到 35 万人以上。军队人数增加使得军费开支扶摇直上,从 1965 年到 1966 年间,美国政府支出增加了 550 亿美元(按 1987 年美元计算)。学者们估计,1965—1973 年间越战的直接支出大致在 1 000 亿到 1 500 亿美元之间,占同期美国国防支出的 21.2%左右,占当时 GDP 的比重约 1.5%,间接支出最大的就是人力的损失,美军死亡人数大约 5.8 万人,除此之外还有战后对退伍军人的补助金支出。有的学者根据美国历次战争中的退伍军人补助金与战争开支的比例,计算出对越战退伍军人的补助大约为 2 200 亿美元。与此同时,美国的货币供给量(M_1)几乎没有变动:1965 年为 5 910 亿美元,1966 年为 5 850 亿美元(均按 1987 年美元计算),同期三个月期国库券利率从 3.95%升至 4.88%。

战争对美国经济的影响是:① 对产出的影响。1964 年,很多经济学家和商界人士都担心美国经济会在 1965 年开始陷入衰退,但越南战争的升级给了它新生,迅速增加的军事开支对美国经济产生了极大的直接推动,为经济发展创造了良好的氛围,并促进了私人消费和投资,GDP 从 1965 年的 24 710 亿美元增至 1966 年的 26 160 美元,增加了 1 450 亿美元;纽约联邦储备银行的一份报告认为,1966年新增加的GDP的25%是由扩大了的防务支出创造的。② 对就业的影响。战争可以促进就业,在60年代初期,美国的失业率一直很高,越战开始后显著下降,1966—1969年间失业率在4%以下,1965—1968年新产生了770万个工作机会,其中32%即240万个工作机会是由军事及国防工业创造的。③ 对物价的影响。大多数学者认为,不断增加的军事开支加剧了美国国内通货膨胀。从1965年到1970年,美国消费物价指数的年增长率分别为1.6%、3.0%、2.8%、4.2%、5.4%、5.9%,通货膨胀呈加速发展趋势,当时经济学家们都认为,应提高税收以免经济过热,并使IS曲线重新向左移以降低利率。但是,1963年上任的约翰逊(Lyndon B. Johnson)总统认为通过提高税收来支付越来越不受人们欢迎的战争,在政治上是行不通的,因此直到1968年仍未提高税收。最终,过热经济造成了通货膨胀和前所未有的高利率,并在70年代成为困扰美国经济的重要因素。

(案例来源 根据百度文库相关资料编辑)

思考题:

1. 移动IS与LM曲线对产出和利率有何影响?
2. 用IS—LM模型分析越南战争对美国经济的影响。
3. 你认为采取什么措施能避免当时的通胀现象?

案例评析:

1. 移动IS曲线是财政政策的结果,导致IS曲线移动的因素主要有税收、政府购买、政府转移支付等。扩张的财政政策导致IS曲线右移,结果是产出增加,利率上升;紧缩的财政政策导致IS曲线左移,结果是产出减少,利率下降。移动LM曲线是货币政策的结果,货币政策工具主要包括公开市场业务、存款准备金率和再贴现率等。间接的货币政策主要是变动流动领域的货币供给量,扩张的货币政策使LM曲线向右下方移动,结果是产出增加,利率下降;紧缩的货币政策使LM曲线向左上方移动,结果是产出减少,利率上升。

2. 越南战争初期,由于美国货币供给量(M_1)几乎没变动,在右图中表示为LM曲线位置不变;政府增加军费开支属于扩张的财政政策,扩张的财政政策使IS曲线从IS_1右移到IS_2,结果是经济由E_1点移动到E_2点,GDP增加,利率上升。这也正是1965年至1966年的真实写照:GDP从24 710亿美元增至26 160美元,增加了1 450亿美元,三个月期国库券利率从3.95%升至4.88%。

3. 针对通货膨胀,政府可采取使IS曲线左移或LM曲线向右下方移动的措施,即紧缩性财政政策或扩张性货币政策或者两种政策的同时配合使用。具体而言,若国防开支无法减少,那么能使用的财政政策就是增加税收或减少转移支付,使IS曲线左移,降低产出水平,减少消费以此来降低物价水平;为了避免利率过高,可采取在公开市场回购政府债券,调低存款准备金率,降低再贴现率等方法,增加货币供给量,使LM曲线向右下方移动以达到降低利率

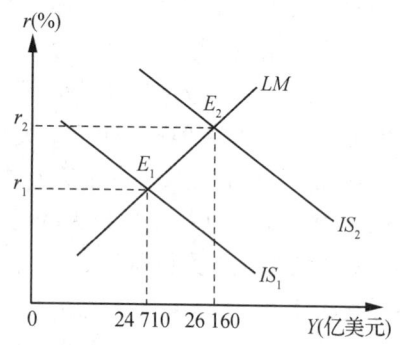

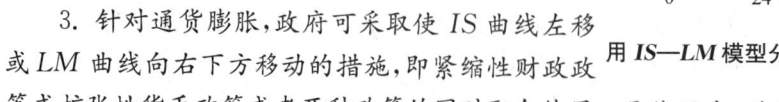

用IS—LM模型分析越战对美国经济的影响

的目的;这种紧缩的财政和货币政策可单独使用,也可以配合使用,视当时经济情况而定。

【案例 C】 *IS—LM* **模型与我国政策效果分析**

2008年9月以后,我国政府实施了积极的财政政策和适度宽松的货币政策以应对金融危机。在财政政策方面,主要采取三种措施,一是加大政府购买,2008年国家投资4万亿元拉动内需;二是实行结构性减税,用减税、退税或抵免的方式减轻税负,促进企业投资和居民消费;三是四次调整出口退税率,为出口企业缓解困难、减少金融危机带来的负面影响提供有力支持。在货币政策方面,采取宽松的货币政策,五次下调基准利率,四次下调法定存款准备金率。2008年9月25日,央行宣布,除了工商银行、农业银行、中国银行、建设银行、交通银行、邮政储蓄银行暂不下调外,其他存款类金融机构人民币存款准备金率在原来17.5%的基础上下调1个百分点。之后,我国央行再次宣布从2008年10月15日起下调存款类金融机构人民币存款准备金率0.5个百分点。11月26日央行又第三次宣布下调法定存款准备金率,即从2008年12月5日起,工商银行、农业银行、中国银行、建设银行、交通银行、邮政储蓄银行等大型金融机构下调1个百分点,中小型存款类金融机构下调2个百分点。随后中国人民银行又决定从2008年12月25日起,下调0.5个百分点。这一系列财政和货币政策的实施,使得我国GDP在全球金融危机的背景下依然实现了9%的增长率。在应用 *IS—LM* 模型分析我国财政政策和货币政策效果时,有学者根据相关资料计算出2008年四季度财政政策拉动经济增长19.29%,而同期货币政策对经济的拉动为12.87%,财政政策效果大于货币政策,不少学者也得出了我国财政政策比货币政策效果更大的结论。他们认为:① 中国 *IS* 曲线斜率大于一般市场经济国家,比较陡峭。理由是由于我国市场经济体制还不完善,政府在企业投资中存在一定影响,使得企业投资对利率的反应没有一般市场经济国家敏感,从而导致中国的 *IS* 曲线比一般市场经济国家的 *IS* 曲线陡峭。另一方面,我国社会保障体系不完善,预防性储蓄加大,导致储蓄率较高,边际消费倾向较低,这也使得 *IS* 曲线较正常情况下更为陡峭。② *LM* 曲线斜率较小,曲线趋于平坦。理由是:不完善的社会保障体制使我国居民对货币的预防性需求急剧膨胀,从而打破了收入与消费之间的稳定关系,使我国基于货币交易需求的收入弹性不再稳定,导致 *LM* 曲线不断趋向平坦。

当然,有的学者认为由于货币需求的利率弹性与投资需求的利率弹性相比更小,因此,*LM* 曲线比 *IS* 曲线更为陡峭;有的学者认为我国 *IS* 曲线是一条较为陡峭的向右上方倾斜的曲线,而 *LM* 曲线具有不稳定性,理由一是上述预防性需求加大使得 *LM* 曲线趋向平坦,二是由于我国目前金融市场、资本市场尚不十分完善,广大居民缺乏多种投资渠道,利率的变化对人们的投机性货币需求影响并不大,投机需求的利率弹性较小,使得 *LM* 曲线比较陡峭。

思考题:
1. *IS* 曲线和 *LM* 曲线的斜率是如何影响政策效果的?理由是什么?
2. 利用 *IS—LM* 模型来分析我国财政政策和货币政策的选择和配合。
3. 关于我国 *IS*、*LM* 曲线的形状,你持哪种观点?请陈述理由。

案例评析：

1. 对于财政政策效果，在 $IS—LM$ 模型中，IS 曲线越平坦，LM 曲线越陡峭，财政政策效果就越小；相反，IS 曲线越陡峭，LM 曲线越平坦，财政政策效果就越大。

这是因为：第一，IS 越平缓，表示投资的利率系数越大，从而利率上升所导致的投资减少就越多，从而使"挤出效应"更大些。第二，LM 越陡（h 值较小），货币投机需求利率系数越小，同样一笔政府支出的增加所引起的实际货币需求的增加所导致的利率上升就越大，因而"挤出效应"就越大；

对于货币政策效果，IS 曲线越平坦，LM 曲线越陡峭，货币政策效果越大；反之，IS 曲线越陡峭，LM 曲线越平坦，货币政策效果越小。

这是因为：第一，IS 曲线越平坦，表示投资利率系数较大，因此货币供给增加使得利率下降时，投资和国民收入会增加很多，政策效果越大，反之越小。第二，LM 曲线越平坦，表示货币需求受利率的影响较大，即利率稍有变动就会使货币需求变动很多，因而货币供给量变动对利率变动的作用较小，从而增加货币供给量的货币政策就不会对投资和国民收入有较大影响，政策效果就小，反之就大。

2. 当经济萧条但又不太严重时，可采用扩张性财政政策和紧缩性货币政策相配合，用扩张性财政政策刺激总需求，又用紧缩性货币政策控制通货膨胀；当经济发生严重通货膨胀时，可采用紧缩性财政政策和紧缩性货币政策相配合，用紧缩货币来提高利率，降低总需求水平，用紧缩财政以防止利率过分提高；当经济中出现通货膨胀又不太严重时，可采用紧缩性财政政策和扩张性货币政策相配合，用紧缩财政压缩总需求，又用膨胀性货币政策降低利率，以免财政过度紧缩而引起衰退；当经济严重萧条时，可采用扩张性财政政策和扩张性货币政策相配合，用膨胀财政增加总需求，用扩张货币降低利率以克服"挤出效应"。

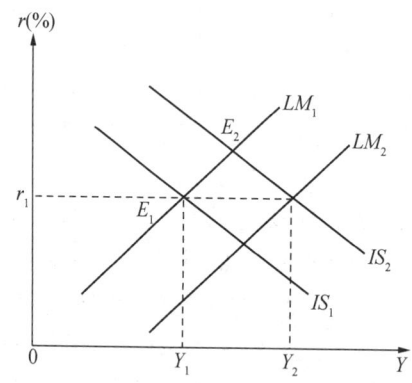

用 $IS—LM$ 模型分析我国财政和货币政策的选择和配合

3. 自由发挥。

第十三章 AD—AS 模型

13-1 理论要点

西方经济学中的供求规律表明,价格和产量是由供求关系所决定的。其中微观经济学主要研究某种商品价格和产量的供求规律,而宏观经济学主要研究整个社会价格和产量的供求规律,整个国民收入是宏观经济学的核心研究内容之一。本章通过建立 AD—AS 模型,重点研究产量(收入)和价格水平之间的关系,即考察价格水平发生变动时社会产出(国民收入)水平的相应变动程度。

一、总需求的含义

总需求(Aggregate Demand,AD)是指在一定时期内经济体系在任何可能价格水平下对最终产品和劳务需求所形成的有效需求总和。其常常用产出(国民收入)水平衡量。四部门经济的总需求由家庭部门、企业部门、政府部门和国外部门对本国产品和劳务的需求所构成,即消费需求、投资需求、政府需求和国外需求四部分。总需求曲线(AD 曲线)用于描述经济社会中的产品市场和货币市场同时均衡时社会产出(国民收入)水平与价格水平之间关系的曲线。

二、价格水平变动的效应

价格水平变动所带来的社会产出(国民收入)变化主要表现在以下几个方面:利率效应、实际货币余额效应、税收效应、外贸效应和跨期替代效应。① 利率效应是指当价格水平上升时实际货币供给量减少,在名义货币供给及其他因素不变的情况下,利率上升,从而抑制投资需求,进而导致总需求下降;反之,总需求增加。价格水平变动引起利率同方向变动,进而使投资和产出水平反方向变动的情况,被称为利率效应。② 实际货币余额效应又称为庇古财富效应,是指当价格水平上升时,在名义货币供给不变的情况下,消费者变得相对贫穷,消费支出减少,导致总需求减少;价格水平下降,消费者变得相对富裕,消费支出增加,总需求增加。③ 税收效应是指当价格水平上升时,增加人们的名义收入,名义收入的增加会使人们进入更高的纳税档次,从而使人们税负增加,可支配收入下降,进而使人们的消费水平下降。④ 外贸效应是指本国商品价格上升,会使本国商品相对于外国商品更昂贵,导致本国商品的出口减少,同类商品的进口增加,净出口需求减少,进而总需求减少。⑤ 跨期替代效应是指当今年价格上升且预期明年价格将有所回落,消费者有可能延期即期消费,导致现期总需求水平下降。

三、宏观经济政策对总需求曲线的影响

扩张型宏观经济政策(财政政策和货币政策)使 AD 曲线右移;反之,左移。其中财政政策包括自发投资、政府购买支出、政府转移支出、税收等内容;货币政策包括货币供应量、存款准备金、利率、汇率等政策。另外,技术进步、战争、革命等非经济性因素亦会导致 AD 曲线位置移动。

四、总供给的含义

总供给(Aggregate Supply,AS)是指一定时期经济制度、资源数量和技术水平既定情况下,经济体系在任何可能价格水平下实际可以提供给市场的可供最终使用的产品和劳务总量。

五、短期总供给曲线和长期总供给曲线

短期总供给曲线包括古典总供给曲线、凯恩斯主义总供给曲线、常规(一般形式)总供给曲线。其中,古典总供给曲线为一条等于充分就业量的垂直线;凯恩斯短期总供给曲线是一条向左上方倾斜的曲线;常规短期总供给曲线呈向右上方倾斜的形状。长期总供给曲线是一条位于经济充分就业的潜在产量水平上的垂线。

六、AD—AS 分析

扩张性的财政政策和货币政策都会导致 AD 曲线右移,在总供给不变情况下,使得均衡产量上升,均衡价格上升;相反,紧缩性的财政政策和货币政策都会导致 AD 曲线左移,使得均衡产量下降,均衡价格下降。当 AS 曲线斜率越大时,AS 右移使国民收入增加较多,而平坦时增量较少甚至为零。

13-2 案例分析

【案例1】 如何理解总需求?

[案例A] 中国经济恢复的迹象

2017年7月17日,国家统计局公布了2017年上半年全国经济运行情况的成绩单。据初步核算,上半年国内生产总值(GDP)381 490亿元,按可比价格计算,同比增长6.9%,这也是经济增速连续8个季度保持在6.7%至6.9%的区间。

其中,社会消费品零售总额172 369亿元,同比增长10.4%,增速比一季度加快0.4个百分点,比上年同期加快0.1个百分点。其中,限额以上单位消费品零售额76 953亿元,增长8.7%。按经营单位所在地分,城镇消费品零售额147 786亿元,增长10.1%;乡村消费品零售额24 583亿元,增长12.3%。按消费类型分,餐饮收入18 546亿元,增长11.2%;商品零售153 822亿元,增长10.3%,其中限额以上单位商品零售72 420亿元,增长8.8%。消费升级类商品销售增长较快,文化办公用品增长11.8%,体育娱乐用品增长17.1%,家具增长13.4%,建筑及装潢材料增长13.9%。6月份,社会消费品零售总额同比增长11.0%,比上月加快0.3个百分点,环比增长0.93%。

全国固定资产投资(不含农户)280 605亿元,同比增长8.6%,增速比一季度回落0.6个百分点。其中,国有控股投资102 022亿元,增长12.0%;民间投资170 239亿元,增长7.2%,比1~5月份加快0.4个百分点,比上年同期加快4.4个百分点,占全部投资的比重为60.7%。分产业看,第一产业投资8 694亿元,增长16.5%;第二产业投资105 807亿元,增长4.0%,其中制造业投资86 809亿元,增长5.5%,比1~5月份加快0.4个百分点,增速连续两个月回升,比上年同期加快2.2个百分点;第三产业投资166 104亿元,增长11.3%。基础设施投资59 422亿元,增长21.1%,比1~5月份加快0.2个百分点,比上年同期加快0.2个百分点。高技术产业投资快速增长,高技术制造业和高技术服务业投资同比分别增长21.5%和22.3%,分别快于全部投资12.9和13.7个百分点。固定资产投资到位资金286 275亿元,同比增长1.4%,增速由负转正。新开工项目计划总投资237 258亿元,同比下降1.2%,降幅比1~5月份收窄4.4个百分点。从环比看,6月份固定资产投资(不含农户)比上月增长0.73%。

进出口总额131 412亿元,同比增长19.6%。其中,出口72 097亿元,增长15.0%;进口59 315亿元,增长25.7%。进出口相抵,顺差12 782亿元。一般贸易进出口比重提升,上半年一般贸易进出口增长20.5%,占进出口总额的56.7%,比上年同期提高0.4个百分点。机电产品仍为出口主力,上半年机电产品出口增长14.6%,占出口总额的57.2%。对部分"一带一路"沿线国家的进出口增长,上半年我国对俄罗斯、巴基斯坦、波兰、哈萨克斯坦等国进出口分别增长33.1%、14.5%、24.6%和46.8%。6月份,进出口总额24 043亿元,同比增长19.8%。其中,出口13 493亿元,增长17.3%;进口10 550亿元,增长23.1%。

(案例来源　统计局:"上半年GDP增6.9% 房地产销售面积连跌7月后恢复上涨",《凤凰财经》,2017-07-17)

思考:
1. 从总需求的构成要素来看,2017年社会总需求如何促进了中国经济的复苏?
2. 如何判断2017年社会总供给(AS)的状况?
3. 根据AD—AS模型,分析2017年的宏观经济发展状况。

[案例B]　**奥运会对巴西经济的影响**

1984年洛杉矶奥运会是历史上第一次由民间承办的奥运会。美国商界奇才尤伯罗斯创造性地将奥运和商业紧密结合起来,并使1984年洛杉矶奥运会成为"第一次赚钱的奥运会",赢利2.5亿美元,成为奥林匹克事业的里程碑。奥运会一改往日的"赔本赚吆喝"的困顿,拥有了"镶金边儿的变成钱"的超级能力,成为举办国可贵的财富来源。"奥运经济"一词由此出现。

1988年,韩国首尔借主办奥运吹响"汉江奇迹"号角,自申办成功的1981年至1988年,经济增长率平均达12.4%,成功迈入经济增长快车道,使韩国的国际形象和经济实力得到显著提升,被认为"成功迈入现代化行列"。1992年,西班牙巴塞罗那(1992)通过主办奥运带动了整个加泰罗尼亚自治区经济的发展,该城市一度被誉为"欧洲经济发动机",这属于国家经济发展战略层面上的"正效应";奥运会主办往往伴随着大兴土木,刺激了建材、建筑、旅游、酒店等相关产业的蓬勃发展,并刺激了就业。一些主办城市利用奥运有意识地引导城市建设和发展,并取得了显著成果。这方面突出的例子,包括东京为主办奥运兴建了一系列地标性建筑和两条高铁,彻底改变城市天际线,让东京一举迈入现代化大都市行列;墨西哥城借举办奥运的春风,促进了著名的加拉加斯大学城新城区建设,推动了城市布局和功能区的完善,为此后墨西哥城的大发展奠定了基础;中国人所熟知的北京奥运对北京城建、交通面貌发展的推动作用等。旅游业、酒店业和奥运边际产业也往往是"正面后奥运效应"的受益者。例如,亚特兰大凭借1996年举办奥运会,发展成为北美互联网最发达的城市和著名的"会展之城",澳大利亚利用奥运不仅成功推展了旅游和展览业,更让自己的国际教育产业在全球打响。奥运经济刺激了一些新兴产业的发展。一些主办国巧妙地利用奥运效应,形成了一些优势产业,如罗马,别出心裁地将摔跤、体操、马拉松终点等比赛放在古罗马马克辛奇巴西利卡角斗场、卡拉卡拉大浴场和君士坦丁凯旋门等著名历史古迹,成功强化了罗马城"黄金旅游目的地"形象;慕尼黑通过兴建奥林匹克公园,使其原本就有一定基础的园林设计产业获得更大发展和国际知名度;伦敦也通过主办奥运,让本已蜚声全球的新兴创意产业影响力更为强大。

根据权威资料显示,1988年的汉城奥运会赢利3亿美元,1992年的巴塞罗那奥运会赢利5 000万美元,1996年的亚特兰大奥运会赢利1 000万美元,2000年的悉尼奥运会收入17.56亿美元,2008年的中国北京奥运会收入约10亿美元。

2016年,第31届夏季奥林匹克运动会在巴西里约举办,奥运会的举办对巴西国家的经济发展产生了较为明显的经济效应。

(案例来源 《奥运经济:从总体来看,举办奥运会到底是赚钱还是亏本》,《澎湃新闻网》,2016-08-10)

思考题:

1. 结合总需求理论分析为什么一般举办奥运会时会促进该国家和地区的经济发展?
2. 里约举办奥运会给巴西国家哪些有利的经济刺激作用?

案例评析:

[案例A]主要描述了2017年上半年我国国民经济整体运行状态呈"稳中有进、稳中向好"的发展态势。从中可以看出,构成社会总需求的消费需求、投资需求和国外需求均出现不同程度的增长趋势,同时上半年我国国内生产总值亦相应地增长。从上面的资料可以看出,2017年上半年,国内生产总值(GDP)高达381 490亿元,同比增长6.9%。从居民消费需求角度来看,居民消费水平不断提高,其中上半年社会消费品零售总额172 369亿元,同比增长10.4%;从投资需求的角度来看,投资规模庞大,其中上半年全国固定资产投资(不含农户)280 605亿元,同比增长8.6%;从国外需求的角度来看,在全球经济疲软的背景下,我国的进出口贸易仍然保持较快的增长速度,其中上半年我国进出口总额为131 412亿元,同比增长19.6%。其中,出口额为72 097亿元,增长15.0%;进口额为59 315亿元,增长25.7%;贸易顺差为12 782亿元。基于AD—AS模型分析来看,一方面,消费需求、投资需求和国外需求的增加,均会使产品市场IS曲线向右下方平移,扩大社会总需求(AD);另一方面,2017年上半年我国社会总供给仍处于较高增长状态,AS曲线亦向右上方平移。通过AD—AS曲线的变动趋势可以看出,2017年我国均衡的国民收入Y将增加,而均衡的物价水平将可能出现上涨的情况。总体来看,2017年我国经济增长仍将保持良好的增长态势,

经济复苏的迹象明显。

[案例 B]从总需求的角度来看,揭示了奥运会的成功举办对一国总需求的扩张型效应。奥运经济主要表现在对一国投资、消费、就业等方面的影响。从投资的角度来看,奥运会赛事的举办会拉动一国行业投资规模,如相关比赛场馆、运动员村、记者村、传媒通信设施的投资,道路、机场、地铁等交通项目投资,水、电、热、气等市政建设项目,还有控制污染、治理污染、绿化等环保费用,还将带动相关建筑业、建材业、通信业、环保产业、科研与综合技术服务业的发展,并通过传导和辐射效应波及上下游关联产业和国内其他地区。从消费的角度来看,这些将为主办地区增加额外消费需求,这些消费需求主要集中在交通运输业、邮电业、卫生体育业、社会服务业、商业、餐饮业、教育、文化、艺术、广播、电影、电视等领域。可以认为,奥运投资在很大程度上是为了满足这种外部有效需求而进行的先行投资,以此来增加其有效供给。从就业的角度来看,奥运会的举办国增加了就业机会,就业率不断提高,居民收入提高为消费的增加奠定了基础。例如,汉城奥运会新增就业岗位 30 万,北京奥运会创造了 150 个就业岗位,里约奥运会甚至创造了成千上万个就业机会。

【案例 2】 价格水平变动对总需求与总供给的影响

[案例 C] 物价上涨对居民生活的影响

2017 年 1 月 20 日国家统计局公布的数据显示,2016 年全年居民消费价格(CPI)比上年上涨 2.0%,全年工业生产者出厂价格(PPI)比上年下降 1.4%,但是 12 月份同比上涨 2.1%,如下图所示。

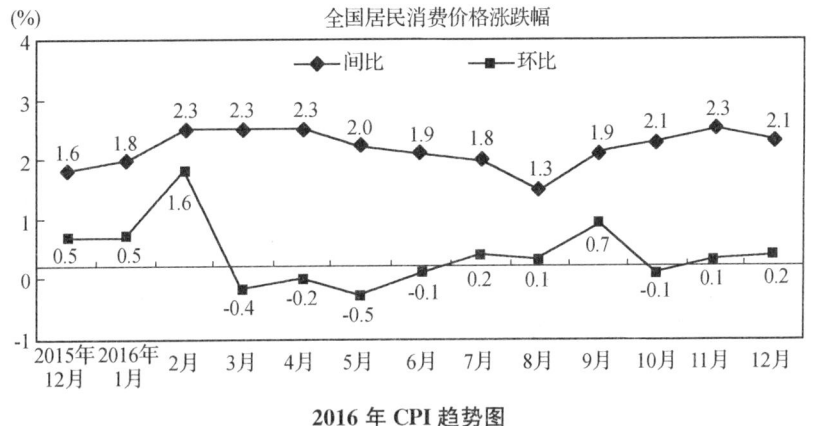

2016 年 CPI 趋势图

(案例来源 国家统计局)

分析人士称,2016 年居民消费价格温和上涨,工业生产者价格月度同比由降转升,2017 年趋势平稳。

"二师兄"拉动 CPI 温和上涨

根据国家统计局公布的数据,2016 年全年居民消费价格比上年上涨 2.0%,涨幅与前三季度持平。其中,城市上涨 2.1%,农村上涨 1.9%。分类别看,食品烟酒价格上涨 3.8%,衣着上涨 1.4%,居住上涨 1.6%,生活用品及服务上涨 0.5%,交通和通信下降 1.3%,教育文化和娱乐上涨 1.6%,医疗保健上涨 3.8%,其他用品和服务上涨 2.8%。显然,食品烟酒价格和医疗保健上涨的幅度最大。数据也显示,在食品烟酒价格中,猪肉和鲜菜价格上涨最猛。其中,猪肉价格上涨16.9%,鲜菜价格上涨11.7%。

国资委研究中心研究员胡迟向第一财经记者解释道,全年居民消费价格比上年上涨2.0%这个数字反映了新常态下物价还是平稳的,没有明显的通胀或通缩。"因为宏观调控得力,经济结构得到了有效转换,服务业在提升,制造业也在往高端走"。

胡迟说:"猪肉价格上涨幅度较大,是因为赶上了上行周期,前几年猪肉价格长期低迷,今年就比较高。鲜菜价格上涨幅度较大,一般是因为极端天气,比如说夏天天气太热或者干旱、洪灾,冬天则是天气太冷,这些都会影响物流,增加运输成本,或者影响蔬菜的供给。"

2012年至2013年,生猪养殖业大多处于保本微利时期,2014年和2015年则处于亏损严重期。2016年3月份以后,猪肉价格连续几个月上涨,并直逼2011年创下的19.6元/斤的历史高点。而2016年夏季,南方遭遇特大暴雨袭击,多地爆发特大洪水,农作物受损减产。

胡迟分析,医疗保健上涨幅度大主要是因为医改。"各地已经拉开了医改大幕,医疗服务的费用提高。另外,保健是奢侈的需求,价格越高,涨得也就越高。"

另外,央行发布了2016年第一季度城镇储户问卷调查报告,报告分析了储蓄意愿、投资和消费意愿、物价感受指数、收入感受指数等居民消费投资关键指标。调查结果显示,居民偏爱的前三位投资方式依次为:"基金及理财产品""债券"和"实业投资",选择这三种投资方式的居民占比分别为33.4%、14.7%和12.5%。今年第一季度,"股票"已经跌出了居民偏爱的前三位投资方式。而去年第四季度,"股票"以14.7%位居第三位,比第三季度回升了0.2个百分点。

报告同时显示,居民储蓄意愿有所上升,而投资和消费意愿则有所下降。其中,倾向于"更多储蓄"的居民占44.1%,较上季提高2.1个百分点;倾向于"更多消费"的居民占20.3%,较上季回落0.5个百分点;倾向于"更多投资"的居民占35.6%,较上季回落1.6个百分点。对此,随手记金融研究院的研究员程龙认为,由于2月份春节期间许多家庭都存在提前消费的情况,且3月份也没有大的节假日来刺激消费,居民一季度的消费意愿普遍不高。此外,食品类的物价上涨也导致居民消费意愿有所下降。调查报告显示,52.7%的居民认为"物价高,难以接受",较上季提高1.7个百分点。

九泰基金最新报告认为,这只是暂时的季节性因素。从3月份开始,通胀水平控制在合理的区间,后续随着蔬菜供给的增加以及猪肉价格涨幅的边际下降,通胀上行空间有限,预计4月份CPI为2.5%~2.6%。即使猪价继续超预期飙升(25元/公斤),菜价回落较慢,年内CPI亦难以突破3%。

(案例来源 《物价上涨,首季居民投资消费意愿下降》,信息时报2016年4月11日;王玉凤:《"二师兄"拉动2016年CPI温和上涨 2017年物价预期平稳》,《第一财经》,2017年1月20日)

思考题:
1. 价格水平的变动是如何影响居民消费需求的?
2. 结合资料分析物价上涨的实际货币余额效应。

[案例D] 物价上涨对税收的影响

财政部网站2011年7月19日发布《2011年上半年税收收入情况分析》,对上半年税收情况做了详细分析,上半年税收主要有以下特点。

从总量来看,1~6月全国税收总收入完成50 028.43亿元,同比增长29.6%,增速较去年同期下降1个百分点。《2011年中央和地方财政预算草案》所制定的2011年财政预算可安排的收入总量为91 220亿元,目前已经完成全年财政预算收入的55%。若仅从税收收入角度看,今年上半年完成税收总额相当于去年税收总收入的68%。从总量上来看,2011年税收能够完成全年目标。

从主要税收品种构成比例来看,主要税种占税收总额的比重较去年同期都有显著增加。其中,增值税与企业所得税总和占上半年税收总额的近一半。营业税和进口税占比近30%,消费税和个人所得税占比均不足8%。房产税和资源税占比均在1%左右。

从主要税种占税收总额比重的增加幅度来看,企业所得税、增值税在税收总额中的占比较去年同期增加幅度较大,占比的增幅均超过10%。房产税和资源税占比增幅较去年同期都有上升,但升幅均未达到1%。

从主要税种各自增速来看,资源税以44.9%的同比增速居于增速前列。常规的主要税种当中,企业所得税以同比增长38.3%的幅度居于增速前列,进口税和个人所得税分别以37.1%和35.4%的增幅紧随其后,房产税同比增长24.4%。

税制结构仍不合理,不利价格管理。直接税税种个人所得税的增幅35.4%,其占比却不足8%,增值税、消费税、营业税等间接税种增速不及个税但占比却将近五成。企业所缴纳税种比例过高,催生企业通过产品价格转嫁税收负担的偏好,特别是在通胀环境中会强化这种转移偏好。

按照财政部的分析,1~6月税收增长较快的主要原因有:一是经济平稳较快增长,企业效益提高,带动了国内各主体税种收入的增长。二是价格因素。我国绝大多数税种都是从价税,价格的上涨带动了以现价计算的税收收入增长。三是受上年企业所得税和去年末进口环节税收跨年汇算清缴和年初集中。

(案例来源 黄君杰、樊学栋:《上半年税收较快增长,物价上涨是重要原因》,全景网2011-07-20)

思考题:
1. 如何认识物价与税收收入之间的关系?
2. 分析物价、税收对居民消费需求的影响。

[案例E] 物价上涨对出口贸易企业的影响

2007年上半年我国经济总体上保持了平稳快速增长的态势,但目前我国物价不断上涨,这不仅给世界通货膨胀拉响了警报,也让中国出口企业面临着生死考验。

突击出口助推成本上涨

国务院发展研究中心研究员王慧炯向记者介绍说,"物价上涨的一个主要原因,是出口与消费增长引发原材料和消费品价格提高。"我国今年上半年进出口总额接近1万亿美元,同比增长24%左右。"由于7月出口退税下调即将进入实施阶段,这使得国内出口企业将出口量推到了今年的新高点,这对于物价上涨起了催化剂的作用。"但王慧炯预计,接下来的几个月,随着出口退税实施走上轨道,政府大力调控和干预,将会让物价上涨缓和很多。

人民币汇率带动出口价格

国际贸易研究所范爱军认为,"人民币汇率变动也是中国出口商品价格增长的主要原因之一。"人民币升值导致出口商为维持获利而不得不提高产品售价。

自 2005 年 7 月外汇制度调整以来,人民币对美元升值累计达到了 9%,已经迫使不少出口商退出市场或提高出口商品价格。由于人民币升值是个长期过程,中国出口商品价格可能还会进一步上扬。此外,中国的出口商品中超过一半属于来料加工装配贸易,进口价格上涨自然会转嫁到出口商品的价格上。

中国物价拉响全球警报

"中国物价上涨和出口商品价格提高,可能是全球性通货膨胀即将到来的一个早期信号。"王慧炯强调说。数十年来,中国廉价出口商品有效地抑制了全球性物价上涨,并让主要工业国家的中央银行得以长久保持低利率甚至是零利率政策,这是推动本轮世界经济增长的一个主要力量。"但中国出口商品正在告别廉价时代,在世界经济加速增长之际,中国或许会成为全球性通货膨胀的发源地。""世界经济已成为一个整体,尽管各国央行和货币政策制定者正在想方设法抑制价格上涨,但来自其他国家的价格传导却给这项工作增加了难度。"

据美国商务部数据显示,5 月份来自中国的进口商品整体价格与上个月相比上涨了 0.3%。6 月份,来自中国进口商品的价格总水平再次上涨了 0.3%。

前美联储主席格林斯潘在 7 月举行的一次新闻发布会上郑重地说:中国出口商品开始涨价是个信号,是全球性通货膨胀的先兆。

出口企业艰难度日

"物价上涨得太快了,连成本都赚不回来,要是产品再不提价,那还不如停工得了。"这是武汉艾迪服饰有限公司总经理李辉的看法,"现在出口生意很难做。人民币每升值 1%,服装出口利润就减少 6%,目前人民币已经累计升值了 9%,出口利润减少了将近一半。7 月 1 日起的服装出口退税大调整,让退税率减少了 2%。如果原料上涨也要企业承担,我们只能放弃海外市场了。"

湖南食品行业联合会宣传负责人李峰说:"物价上涨影响到了各行各业,尤其是食品出口企业,简直是落入了冰窖。"原油价格攀升使出口商品的运输成本有了很大提高。另外,最近美国食品和药物管理局全面加强了对中国输美食品的检验检疫,检验检疫费用高昂,让大部分中国中小出口企业无力承担。

对于农产品出口企业来讲,出口成本上涨也是出口收益下降的主要因素。据 IMF 国际组织预测,2006 年以来,受原材料价格、劳动力成本和能源、运输费用普遍上涨,检验检疫费用涨幅较大(对日出口增长 50% 以上),汇率波动导致换汇成本增加等因素影响,农产品出口的综合成本上升 6% 至 15% 左右。虽然出口商品价格有所上升,但生猪、柑橘罐头、部分蔬菜以及初级加工农产品的利润明显下滑。

苏州磨具锻造有限公司的负责人刘婕告诉记者,"上游产品价格上涨,家电、IT 产品、电动工具、照明设备等领域中的多项产品都受到了影响,其范围涉及我对欧盟出口机电产品总种类的71%。原材料价格上涨,使多数企业的利润空间缩小,加工贸易企业利润空间更小,很难在国际市场上获得价格优势。"

李峰还向记者透露,现在很多企业都想办法缓解物价上涨带来的压力。有的企业建立了联动机制,把产品价格与成本直接挂钩,避免物价上涨带来的损失;有的出口企业实行了进出口对冲,避免因汇率变动导致损失;还有的小企业直接用货物对换的方式来规避风险。另外,购买原料期货也是一个有效手段。"出口商品涨价已经降低了企业的竞争优势,如果产品转内销还能勉强有利润。"

李辉的公司目前加大了国内市场服装的销售,相对减少了出口。但他说,这只是权宜之计,相信用不了多久出口就会出现转机。

(案例来源 杨井鑫:《物价上涨,出口企业日子难过》,中国贸易报,2007-08-21)

思考题:
1. 什么是价格水平变动的外贸效应?
2. 分析物价上涨对出口企业的不利影响。

案例评析:

[案例C]反映了物价上涨所引发的实际货币余额效应(又称为庇古财富效应)。当价格水平上升时,在名义货币供给不变的情况下,消费者变得相对贫穷,消费支出减少,导致总需求减少;价格水平下降,消费者变得相对富裕,消费支出增加,总需求增加。这种效应称为实际货币余额效应。结合资料可以看出,2016年我国物价水平整体上来看较为平稳增长,全年居民消费价格比上年上涨2.0%。其中,食品烟酒价格和医疗保健上涨的幅度最大,均上涨3.8%。根据资料显示,在食品烟酒价格中,与人们日常生活关系紧密的猪肉和鲜菜价格上涨最猛。其中,猪肉价格上涨16.9%,鲜菜价格上涨11.7%。因而,随着CPI水平的不断上升,消费者在名义货币供给不变时的实际收入不断减少,而且消费者用于日常生活必需品的消费支出相对增加,而其他生活消费的支出规模将出现不同程度的下降。整体来看消费者的消费支出水平将不断下降。

[案例D]反映的是价格水平变动所带来的税收效应,即价格水平上升时,导致人们的名义收入增加,会使人们进入更高的纳税档次,从而使人们税负增加,降低其可支配收入,进而使人们的消费水平下降。从2011年上半年的税收收入情况来看,上半年的税收收入实现了较快的增长,主要是因为经济平稳较快增长、物价水平上涨、企业效益较好及将原预算外资金纳入预算管理等因素。其中,一是经济增长带动税收增长。工业增加值增长13.9%(按可比价格计算)、固定资产投资增长23.8%、社会消费品零售总额增长17.1%、进出口总额增长22.5%,相应带动增值税、营业税、进口环节税收等较快增长。二是价格上涨带动相关税收增长。全年居民消费价格同比上涨5.4%,工业生产者出厂价格同比上涨6%,工业生产者购进价格同比上涨9.1%,国内生产总值如按现价计算增长17.4%,带动以现价计算的相关税收相应增加。三是企业效益较好带动企业所得税增长。2010年企业效益较好带动2011年汇算清缴上年企业所得税入库较多,以及2011年企业利润总体增长带动预缴企业所得税增收。四是政策性增收因素。主要是非税收入中相当部分原在预算外专户管理,2011年按有关规定纳入预算管理,属于转移性收入。据地方上报有关数据估算,全年纳入公共预算管理的原预算外资金约2 500亿元,分别使地方和全国财政收入增幅提高6个和3

个百分点。另外,自 2010 年 12 月 1 日起对外资企业征收城市维护建设税和教育费附加等,也带动相关收入增加。

[案例 E]主要描述了物价上涨对出口贸易的不利影响,即价格水平变动的外贸效应。当本国商品价格上升时,会使本国商品相对于外国商品更昂贵,导致本国商品的出口减少,同类商品的进口增加,净出口需求减少,进而总需求减少。另一方面亦说明了出口贸易对物价的反向影响关系。对出口企业而言,物价的持续上涨,会使其生产的原材料成本、劳动力成本、交通运输成本等增加,从而增加其出口产品的成本。为了保证合理的利润水平,出口企业不得不提高出口商品的价格。相比较而言,出口企业出口商品的价格相对于国外同类商品的价格更昂贵,从而导致本国出口的商品数量锐减,增加同类商品的进口,本国商品的国外需求不断减少,从而导致本国总需求的下降。

【案例 3】 宏观经济政策对 AD、AS 的影响

[案例 F] **2017 年宏观经济政策将带来哪些变化?**

积极财政政策仍有空间,将主要根据经济运行变化情况调整力度和节奏。"2017 年经济工作总基调是稳中求进,作为重要的宏观政策,积极财政政策的总基调不会变,但会更有力度、更有效,财政收支运行也将保持平稳态势。"中国财政科学研究院副院长白景明说。

"积极的财政政策对于保持经济平稳增长意义重大,现在经济企稳回升基础尚不牢固,明年需要更加给力的财政政策支持。"上海财经大学公共政策与治理研究院院长胡怡建认为,经济增长仍面临很多不确定性,积极财政政策能够从供给和需求两端共同发力稳增长:在供给侧,通过营改增、资源税改革、小微企业税收优惠等措施,激发新的发展活力;在需求侧,通过政府购买服务、政府与社会资本合作等方式,增强投资对经济增长的拉动作用。

"把沉淀的财政资金挖出来,让财政资金产生更大效用,这也是财政政策积极有效的表现。"白景明说,通过推进预算制度改革,财政部门更严格地执行预算安排,以前那种年底突击花钱的现象减少了,财政资金得到更及时合理的使用。

2016 年,我国将财政赤字率提高到 3% 的水平,增加 5 600 亿元,主要用于减税降费,进一步减轻企业负担,有力地支持了供给侧结构性改革,促进了经济平稳增长。那么,明年赤字水平还会再提高吗?"积极财政政策仍有空间,将主要根据经济运行变化情况调整力度和节奏。"胡怡建预测,明年财政政策总体会保持今年的赤字率水平,如果经济面临更严峻的形势,则可能进一步提高赤字水平。近期,国际石油价格和大宗商品价格出现一定幅度上涨,给经济带来回暖信号,同时也意味着物价可能出现一定程度上涨。白景明认为,物价上涨会相应带来财政支出压力,需要维持一定的财政赤字水平,保证民生等重点领域支出安排。

营改增后,增值税存在四档并存局面,制造业税负有望进一步减轻。

明年是供给侧结构性改革的深化之年,结构性减税政策受到企业广泛期待。在今年营改增已带来 5 000 亿元减税的情况下,明年还有哪些减税政策能给企业降成本?胡怡建介绍,营改增后,我国增值税存在四档并存的局面,包括 17% 的基准税率,13%、11% 和 6% 的税率,存在逐步简并的改革要求,这其中,作为实体经济主力的制造业长期执行的 17% 税率,有望得到下调,进一步减轻制造业的税收负担。

同时,对于小微企业的税收优惠、车辆购置税优惠等还将延续。"从近年来的减税政策看,国家采取的是寓减税于改革的方法,不单纯为了减轻企业负担的短期目标,而是通过减税实现节能减排、扩大内需、创新创业等长远目标。"白景明分析,以1.6L以下乘用车购置税优惠政策为例,虽然是刺激汽车产业发展的"礼包",但并不对所有车辆普遍减税,而是集中于小排量、节能型汽车,从而促进节能减排。12月13日,就在市场担心乘用车购置税优惠政策即将到期退出之时,财税部门发布通知称,明年继续执行购置税优惠政策。伴随减税力度不断加大,近年财政增速也在不断下滑,很多人质疑:财政支出压力增大,减税是否还有足够空间?"对减税政策要长远看,经济增长上去了,自然能带来更多的税收,也就能提供更大的减税余地。"胡怡建,从最早实施营改增的上海市看,第三产业和新兴产业快速增长,已经在很大程度上弥补了减税带来的收入下降,为下一步实施减税拓宽了空间。

明年以及今后一个时期,财税改革会在哪些领域挺进?

"作为牵一发而动全身的一项改革,营改增改变了中央和地方财力分配格局,必然需要推动中央与地方事权和支出责任划分改革。"白景明介绍,过去作为地方政府主要税源的营业税彻底退出历史舞台,目前中央对地方实行增值税增收部分全部返还,明年还将继续进行定额返还,以保证地方必要的财力,但这些是临时性的措施,未来需要渐进式地改革中央和地方收入划分。白景明说,上述改革涉及财税体制、行政管理体制等诸多改革,需要一个过程,不会一蹴而就,应在明确中央和地方的支出责任、事权划分、完善转移支付基础上,稳妥推行。专家认为,营改增的后续改革、综合与分类相结合的个人所得税改革、加快房地产税立法并适时推进改革、资源税和环保税改革等,对完善地方税体系十分关键,将是未来财税改革重头戏。"一段时期以来,社会对个税改革呼声很高,如何让个税更公平,体现不同群体的差异,应该是个税改革的主攻方向。"胡怡建指出,个税改革关乎老百姓的钱袋子,今后应主要着眼于收入分配更加公平,而非单纯提高起征点,要以基础扣除和专项扣除的方式,调高、稳中、补低,使家庭承受能力与税收负担基本匹配。白景明说,当前税制改革特别强调税收法定,无论是个税改革还是房地产税改革,都将在充分征求社会意见的基础上,按照立法先导、循序渐进的原则向前推进。

货币政策要保持稳健中性,不能贸然收紧,也不能太过宽松。

"明年货币政策的基调不会有大的改变,要保持稳健中性,维护流动性基本稳定。但市场面临的不确定性会大大增加,货币政策也要增强灵活性,及时应对可能出现的复杂状况和变化。"交通银行首席经济学家连平说。

连平分析,一方面,经济下行压力依然存在。目前看,明年制造业投资和民间投资仍有可能处于较低水平,基础建设投资上行空间也不是很大。投资还在继续对经济运行发挥关键作用,货币政策不能贸然收紧。另一方面,需求增加带来价格上涨。近段时间,工业出厂价格指数(PPI)回升速度很快,全国居民消费价格指数(CPI)在2%左右,说明市场的流动性还比较充裕,货币政策不能太过宽松。

2017年,市场面临的不确定因素在增加。中国社科院金融所银行研究室主任曾刚分析,从国内来看,从今年下半年开始,市场的不确定性开始变大,特别是在债券市场,最近两个月债券价格出现下跌,说明市场预期和实际操作都在发生实际变化,市场出现拐点。从国际来看,我们面对的环境也愈加复杂,明年美联储继续加息的可能性较大,美国大选后贸易、汇率等政策存在变数,其他主要经济体的经济政策和货币政策趋于分化,外部风险越来越大,这会增加政策操作难度,对政策的灵活性提出更高要求。

"有效引导市场预期,也应成为货币政策重要的组成部分。"曾刚说,过去货币政策更加注重实际操作过程,而对预期形成的引导不足,这会增加市场的不确定因素,比如今年的房市和汇市。未来货币政策要更具前瞻性,通过引导预期,有效管理短期市场的供求关系。

"推动金融改革是为了更好地支持供给侧结构性改革。"连平认为,要让金融资源更高效地助力实体经济发展,金融业自身也要拿出一系列改革动作,从而更好地配置金融资源,提高金融服务效率。比如,今年开始推进债转股、投贷联动、资产证券化等,相信明年在推动实体经济发展方面,这些创新会发挥比较积极的作用。

(案例来源　吴秋余、欧阳洁、王观:《人民日报:2017年宏观经济政策7大变化》,第一财经日报,2016-12-20)

思考题:
1. 分析财政政策对社会总需求与总供给的影响。
2. 分析货币政策对社会总需求与总供给的影响。

案例评析:

[案例F]主要讲述了2017年新常态背景下如何通过财政政策与货币政策有效调节社会总需求与总供给,以实现"经济企稳回升"。从财政政策的角度来看,财政政策主要通过税收、国债、政府购买、转移支付等手段影响社会总需求和总供给,从而实现经济回暖。首先,通过营改增的全面推进、资源税改革的试点工作、小微企业的税收优惠政策等,减轻企业税收负担,激发新的发展活力;其次,通过赤字政策,维持一定的财政赤字水平,以缓释应对经济回暖所带来的财政支出压力,重点保障民生领域的财政支出水平,增强居民消费意愿与能力;第三,实行结构性减税进一步降低企业的税收负担,减少企业的生产成本,增强企业的竞争力;第四,合理划分财权与事权,完善地方税制体系,提高地方政府的财政能力。从货币政策的角度来看,应继续实施稳健中性的货币政策以促进社会总需求与总供给增长。首先,面对经济下行的压力,货币政策应继续发挥对投资的积极作用,增强对民间投资、制造业投资的有效引导作用;其次,由于市场的流动性还比较充实,为避免物价水平的大幅度上涨应实施稳健的货币政策,不能过于量化宽松。

第十四章 失业与通货膨胀

14-1 理论要点

一般情况下，AD 曲线与 AS 曲线相交时常常处于非充分就业状态，失业或（和）通货膨胀因此成为一国经济的常态，损害一国市场经济。为有效地治疗失业和通货膨胀，应全面、系统地认识失业与通货膨胀相关知识点。

一、失业的内涵

失业是指一定年龄范围内，有工作能力、愿意就业，并积极寻找工作而没有按现行实际工作找到工作的人。失业的类型有：① 摩擦性失业，是指在生产过程中由于难以避免的摩擦造成的短期、局部性失业，如劳动力流动性不足、工种转换的困难等所引致的失业，如求职性失业。② 结构性失业是指经济结构变化等原因造成的失业，特点是既有失业，又有职位空缺。③ 周期性失业是指经济周期中衰退或萧条时因需求下降而造成的失业。④ 自愿失业是指工人不愿意接受现行工资水平而造成的失业。⑤ 非自愿失业是指愿意接受现行工资水平人但仍找不到工作的失业。

二、失业的影响与奥肯定律

(1) 社会产量和个人收入减少的损失。奥肯定律：实际 GDP 相对于潜在 GDP 每下降 2%，失业率就上升 1%；换一种方式说，就是，失业率每上升 1%，实际 GDP 将低于潜在 GDP 2%。奥肯定律公式如下

$$\frac{y-y_f}{y_f}=-\alpha(u-u^*)$$

式中：y、y_f 分别代表实际产出、潜在产出，u、u^* 分别代表实际失业率、自然失业率，α 为参数且大于零。

(2) 人力资本的损失。失业对人力资本的损失是双方面的：一方面，失业者已有的人力资本得不到运用；另一方面，失业者无法通过工作增加自己的人力资本。

(3) 不利的社会影响，如较多的心脏病、酗酒、自杀、离婚、吸毒等。

三、通货膨胀的定义

通货膨胀是指一个经济社会在一定时期价格水平持续和显著地上涨。宏观经济学用价格水平来描述整个经济中的各种商品和劳务价格的总体平均数，而价格水平是用价格指数

来衡量的。价格指数主要有消费者价格指数、生产者价格指数和GDP折算系数三种。消费者价格指数的基本意思是，人们有选择地选取一组（相对固定）商品和劳务，然后比较它们按当前价格购买的花费和按基期价格购买的花费。一般来讲，CPI增长率在2‰~3‰属于可接受范围内。我国的实际调控范围一般在4‰~6‰。当CPI略大于3‰时，是温和性的通货膨胀，有利于经济的增长；而当CPI＞5‰时，属于恶性通货膨胀，造成经济衰退。生产者价格指数是用来衡量生产原料和中间投入品等价格平均水平的价格指数，是对给定的一组商品的成本的度量。GDP折算指数（GDP紧缩指数）等于用现期价格衡量的GDP除以用基期价格衡量的GDP。

四、通货膨胀的分类及类型

(1) 通货膨胀的分类：① 按照价格上升速度分为温和的通货膨胀、奔腾的通货膨胀、超级通货膨胀（指通货膨胀率在100‰以上）。② 按照人们的预期程度分为可预期到的通货膨胀（惯性的通货膨胀）、未预期到的通货膨胀。

(2) 通货膨胀的类型：作为货币现象的通货膨胀、需求拉动型通货膨胀、成本推动型通货膨胀（包括工资推动型通货膨胀和利润推动通货膨胀）、结构型通货膨胀。

五、通货膨胀的影响

① 通货膨胀的再分配影响：通货膨胀使固定货币收入者蒙受损失；通货膨胀对节俭者（储蓄者）不利；通货膨胀有利于债务人而不利于债权人；通货膨胀将财富从居民户转移到政府方面。② 通货膨胀对产出的影响：温和的需求拉动通货膨胀引致产出增加；成本推动通货膨胀引致失业；超级通货膨胀导致经济崩溃。

六、菲利浦斯曲线

在其他条件不同情况下，失业率越高，通货膨胀率越低。失业率与通货膨胀率之间存在着反方向变动的关系。

$$通货膨胀率＝货币工资增长率－劳动生产增长率$$

菲利浦斯曲线表明失业率与通货膨胀率之间存在着一种"替换关系"，因此，政府的经济政策可以在其中进行选择，即用一定的通货膨胀率的增加来换取一定失业率的减少，或者用失业率的增加来换取通货膨胀率的下降。长期菲利浦斯曲线为一条等于自然失业率的垂直线，失业率与通货膨胀率之间不存在"替换关系"，宏观经济政策在长期只会使通货膨胀上升，而不会降低失业率。

14-2 案例分析

【案例1】 失业及其治理

[案例A] 青年失业率居高不下

国际劳工组织2016年8月24日发布《2016全球世界就业与社会形势展望报告：青年就业趋势》，根据该报告预测，2016年全球青年失业率将达到13.1‰，并且将持续至2017

年,这高于 2015 年的 12.9%,2016 年全球青年失业人数将达 7 100 万,比去年上涨 50 万,这是 3 年来的最大涨幅。更让人担忧的是,很多年轻人虽然有工作但是仍然生活在极端或者中等贫困中,这在很多新兴经济体和发展中国家尤为常见。事实上,有 1.56 亿或 37.7%的青年就业人群正生活在极端或中等贫困中,而这一比率在成年就业人群中为 26%。

2017 年 1 月 11 日韩国统计厅公布《2016 年 12 月及年度雇佣动向》,显示去年韩国失业人口首次突破 100 万人,15～29 岁青年的失业率再创新高。数据称,去年韩国失业人口达 101.2 万人,同比增加 3.6 万人。这是 2000 年改变失业人口统计方式以来,首次突破 100 万人。全年失业率为 3.7%,创下 2010 年以来的最高纪录。其中,青年失业率达 9.8%,自 2015 年的 9.2% 后再创新高。去年韩国就业人口达 2 623.5 万人,同比增加 29.9 万人,低于韩国政府去年 6 月发布的经济政策方向提出的 30 万人目标,但高于政府去年底预测的 29 万人。另外,以一年为基准,这是 2009 年以来的最低增幅。此前,韩国就业人口同比增幅从 2013 年的 38.6 万人增加到 2014 的 53.3 万人,2015 年起减少到 33.7 万人。

国际劳工组织负责政策事务的副总干事黛博拉·格林菲尔德说:"青年失业人数大幅上涨令人震惊,而贫困就业的青年人数之多同样令人担忧,这表明要实现到 2030 年消除贫困何其艰难,唯有加倍努力,实现可持续经济发展与体面劳动,才能达到这一目标。这份研究同时表明了劳动力市场上年轻女性与男性的比率严重失衡,急需国际劳工组织成员国与社会合作伙伴去解决。"

(案例来源 《全球青年失业率再次上升》,国际劳工组织官网,2016-08-24)

思考题:
1. 分析失业与经济增长的关系。
2. 如何有效地治愈失业?

[案例 B] **青年高失业率持续走高**

近日台湾在 22K 风暴袭击下,低薪问题成为各界讨论焦点,事实上不单是台湾地区,欧美日韩等 OECD 富人国均有日趋严重的青年就业问题。目前各国各地区青年失业率,已是成年人失业率的 3 倍,愈来愈严重的青年失业现象俨然成为全球通病。

国际劳工组织的资深顾问锡金斯认为,青年明显身处在比成年人更高风险的就业结构之中。近期的《经济学人》指出,全球化下青年的劳动失业情况日益严重,整体青年失业人数之巨,逐渐衍生出"失业世代"的话题。报告指出,全球年轻人失业情况严重的主要原因,一为西方国家职场工作机会未被创造与中高龄者延后退休效应,促使青年就业参与空间更为严峻。其二为各国各地区在劳工市场功能不彰的效应下,缺乏提供工作机会补充至劳动市场的量能,致使诸多国家或地区职场产生逐渐萎缩之疲态与现象。随着各国各地区青年劳动失业现象的加剧,多数福利国家或地区皆认为解决青年失业问题的良方,便是持续经济创发与成长与就业机会之创造。此为现阶段的台湾地区所相对忽略的。

近来 OECD 的调查指出,青年高失业率的主要原因为青年对就业市场不熟悉、就业准备不够及产业结构与人力供给之间有落差等。而各国各地区行政部门为补足学校与职场落差与不足之处,无不针对青年就业的弱势特质与问题,陆续推出协助青年从校园接轨至职场为主轴之计划方案。

除就业参与困境之外,青年的低薪化现象亦为本文之讨论议题。根据台"劳动部"去年调查发现,台湾岛内15到29岁青年劳工平均薪资仅27 425元(新台币,下同),较7年前首次调查时缩水1 931元,减幅高达6.6%,创历年调查新低。其中有近64%约109万名青年月薪未达3万元,使得"青贫族"比率剧增;更令人扼腕的是,7年来的消费者物价涨幅却高达9%。低薪化的现象主要源自青年就学比率偏高,故从事非典型工作如部分时间、临时性或人力派遣工作者比率逐年增高。台湾青年世代在劳动市场的就业处境,不仅需面临非典化导引、高失业及重复失业之风险威胁;青年失业者沦为长期失业者之比率亦逐年攀升。然至今行政部门对于青年在职场边陲化困境之轻忽与解读,可能促使政策方案与资源产生错置的现象,此将造成青年高失业率之持续。

(案例来源 《失业的世代:小心青年失业与低薪现象》,中央日报网络报,2014-05-26)

思考题:
1. 探讨青年失业率居高不下的原因。
2. 治理失业的有效政策有哪些?

案例评析:

失业者是指某个年龄以上,在考察期内没有工作,但有工作能力,并且正在寻找工作的人。从整个经济来看,通常把一定年龄阶段的人口称作劳动年龄人口,其中一部分处于工作状态,称为就业者,一部分处于寻找工作而尚未找到的称为失业者,还有一部分不愿工作或不寻找工作的,称为不在劳动人口。失业人口占劳动人口的比重即为失业率。失业率是用于衡量一国失业状况的指标。

[案例A]中,2016年全球青年失业率首次出现最大涨幅,高达13.1%,15~24岁之间的青年人的失业人数增加100万至7 100万。与此同时,大约有1.56亿或者说37.7%的有工作的青年人生活处于中等或者极端贫困的水平,即人均可支配收入或者说人均消费低于3.10美元/日。相比之下,成年的工作人群中,只有26%的人处于这种状况。

青年失业率增加的主要原因是新经济体经济放缓。据估计2016年全球经济增长率为3.2%,比2015年下半年的预计低0.4个百分点。国际劳工组织高级经济学家、该报告第一作者史蒂文·托宾说:"一些重要的新兴商品输出国的经济衰退超出预期,以及一些发达国家的增长停滞导致了青年失业率上升,这在新兴国家尤其显著。"在新兴国家,失业率预计将从2015年的13.3%上升到2017年的13.7,与之相对应的2017年失业人口为5 350万,2015年的为5 290万。在拉丁美洲与加勒比地区,失业率预计将从2015年的15.7%上升到2017年的17.1%;中亚、西亚地区从16.6%上升到17.5%;东南亚与太平洋地区则从12.4%上升到13.6%。新兴国家青年人失业率的上升尤为明显,原因在于,相比起人口老龄化的发达国家,新兴市场国家人口结构中年轻人比例通常更高。因而为新增的年轻的劳动力提供足够就业岗位,也就成了这些国家政府的沉重负担。

[案例B]主要分析了青年失业率居高不下的原因:结构性失业。因为教育与劳动市场需求严重脱节导致OECD国家青年失业率不断提高。例如,法国高中毕业生几乎没有任何工作经验;北非国家的企业急需技术人才,当地大学却仍致力于培养学生的行政管理能力;在摩洛哥,小学学历者比大学毕业生更好找工作,后者失业率是前者的5倍。因此,各个国家应调整教育重心,鼓励学校依据市场需求培养合格的就业者。例如,为缓解国内机床工和

水管工短缺的局面,韩国在 2010 年创建"大师级工匠"职业学校,由政府负担学生食宿和学费;英国北赫特福德郡大学与当地一家廉价健身房合作,让学生参与健身房的经营管理。美国肯塔基州的布卢格拉斯大学与丰田汽车公司合作,在当地修建一所车间,让学生和工人共同参与生产。同时还应为失业者提供基本生活保障,还帮助他们重新进入职场,如为每个失业者量身定做培训课程、推荐不同工作。为鼓励企业雇用长期失业的年轻人,德国政府承担了这些再就业者聘期头两年的大部分工资。

【案例 2】 通货膨胀现象及原因

[案例 C] 物价与通货膨胀

经济学理论告诉我们,在短期内,总需求决定经济增长。当投资、消费和净出口等因素引致实际经济增长高于潜在经济增长水平时,一国经济要想在一个新的水平上达到均衡,必然会引起该国的物价上涨。

确实,我国的案例也说明了这一点。近年来我国 GDP 持续以两位数高速增长,这反映了支出(包括消费、投资、政府支出及净出口)的快速增长,而宽松的货币政策(如低利率)又大幅增加了经济中的货币需求,这两者的共同作用使得社会总需求不断上升,这一变化必然会反映到当前我国物价上涨或通胀压力上来。2007 年以来,CPI 的快速上涨就是对物价上涨的一种反映。

例如,今年 2 月份居民消费者价格指数(CPI)同比上涨了 8.7%,月环比上涨了 2.6%。这一数据与此前公布的 2 月份工业出厂价格指数(PPI)为 6.6%一起,再度向我们揭示了目前我国物价上涨趋势仍在延续,通胀压力仍在进一步增强。

从影响 2 月份 CPI 上涨的因素来看,CPI 上涨仍然是由食品类价格快速上涨带动的。数据显示,2 月份食品价格同比上涨了 23.3%。其中,猪肉价格上涨等因素影响了食品价格的快速上涨,而低温雨雪冰冻灾害和春节等多重因素对食品价格快速上涨也有影响。

在 CPI 快速上涨的同时,我们观察到,核心 CPI 指标(非食品价格)的变化却较为平稳,去年 11 月份上涨 1.4%,今年 1 月份上涨 1.5%。由此,许多研究者就将目前我国的通胀压力定义为"结构性通胀压力"。

但是,如果再来观察一下 PPI 的数据变化就会发现,PPI 也与 CPI 一样呈快速上涨之势。去年 11 月份和 12 月份 PPI 分别为 4.6%和 5.4%,今年 1 月份和 2 月份分别为 6.1%和 6.6%。在 PPI 构成中,生活资料出厂价格上涨表现平稳,但生产资料出厂价格同比上涨趋势加快。其中,去年 11 月份生产资料出厂价格为 4.8%,今年 1 月份和 2 月份生产资料出厂价格分别为 6.5%和 7.2%。再结合原材料、燃料、动力购进价格上涨趋势分析,由成本推动的通胀压力正在逐步扩大。

从目前来看,物价上涨还主要集中在资源性、原材料和农副产品方面,大量的工业品价格还未出现上涨,物价上涨的结构性特征仍较为明显,也就是说,结构性通胀压力特征较为显著。

但是,如果目前上游产品的价格上涨影响一旦渗透到下游产品的价格上涨上,将会改变我们对目前我国面临的物价上涨趋势的基本判断,全面通胀压力将可能会出现。当然,这只是一种预期。

鉴于目前物价上涨或通胀压力情况,政府将两个"防止",尤其是将"防止价格由结构性上涨演变为明显通货膨胀",作为今年宏观调控的首要任务,确实是有预见性的明智选择。由此,预期今年宏观调控的力度将比往年更大。

但现在,人们普遍担忧的问题是,目前我国内外经济环境面临着美国经济可能放缓及我国刚刚遭遇了低温雨雪冰冻灾害等因素影响,紧缩性的宏观调控是否应当适度调整,紧缩性调控是否会过度而导致我国经济面临新一轮紧缩。

(案例来源　乐嘉春:《物价上涨压力不容忽视》,2008-03-24)

思考题:
1. 结合中国实际情况分析通货膨胀的利与弊。
2. 我国目前通货膨胀是由哪些因素所导致的?

案例评析:
[案例C]首先从实际产出与潜在产出之间的关系分析一国物价水平的变动。其中,潜在产出水平是指当劳动力和资本等生产要素充分运用时的产出水平。当实际产出水平低于(高于)潜在产出水平时,市场出现供不应求(供过于求)的局面,物价持续上涨(下降),就业增加(下降),经济出现过热(过冷)情况。其次,从需求与供给的角度,说明物价上涨或通货膨胀的原因。需求方面的原因主要表现在消费、投资、政府支出及净出口方面的增加,以及宽松的货币政策,共同促进了我国社会总需求的不断增加;供给方面的原因主要是因为生产资料出厂价格同比上涨趋势加快,以及原材料、燃料、动力购进价格的上涨。另外,衡量物价水平或通货膨胀的指标主要有CPI、PPI指标。

该案例表明,国内经济过度增长是引发通货膨胀的诱因。而预期心理会加速通货膨胀走向恶化,导致严重通货膨胀的后果。因为当前在各种生产资料以及能源、楼市、食品等价格上涨的背景下,如果产生物价会进一步上涨的心理预期,生产企业会尝试提高价格以转嫁成本上升的压力,消费者会提前消费甚至过度消费,以防止货币贬值带来的损失,而这种消费行为使生产企业的提价愿望得以实现。这样的话,生产和消费的价格指数将不可避免地会持续攀升,甚至恶性循环。

应该看到,在我国经济快速增长的背景下,消费和投资需求旺盛,经济主体的竞争和主动选择性增强。从能源和原材料价格上涨到一些重要生活消费品价格的上涨,已经说明在成本推动和需求拉动的双重作用下,形成了物价上涨的强大动力。这种动力是伴随经济增长而形成的。在货币经济时代,货币信用带动经济运行。由于货币供应与实体经济是不能保证时刻匹配的,那么物价的上涨就可能防止对经济的压抑,并为经济增长提供动力。显而易见,当实际经济增长明显高于潜在增长率水平时,会导致资源的过度消耗,引起物价走向全面上涨。这说明,如果各级政府不进行及时有效的宏观调控,必然导致严重的通货膨胀,货币信用和经济秩序受到威胁,经济难以稳定和持续地发展。进一步说,当前,各级政府只有采取措施,防止投资过热,适当减缓经济增速,这样才能有效地遏制通货膨胀恶化的发生。

【案例3】 通货膨胀的判断及危害

[案例D] "魏玛式通胀"

近年来,特别是2008年世界金融危机以来,"通货膨胀"这一经济术语,已成为全球公共话题。提到通货膨胀,很自然想到"魏玛式通胀"这个专业名词。"魏玛式通胀"特指第一次世界大战后,德国魏玛共和国1923年的恶性通货膨胀,1919年1月到1923年12月,德国的物价指数上涨了4 815亿倍,1美元可以兑换42 000亿马克,恐怕连2008年津巴布韦2 200 000%的通货膨胀率,都难以与之"媲美"。

尼尔·弗格森的《纸与铁》以颇有影响力的汉堡工商界为切入点,一一驳斥了为当年德国通货膨胀政策的辩护,指出通胀严重危害了德国经济,侵蚀了资产阶级社会的根基,使魏玛共和国这个福利国家失信于民,为研究第三帝国的兴起提供了不同的视角。当然,魏玛共和国的通胀确实有不得已的一面,《凡尔赛和约》让德国失了7万多平方公里的领土和730万人口,更让德国丧失了75%铁矿、44%生铁、38%钢的生产能力和26%的煤炭产量,黄金、外汇和信贷十分短缺,在偿付了第一次赔款后,财政已趋于崩溃。加上当时的德国工业,是以军工为核心寡头企业,他们需要降低税负、成本,提高出口竞争力。通胀政策实施之后,似乎也收到了一定的效果,失业率只有大约1.5%,而同期英国和美国的数字分别为14%和11%;经济在1923年之后也一度比较繁荣。

著名经济学家、耶鲁大学终身教授陈志武说:"一个国家,要么是经济以国有为主但社会不再有税负,要么经济是以私有为主但社会要为政府公共产品交税,而绝不应该是经济以国有为主同时社会税负又很重。""魏玛式通胀"恰恰就实现了这种背离,它直接的后果,就是让中产阶级瓦解,社会失去稳定的基础,大实业家和金融家作为右翼党派骨干势力膨胀,助长了反民主的政治力量;同时,公民的个人收入被用于偿还国债,颠覆了人们在道德和知识上的价值观,政府失信于民,德国国民也在通胀的恐慌中抛弃了节俭的传统,引发了持续的政治骚动和道德沦丧,使法治走向堕落。

经济的稳定对于政治的发展具有决定性的作用,经济上的任何动荡都有可能削弱现存政权的社会基础,为新的颠覆提供条件。恶性通胀后,魏玛政府采取了集权的方式来重新稳定货币体系,尼尔·弗格森在《纸与铁》中,对这种方式当然是不认可的,他认为如果当时有今天的知识和政策手段,不仅"魏玛式通胀"可以避免,后面的经济大萧条、第二次世界大战也根本就不会发生了。持续10年的泡沫经济,已经让数量十分惊人的财富从一个阶级转移到了另一个阶级手中。2008年金融危机之后,各国都采取了宽松货币政策救市,通胀在转移工人阶级财富之后,正加速"从中产阶级手中转移到另一部分手中。确切地说,是从容易上当者阶层转移到首席执行官阶层手中"。其后遗症也正在逐渐显现,荷兰、奥地利、丹麦、法国等,右翼政党纷纷在大选中获胜,民众普遍对于全球化、财政紧缩以及移民问题更加焦虑。所以,尼尔·弗格森说:"资本主义的危机与其说是经济危机,不如说是社会危机;与其说是物质危机,不如说是道德危机……真正需要关注的正是资本主义的社会结构。"

(案例来源 http://news.ifeng.com/gundong/detail_2012_08/08/16632319_0.shtml,《"魏玛式通胀"》,2012-08-08)

思考题:

1. 德国恶性通货膨胀引发的原因是什么?

2. 为什么说"一战"后的通货膨胀成为"二战"爆发的重要原因？

[案例 E] 通胀又回来了？

通货膨胀，简单意义上来说就是物价上涨，背后的原因无非是政府发行了过多的货币，超过了实体经济能承受的范围，导致过多的货币追逐过少的商品货物。老百姓切实的感觉就是物价上涨，货币的购买力下降，钱贬值了，不如之前值钱了。

一般认为，通货膨胀有三个源头，原油价格、食品价格以及工资增长。下面从三个方面来分析一下 2017 年这三个方面能否引起通胀。

首先来看原油价格。以沙特为首的 OPEC 国家和以俄罗斯为首的非 OPEC 国家均达成了减产协议。其中 OPEC 国家的减产协议从 2007 年 1 月 1 号一直持续半年到 2017 年的 7 月 1 号。在供应面收缩的背景下，原油有一定的支撑。

另一方面，全球石油需求已进入复苏轨道，中国 2016 年经济增长 6.7%，达到 11 万美元，美国 2016 年 GDP 达到 18.6 万美元，增长 1.6%，中美两国经济增长对原油的总需求继续扩大，原油的供需关系在 2017 年有望逆转。至少在 7 月 1 号之前，原油的供应没有上来之前，油价易涨难跌。

其次，来看食品价格，也就是广义上的农产品价格。最近的中央一号文件指出，要推进农产品供给侧改革。国内期货市场周一闻风而动，玉米大豆类产业链上的品种得到资金的热烈追捧，价格大幅度上涨。农产品供给侧改革深入推进的话，价格有望大幅度上涨，农产品价格上涨必然带动食品价格的上涨，通胀为时不远。

通货膨胀一词在 2008 年危机后几乎被人遗忘了，不过这次有可能会归位。

最后，来看看美国的工资增长。上周五美国劳工部发布的数据显示，美国 1 月非农就业人口新增 22.7 万，远超预期增加的 18 万，创四个月来最大增幅。但同时薪资增长放缓，其中薪资同比增速仅为 2.5%，为 8 月份以来最低。薪资增长缓慢在一定程度上给美联储加息之路增添障碍。虽然 1 月份工资增长不多，但是在美国经济复苏的大背景下，相信美国的工资还是会重回增长的道路上来，工资增长引致的通货膨胀，一般归为成本推动型通货膨胀，工资增长了多少，会导致总需求增长，民众的购买力上升，从而物价上涨。因此，工资增长也是引发通货膨胀的重要因素。

总之，2017 年，原油在 OPEC 国家减产的大背景下易涨难跌，农产品价格在中国供给侧改革的推动下有望接力上涨；美国工资增长也是可能引发通胀的重要因素。所以，2017 年通胀有可能重新来过。

(案例来源 《美源星：2017 年，通胀来临》，http://www.sohu.com/a/125677144_188386，2017-02-27)

案例评析：

[案例 D]中的通货膨胀属于恶性通货膨胀。恶性通货膨胀一般是指三位数以上的通货膨胀，流通货币量的增长速度大大超过货币流通速度的增长，货币购买力急剧下降，物价水平加速上升，整体物价水平以极高速度快速上涨的现象，使民众对货币价值失去信心。由于货币的流通量增加快速，使货币变得没有价值时，人们会急于要以货币换取实物，人心惶惶的结果只会更加速通货膨胀的恶化，整体经济濒临崩溃边缘。

恶性通货膨胀现象主要表现在物价以递增的速度迅速上涨,通货膨胀失去控制,相对价格非常不稳定,货币流通速度迅速增加,货币极度贬值。德国在第一次世界大战后,社会处在战争或政治变革的特殊时期,政府不得不以大量印制钞票方式弥补开支,导致恶性通货膨胀发生。

恶性通货膨胀的后果主要有:一是物价急剧上涨,百姓的日常生活开支大幅度增加。二是德国居民的财富严重缩水。三是直接损害了德国的经济效率,因为通货膨胀造成价格信号的无效,难以有效地发挥其资源配置与指导市场运行的作用,造成市场秩序的紊乱。

因此,凯恩斯曾指出,恶性的通货膨胀下货币泛滥,严重扭曲了市场价格,破坏了市场运行的法则,从而可以轻松地摧毁一个国家和社会的基础。

[案例E]主要从原油价格、食品价格以及工资增长三个方面说明全球通货膨胀引发的原因。结合我国的实际情况来看,预计2017年我国经济在企稳回升的背景下可能面临着通货膨胀的压力。

一是通货膨胀的输入型原因。美国政治与经济对我国的影响很大,特朗普政府的减税、金融体系放宽规制、基础设施建设等政策将会扩大大宗商品需求,提高大宗商品价格,进而在全球范围内推升通胀。大宗商品价格的上升会给中国造成供给侧冲击,这是由于中国的PPI很大程度上与国际大宗商品价格走势相关。同时PPI的上升又会带来CPI非食品部分的上涨。此外,人民币贬值压力的存在也可能会加重供给侧冲击。人民币贬值将会通过抬高进口价格和恶化贸易条件给通胀施压。

二是劳动力供给的持续减少。中国的劳动力人口在2011年时到达峰值,其后劳动力人口呈现下降态势。而从农村转移劳动力的情况来看,中国也已跨过刘易斯拐点,这意味着未来工资上升速度将高于生产力提高速度。工资上涨逐年提升,对通胀水平的影响也不可小视。

三是结构性改革推动服务业价格升高。因为服务业CPI的上升亦助推了我国整体CPI水平的提升。

第十五章　经济周期与经济增长理论

15-1　理论要点

通过本章的学习要掌握经济周期的含义、类型以及经济周期的成因；掌握乘数和加速数的作用机理以及乘数—加速数模型的主要内容；掌握经济增长的含义、经济增长的源泉以及经济增长的衡量方法；了解经济增长与经济发展的关系；掌握经济增长模型的主要内容。

一、经济周期的含义

经济周期又称商业循环，是指经济活动沿着经济发展的总体趋势所经历的有周期性的扩张和收缩交替更迭、循环往复的一种现象。经济周期大体上经历周期性的四个阶段：繁荣、衰退、萧条、复苏。经济周期可以分为：朱格拉周期（中周期或中波），指一个周期平均长度为9～10年；基钦周期（短周期或短波），指一个周期平均长度为40个月左右；康德拉季耶夫周期（长周期或长波），指一个周期平均长度为50年左右；库兹涅次周期，是指与房屋建筑业的兴盛和衰退相关的长度为15～25年、平均长度为20年的"长波"；熊彼特综合性经济周期理论，指每一个长周期包括6个中周期，每一个中周期包括3个短周期。

二、经济周期的成因

（1）外部原因：太阳黑子理论认为，太阳黑子有规律地周期出现，地球气候随之变得恶劣，导致农业生产减产，进而影响工业、商业、工资、利率、消费、投资等社会、经济生活各方面，从而导致整个经济呈周期性衰退。创新理论认为，技术革新和发明不是均匀的、连续的过程，而是有它的高潮和低潮，因而导致经济上升和下降，形成经济周期。政治周期理论认为，政府交替执行扩张性和紧缩性政策，造成了扩张和衰退的交替出现。

（2）内部原因：货币信用过度理论认为经济周期是一种货币现象，经济波动是银行货币和信用波动的结果。银行货币和信用↑→利率↓→投资↑→经济↑；反之，走向衰退。投资过度理论认为，经济扩张时，资本品和耐用品的增长速度比消费品快，经济衰退时，资本品和耐用品下降速度也比消费品快。资本品和耐用品投资的波动造成了整个经济波动。消费不足理论认为，经济衰退的原因在于收入中用于储蓄的部分过多，用于消费的部分不足。心理理论认为，心理上的乐观预期和悲观预期的交替说明繁荣和萧条的交替：人们对前途抱乐观态度时，投资和生产增加，经济走向繁荣；人们对前途抱悲观态度时，投资和生产下降，经济走向衰退。

三、经济增长与经济发展

经济增长通常指一国在一定时期内经济总量或人均产量的增加,用经济总量或人均产量的增长率衡量一个国家或地区在一定时期内经济增长的速度。其中人均总产出增长率指标直接体现一国经济效率的高低。相对于经济增长,经济发展的内涵更为丰富,不仅仅指一国经济的数量增长,还指一国国民生活水平的改善、生活质量的提高、社会经济结构与制度结构的不断优化。因此,经济发展综合反映了一国经济社会总体发展水平,是一个"质"性指标。从经济增长与经济发展之间的关系来看,是"量"与"质"的关系,其中经济增长是前提、基础、核心,经济发展是以经济增长为基础进行内涵和外延的扩展。

四、新古典增长模型

这一模型假定:全社会只生产一种产品;生产要素之间可以相互替代;生产的规模收益不变;储蓄率不变;不存在技术进步和资本折旧;人口增长率不变。从而得到

$$sf(k)=\dot{k}+nk$$

式中:s 为储蓄率;k 为人均资本占有量;$y=f(k)$ 为人均形式的生产函数;n 为人口(或劳动力)增长率;$\dot{k}$ 为单位时间内人均资本的改变量。模型表明,一个经济社会在单位时期内(如1年)按人口平均的储蓄量被用于两个部分:一部分为人均资本的增加 $\dot{k}$,即为每一个人配备更多的资本设备;另一部分是为新增加的人口按原有的人均资本配备设备 nk。第一部分被称为资本的深化,而后一部分则被称为资本的广化。该模型得出的结论是,经济可以处于稳定增加,条件是 $\dot{k}=0$,此时经济以人口增长率增长。

五、内生增长理论

其核心思想是认为经济能够不依赖外力推动实现持续增长,内生的技术进步是保证经济持续增长的决定因素。强调不完全竞争和收益递增。在引进技术创新、专业化分工和人力资本之后,内生增长理论得出以下结论:技术创新是经济增长的源泉,而劳动分工程度和专业化人力资本的积累水平是决定技术创新水平高低的最主要因素;政府实施的某些经济政策对一国的经济增长具有重要的影响。

15-2 案例分析

【案例1】 经济周期的辨别

[案例A] 改革开放前后中国的经济周期波动的特征比较

中国经济周期初步划分的结果将 2009 年暂定为第九轮经济周期的终点,使用"谷—谷"划分法,以经济周期的 GDP 增长率最低点为该轮经济周期的终点。那么,我们就可以将我国自 1953—2009 年的经济周期波动划分为如下 9 个短周期的经济周期:

第一个经济周期为 1953—1957 年,共经历 5 年;

第二个经济周期为 1958—1962 年,共经历 5 年;

第三个经济周期为 1963—1968 年,共经历 6 年;

第四个经济周期为 1969—1972 年,共经历 4 年;

第五个经济周期为 1973—1976 年,共经历 4 年;

第六个经济周期为 1977—1981 年,共经历 5 年;

第七个经济周期为 1982—1990 年,共经历 9 年;

第八个经济周期为 1991—1999 年,共经历 9 年;

第九个经济周期为 2000—2009 年,共经历 10 年。

改革开放前后经济周期波动特征比较:

根据"波谷—波谷"这一经济周期划分的常用标准,新中国成立以来,从 1953 年起开始大规模地工业化建设至今,经济增长率的波动共经历了 10 个周期。

1. 改革开放前经济周期波动特征

第一,改革开放前,我国的经济周期属于古典型经济周期,在经济周期的下降阶段出现负增长,导致经济增长率正负交替。第二,波动的强度和深度较大。改革开放前经济经历了 5 个周期。在 5 个周期中有 3 次经历了"大起大落",每次"大起"经济增长率都在 20% 左右,每次"大落"经济增长率都很低,有两次甚至出现了负增长。第三,波动的幅度较高。增长速度的谷峰落差相当大,5 个周期峰谷落差均超过 10 个百分点,均值为 21.3 个百分点,第 2 个周期甚至达到了 48.6 个百分点,波动标准差也达到 10.71 个百分点。

2. 改革开放后经济周期波动特征

第一,波动的峰位理性下降。每个周期经济增长率的高峰从改革开放前的 20% 左右,回落到 20 世纪 80 年代的 15% 左右,20 世纪 90 年代和新世纪的 14% 左右,5 个周期峰位均值为 13.4%,比改革开放前 5 个周期回落 3.3 个百分点。第二,波动的谷位显著提高。每个周期经济增长率的低谷在改革开放前几个周期经常为负增长,而改革开放之后,每次经济调整时,经济增长率的低谷均为正增长,5 个周期的均值为 6.7%,比改革开放前 5 个周期提高 11.6 个百分点。第三,波动的幅度趋于缩小。每个周期经济增长率的峰谷落差由改革开放前最大的 48.6 个百分点,降至改革开放后的最大值 7.8 个百分点,改革开放后 5 个周期波幅均值为 6.5%,比改革开放前回落 14.9 个百分点,第 10 个周期,峰谷落差仅为 5.1 个百分点,这期间的波动标准差仅为 2.76 个百分点,经济波动性下降 74.2%。第四,波动的持续时间明显延长。第 9 个经济周期持续了 11 年,当前处于第 10 个周期波动中,已经持续了 9 年,扩展为一种中程周期。

3. 最近一轮经济周期波动的新态势

2002 年,经济增长率回升到 9.1%,开始进入了新一轮经济周期,2003—2007 年连续 5 年经济增长率保持 10% 以上。2007 年为本轮经济周期的高点,GDP 增长率达到 14.2%,2002 年为本轮经济周期的低点,GDP 增长率为 9.1%,最近一轮经济周期出现了新的波动态势。从波动位势来看,最近一轮的经济周期波动呈现持续多年的适度高位增长的态势。2002 年以来,我国处于工业化、城镇化、国际化进程加快的时期,由于多年实施积极财政政策的累积效应的释放,国民经济进入持续扩张期,固定资产投资增长开始加快,机器设备厂房开始更新换代。

投资率迅速回升,从 2002 年的 37.8% 迅速上升到 2007 年的 41.7%,年平均 41.2%;消费率快速下降,从 2002 年的 59.6% 跌落到 2007 年的 49.5%,年平均 54%。我国经济保持了"高增长、低通胀"的黄金组合,年均 GDP 增长率达到 11.2% 的高水平,居民消费价格年增长率保持在 4% 左右的低水平以内。

伴随着经济的不断提速,我国自 2002 年下半年进入新一轮经济增长周期以后,投资增长过快、信贷投放过多、外贸顺差过大、高能耗高排放和资源性商品出口增长过快等矛盾进一步加剧。2007 年,中国的 GDP 增长率达到 14.2%,比 2006 年提高 1.5 个百分点。

2007 年下半年 CPI 出现快速上升,2007 年 12 月的中央经济工作会议提出要把防止经济增长由偏快转为过热、防止价格由结构性上涨演变为明显通货膨胀作为宏观调控的首要任务。物价加速上升往往预示着经济调整的开始,而 2008 年全球经济危机的爆发,加速了中国经济调整的节奏,经济增长速度快速回落,通货膨胀快速转变为通货紧缩。

改革开放以前,我国经济增长出现"大跃进"和"急刹车"的现象较为普遍,经济周期中经济增长率"陡升陡降"的现象非常明显。这种"陡升陡降"的现象表明经济增长速度没有稳定在潜在增长率水平附近。

20 世纪 90 年代,我国经济周期中经济增长率出现了"陡升缓降"的现象。第 9 轮经济周期仅仅用了 2 年,就达到了 1992 年的最高点,然后开始缓慢下降,一直持续到 2001 年。而 2002 年开始的最近一轮经济周期,2002—2007 年为经济周期的上升阶段,2008 年和 2009 年为下行阶段,上升和下行阶段分别经历了 6 年和 2 年,在遭遇全球经济危机巨大冲击的情况下,峰谷差仅为 5.1 个百分点,为新中国成立以来 10 个经济周期中最小值。

2010 年,随着国内外经济环境的改善,在积极的财政政策和适度宽松货币政策的拉动下,在扩大内需政策的刺激下,我国经济在下滑两年后再次回升。这表明中国经济周期波动表现出了明显的"缓升缓降"现象。这种经济周期波动"缓升缓降"现象的出现一方面表明我国经济的稳定性不断增强,另一方面也体现了我国宏观经济调控能力提升,应对外来冲击的能力增强。

(案例来源　张前荣:《我国经济周期波动特征出现新变化》,中国证券网,2011-09-01)

思考题:
1. 改革后中国经济周期波动出现新特征的主要原因是什么?
2. 从我国经济周期的变动规律分析未来我国经济增长的趋势。

[案例 B]　日本经济周期的主要影响因素

中国社科院 2016 年 5 月 24 日发布的《日本经济蓝皮书:日本经济与中日经贸关系研究报告(2016)》(以下简称蓝皮书)预计,2016 年的日本经济仍有可能维持缓慢复苏态势,估计将略好于 2015 年。但是 2017 年度日本经济有可能跌入负增长,再加上日本经济周期的影响,负增长幅度可能较大。此前数字显示,日本从 1990 年开始的 20 多年,经济几乎没有增长,被称为"失去的 20 年",2015 年日本实际经济增速为 0.4%。

中国社会科学院日本研究所所长助理张季风指出,日本宏观经济恢复乏力,"三驾马车"战绩平平。其中私人消费疲软,工资实际上是下降的;就业形势持续好转,主要原因在于人口老龄化加剧以及劳动力短缺。"日本经济乏力的状态从长周期来看,也是由世界经济新常态决定的。"张季风在当日的蓝皮书报告发布会上说。

上述蓝皮书指出,2016年的日本经济仍有可能维持缓慢复苏态势,估计将略好于2015年。其主要原因在于日本政府已决定于2017年4月把消费税率从8%提高到10%。2016年第四季度和2017年第一季度有可能再次出现提前集中消费的现象,进而拉动经济有一个较高的增长。如果世界经济平稳,有望释放国外的潜在消费需求,日本的出口还有可能维持小康水平。但是从中期来看,受提高消费税率的影响,2017年度日本经济有可能跌入负增长,再加上日本经济周期的影响,负增长幅度还可能较大。

2018年至2019年的日本经济能稍微好一些,主要是受东京奥运会的利好影响,再加上TPP的刺激,但经济上扬的幅度也会很有限。2020年或2021年,即奥运会举办的当年和第二年,有可能出现"后奥运萧条"。考虑到日本潜在经济增长率也在0.5%左右,随着整个社会老龄化的不断深化和财政状况的进一步恶化,中长期的日本经济年平均增长率能达到1%就不错了。

21世纪经济报道获悉,日本为了摆脱长期经济负增长的问题,首相安倍采取了大量印钞、扩大财政支出等手段,但是实际效果有限,近两年实际通胀率不到1%。

中国驻日使馆前商务公使吕克俭指出,中日两国的关系也还是有很多困难之处。两国双边贸易额明显减少,经贸合作下降,多层次、宽领域和互惠合作明显不足。这也使双方相关领域的人员对未来发展产生了一定的困惑和担忧。

(案例来源 《社科院:2017年日本经济或再次转负》,搜狐网,2016-05-24)

思考题:

1. 如何看待日本经济运行的周期性波动特征?
2. 日本目前为应对经济发展困境采取的措施对中国经济发展的借鉴和启示是什么?

案例评析:

[案例A]中阐述了改革开放前后中国经济周期的不同特征。其中,中国每一个经济周期都经历了繁荣、收缩、萧条、扩张的四个阶段。从总体来看,改革开放前的经济周期较短,改革开放后的经济周期较长。相比较改革前的经济周期,我国改革开放以来的经济周期属于增长型,即每一次经济周期的波动均与经济增长速度的快慢有关,并且我国经济始终保持正向的增长速度。每一次经济周期的波动均体现了我国经济体制改革给经济带来的波动性影响,以及我国政府对经济干预协调政策与经济自身固有机制的相互作用。另外,改革开放以来的经济周期的波幅逐步缩小,体现出现改革开放后由于我国在社会主义市场经济体制建立过程中的宏观调控作用进一步增强,有效地引导了市场机制作用的充分发挥,促进了我国经济社会较为平衡地发展,避免了经济出现剧烈的波动,从而使我国经济周期的波幅降低,经济周期的长度进一步延展。

[案例B]中日本经济波动的形态主要表现为日本经济增长率的波动,其主要受消费不振、投资低迷、出口乏力等方面因素的影响。2008年,美国次贷危机引发的全球金融危机使日本经济陷入了剧烈下滑的困境,其中日本出口创汇能力大幅度下降、私人设备投资严重被挤压。自2010年以来,日本政府为应对全球金融危机相继实行了宽松的货币政

策,使日本经济增长出现复苏的迹象。从日本经济周期的主要影响因素来看,出口能力的高低成为影响该国经济波动的主要因素。这主要是因为日本外向型经济增长模式提高了日本经济对净出口的储存度,从而使日本经济增长速度会随着国外重大事件的发生呈现不同程度的周期性波动。

日本为应对经济周期波动的各项政策为我国实现经济的平衡增长提供了借鉴与参考。一是要降低出口储存度,实现内外需求的平衡,从而减少全球经济中突发事件发生时对我国经济的负面效应;二是在制定宏观经济稳定增长的重大经济政策时,需要统筹考虑各项政策的组合优势,提高整个社会经济系统抗风险的能力;三是灵活运用财政政策与货币政策,充分发挥各自在调节总供给与总需求方面的作用。

【案例2】 经济增长的形势
[案例C] 中国经济形势趋向变好

统计局公布的数据:2017年一季度GDP增长6.9%,和去年的6.7%相比稍微有一点加速。出口由负转正,1~4月增长了8%,去年出口是负增长,今年出口形势似乎有明显好转,同时顺差也在收窄。还有一个情况就是:过去我们出口下降主要是因为劳动密集型产品的比较优势在逐渐地丧失,大家可以看到来料加工、进料加工这部分的加工贸易在下降,这一现象在最近两三年特别明显,但是今年头几个月加工贸易有所回升。我觉得它是一个短期的现象,因为加工贸易的下降表示我们从过去的低收入国家变成中等收入国家,劳动力工资水平提高了、工资成本上升了,过去靠廉价的劳动密集型产品在国际市场上取得的比较优势在逐渐丧失,需要建立新的比较优势。这是一个长的转型过程,而且是在一定发展阶段上必然要出现的现象。今年虽然出口形势改善了,但是很明显的一个特点是加工贸易回升,那么从这个情况看,恐怕出口好转主要还是短期因素所为。而且这个短期因素,我想是否和前一个时期的人民币贬值有关系。人民币贬值,出口产品的价格变得相对便宜,因此出口有一个短期的回升。当然,也有整个国际经济形势相对好转这个因素在起一定的作用。

从工业来看,工业增加值1~4月份增长6.7%,和去年全年相比提高了0.8个百分点,我记得去年全年应该是5.9%,因此工业增长有所加快。但是,我们看看主要工业产品分类的增长情况,投资品的回升占主要部分。因此,可以判断工业的增长主要还是投资带动,当然也和国际、国内市场原材料价格回升这个因素有关系。

1~5月的投资增长是保持在8.6%,但其中,国有控股投资增长了12.6%,民间投资仅仅增长了6.8%,两者之间有非常明显的差异。而民间投资是基本表达市场导向的投资趋向,民间投资仍然相对比较低迷,就说明整个形势没有大的好转。国有控股投资更大程度上是政策带动的,仍然是积极的财政政策在促进政府和国有企业的投资。如果把民间投资划分一下的话,制造业的民间投资只增长了4.9%,这个6.8%的投资增长有很大程度是房地产投资起的作用。房地产投资增长了8.8%,比去年全年加快了1.8个百分点。这个加快有前一个时期的一些主要城市房价上涨这个因素的刺激,它带动了房地产投资,因此,从这个角度看,这也是短期因素。

再看消费,刚才讲出口、讲投资,那么三大需求中剩下的一个因素就是消费,消费品零售增长略低了0.1个百分点。但是,说老实话,我对消费品零售这个指标的可信度不是特别有信心,我更看重居民收入和居民消费的统计。今年一季度居民收入增长7%,有所加快,但是消费仅仅增长了6.2%,减慢了0.6个百分点,消费有所减速。

最近几年官方政策仍然是希望靠较大力度的投资来拉动经济增长,但实际上投资对经济增长起的带动作用在不断地衰减,而且过去长期以来存在的问题就是过度投资,因此投资在未来起什么样的作用是不容乐观的。消费相反起了相当的支撑作用,最近两三年虽然其他方面形势不太好,但是消费总体来看比较稳定,消费的增长对经济起了支撑的作用。如果看运用支出法对GDP核算的数据,最近两三年消费占GDP的比重有所回升,回升了两三个百分点,那么这还是一个积极的因素。但在整个经济状况不大景气的情况下,消费不可能长期持续一枝独秀,它会受到影响。我们看到最近消费增长减慢,可能就是这样一个信号。虽然过去两三年不错,但是消费的变动和整个经济增长形势的变动是有一个滞后关系的,这个滞后关系现在正在慢慢体现出来,所以未来消费很可能也会缓慢走低。这个现象是过去几年经济形势导致的结果。因此,增长减速还是有趋势性。

所以,综合判断:今年以来的经济增长形势变化是有向好的趋向,但还是投资拉动为主的短期因素导致的结果。

(案例来源 王小鲁:"经济增长与结构再平衡",《经济学原理》,2017-08-27)

思考题:
1. 我国经济增长的动能是什么?
2. 根据哪些指标来判断我国2017年经济增长形势?

[案例D] 日本经济"失去了二十年"?

20世纪90年代末,日本经济"失去了十年"的提法开始见诸报端,到了2010年前后日本经济仍无起色,又有媒体提出日本经济"失去了二十年"。当今的日本经济果真如此凄惨吗?答案当然是否定的。可以肯定地说,日本现在仍然是一个国民生活富庶的发达国家,所谓"失去了二十年"是过分夸大日本经济衰退的伪命题。

"失去了二十年"的谬误根源在于找错了参照物。我们在观察现在的日本经济时一直存在一个误区,即总是自觉不自觉地以中国经济、美国经济或者日本高速增长时期和泡沫经济时期为参照物。中国正处于工业化的初、中级阶段,也是城市化进程最快的阶段,经济高速增长有其必然性。日本早已完成追赶任务,与中国不在同一个水平线上,不能这样对比。

日本与美国也不可比。虽然美国也进入后工业化的成熟阶段,但美国可利用政治霸权、军事霸权在全球呼风唤雨,能够利用所谓"能为全球提供公共产品"的借口,调动全球资源,为其经济发展服务,还可利用美元作为基轴货币的优势维持印钞权和定价权,借此在世界经济中实现本国利益最大化,即便自身经济出了问题也可以让全世界为其买单。而日本绝没有这种经济以外的能力支撑以维持较高的增长速度。

从纵向比,日本在1955年至1973年间实现了高速增长,完成了追赶欧美发达国家的任务。昔日日本的高速增长与中国现在的情况比较相似,甚至是在比中国更为有利的条件下实现的。储蓄率下降是人们认为日本经济"失去二十年"的主要论据之一。但实际上在这期间,虽然家庭的储蓄率有所下降,但企业的储蓄率却在上升,民间储蓄总体仍维持较高水平。由此可以看出,与日本经济正常状态的1985年相比,日本的主要经济指标并没有"失去"。而且,标志国民富裕程度的人均GDP仍处于上升状态,显示民间财富的个人金融资产和民间储蓄仍居于高位,日本的经济实力和国民生活水平绝不逊色于欧美主要发达国家。

目前,日本的失业率为4%左右,最高年份的2002年也只有5.4%,而欧洲国家大多都在8%以上。日本国民生活水平甚至高于欧美发达国家,自然环境和空气质量仍然是世界最好的。日本在世界产业链条中仍居高端,企业技术创新能力仍属一流。从某种意义上讲,过去的20年更是日本改革调整的20年,经受历练的20年,制度创新的20年。

总体来看,过去的20年,尽管日本经济增长速度很低,但仍取得了"没有水分"的发展。在泡沫经济崩溃20年后,日本仍然保持世界第三大经济体的地位。到2030年日本仍将保持世界前五地位,即使到2050年也仍能保持前八地位。日本的经济实力和政府掌控宏观经济运行的能力不可轻视。

(案例来源　张季风:"日本经济真的'失去了二十年'吗?",《经济学原理》,2017-08-17)

思考题:
1. 从哪些指标判断20年间日本经济的发展状况?
2. 为什么日本高调宣传"失去了二十年"?

案例评析:

[案例C]侧重从需求侧说明需求侧的结构失衡如何影响了中国经济增长。其实,从供给侧来看,我国经济增长仍然存在很多短板,如在产能、库存、杠杆、成本等方面仍存在很多问题。因此,我国目前的供给侧改革重点在"去产能、去库存、去杠杆、降成本、补短板"。

通过投资扩张的办法来扩大总需求,这仅仅是一个短期效应,在中长期它起的更重要的作用是扩大了供给。因此,在短期需求扩大之后,我们必然会看到新一轮供给的扩张。因为我们刺激了社会总投资,大家都去大规模投资,造成了新的需求,比如要增加钢材、水泥的采购、增加设备订货等等,短期看需求扩大了。中长期呢?增加的投资会形成新的项目,特别在生产领域,它会形成新的生产能力。比如2008年以后大规模的货币刺激和宽松的财政政策,带来的结果就是产能一轮又一轮地扩大,包括钢材、水泥这些靠投资刺激的基础原材料,以及设备的产能都在扩张。

那么扩张的结果是什么呢?下一轮你的产品卖给谁?这又变成了一个新的问题。消费不足靠投资来拉动,投资把短期的需求拉上来了,但是投资形成的新产能又靠谁来拉动?这变成了一个新的问题。长期看,如果不断地靠投资拉动,就会造成一个你提自己的头发想把自己从地面上提起来的现象,变成一个靠不断地揠苗助长来促进经济增长的过程。所以,可以得到一个结论:扩张性的投资政策,包括扩张性的财政政策和货币政策,都不能长期使用,特别是不断刺激投资的货币政策,长期应用就会造成结构失衡。

[案例D]深入剖析了1997—2017年日本经济的增长情况,认为支撑日本经济在20年间发展的重要条件在于:第一,空前的成本下降与效率提高;第二,日本企业的国际化和世界市民化;第三,持续且高强度的技术积累。在应对美国要求的日元升值过程中,不仅工资水平下降了,而且流通成本和公共费用都大大降低了,日本从一个世界物价最高的

国家变成了世界有数的低成本国家。另外,由于生产大量转移到海外,日本正从出口基地向全球商务的总部功能和总部经济转变。企业的研发高投入,促使日本的潜在技术实力上升。而且,在过去的20年当中,日本在物理、化学、生命科学等领域涌现出十余名诺贝尔奖获得者。

目前,日本依然是一个极富有的发达国家。2012年,日本GDP总量达5.96万亿美元,仍居世界第三位,人均GDP高达46 736美元,仍居世界前茅。海外净资产高达296.1万亿日元,为世界第一;个人金融资产为1 547万亿日元,居世界之首。从外汇储备看,到2006年为止,日本一直居世界第一位,2006年以后被中国超越,居世界第二位。另外,日本还拥有可供半年消费的石油储备,以及大量的镍、铬、钨、钴、钼、钒、锰、铟、铂及稀土金属等战略物资储备,实际上这是一种物化的外汇储备,而且更具战略意义。

【案例3】 经济增长的要素
[案例E] 中国经济是否已经跨越"刘易斯拐点"?

第六次全国人口普查数据对于判断未来中国经济驱动力异常重要。目前的数据,确认了中国已经越过刘易斯拐点,同时,人口红利窗口期也即将关闭。

"刘易斯拐点"和"人口红利拐点"的越过为中国经济从要素驱动向生产力驱动的转型提出了迫切要求。因为正是在生产要素驱动到生产力驱动的转折点上,国家之间出现了分化,许多中等收入国家未能实现这一转变而陷入"中等收入陷阱"。至今成功摆脱这一陷阱跻身高收入国家的也仅有日本和"东亚四小龙"。值得注意的是,日本在20世纪70年代前期跻身发达国家行列,韩国在20世纪90年代完成这一转变,彼时日本和韩国仍在享受人口红利带来的好处,这在一定程度上延缓了资本报酬的递减速度,为实现经济腾飞争取了充分时间。但是,对于中国而言,这样的机会显然不存在了。中国经济的转型迫在眉睫。

库兹涅茨曲线是指在一国收入分配与经济增长之间的倒"U"形关系。随着一国收入水平的上升,收入分配差距将趋于扩大,当经济水平达到较高程度时,收入差距将开始缩小。"库兹涅茨拐点"就是倒"U"形曲线的顶点。这显示经济发展的关注点从注重效率到注重公平的转化。能否成功改善收入分配差距,越过"库兹涅茨拐点",是一国能否摆脱"中等收入陷阱",跻身高收入国家的关键。

2004年以后出现的民工荒是农村劳动力有限供给的拐点。一些观点认为,这一现象的出现更多的是周期性结构性的调整。但是,通过与日本人口与经济发展规律的演变对照可以看出,中国2004年以来的失业率下降、农村居民工资增幅上升、中西部农村居民收入和消费增速双升与20世纪60年代日本"刘易斯拐点"之后的情况如出一辙。2004年以来的民工荒并非一时之事,而是大拐点即将到来的标志,是趋势性的改变。

同时,中国进入人口红利窗口关闭期。这次人口调查数据确认,中国少儿抚养比的下降速度大大快于此前的预测,中国劳动人口存量将于2015年前后开始下降,即确认人口红利的消失。探寻日本、韩国规律,高劳动人口占比、低抚养比的人口结构优势都在"刘易斯拐点"出现后继续支撑经济发展,这一过程大约是30年。但是,中国面临的一个巨大挑战是:这一期限可能只有10年,即2004年开始进入"刘易斯拐点"时期,2015年人口红利窗口就要关闭。

两大拐点的接踵而至,将直接导致如下后果:一是,劳动者工资上涨将推动价格中枢的上升,劳动力供给充分条件下的低通胀态势将不可持续。二是,越过拐点后经济增长中枢将出现系统性下降。三是,劳动力供给约束将改善国民收入的分配形式,劳动报酬占比上升,从而带动消费兴起。四是,消费上升将导致储蓄下降,投资增速将出现下降,经济增长的动力将由投资转向消费。五是,收入分配将更趋合理,为顺利越过"库兹涅茨拐点"提供动力。

由此看来,中国未来经济的持续增长驱动力取决于"库兹涅茨拐点"能否如期到来。如果两大拐点的越过改善了收入分配不平等的状况,加速了收入分配差距临界点的提前到来,那么在到达这一临界点后,能否成功跨越则不仅取决于市场力量,更取决于政府政策。如果此时中国能够顺利改善收入分配状况,越过"库兹涅茨拐点",将在一定程度上抵消前两大拐点所带来的负面影响。

(案例来源　巴曙松:《中国经济已悄然越过刘易斯拐点》,经济参考报,2011-05-05)

思考题:
1. 如何看待"刘易斯拐点"到来时对我国经济的影响?
2. 阐述学界对我国"刘易斯拐点"的观点。

案例评析:

[案例E]中的"刘易斯拐点"最早由阿瑟·刘易斯在《劳动力无限供给条件下的经济发展》一文中提出。其提出了发展中国家"二元经济"的发展模型,认为发展中国家在经济发展过程中分别存在代表先进生产力和落后生产力的现代工业部门和农业部门,其中农业部分的边际生产率极低,因而在某一固定工资水平上,现代工业部门面临水平的农业剩余劳动力供给曲线,即劳动力在现代工业部分的供给具有无限性。因而农业剩余劳动力不断向现代工业部门转移,增加该部门的资本积累,使其边际生产曲线不断向外移动,直至农业剩余劳动力被现代工业部门完全吸收。如果现代工业部门在不增加工人工资的情况下继续扩大再生产,农业剩余劳动力将不再向现代工业部门转移,农业剩余劳动力的供给曲线将向右上方倾斜,而该供给曲线由水平转向倾斜时的那一点就是"刘易斯拐点"。1972年,刘易斯在《对无限劳动力的反思》一文又提出了"刘易斯第一拐点、第二拐点"的论述。其指出,二元经济发展的第二阶段劳动力供给具有短缺的特点,现代工业部门的工资因受到传统农业部门的压力而不断上涨,"刘易斯第一拐点"到来;随后,农业部门的生产效率不断提高,释放出更多的农业剩余劳动力,而现代工业部门的发展速度远远超过了人口增长的速度,现代工业部门的工资仍然呈上涨的趋势。当两大部门的边际产品相等时,亦出现大致相等的工资水平,形成了城乡一体的劳动力市场,二元经济的劳动力剩余状态因而结束,整体经济社会呈一元经济状态,即"刘易斯第二拐点"到来。

"刘易斯拐点"的到来将会改变我国的产业结构,实现产业的转型升级,改变传统低效率的粗放型经济增长方式,促进资本和技术密集型产业的发展。劳动力工资的上涨一方面会造成企业生产成本的增加,可能出现通货膨胀;一方面增加居民的货币收入,增强其消费意愿与能力,推动经济增长。同时,劳动力工资的持续上涨可能会造成中国经济增长速度的放缓。因此,为有效应对"刘易斯拐点"的到来,我国应加快产业结构的优化升级,淘汰落后产能,提高资源利用效率,提高核心竞争力;加大对劳动力的教育培训力度,提高劳动力供给的质量,提高劳动力的人力资本水平;广覆盖社会保障的范围,保障劳动力者的合法权益,实现城乡一体的社会保障水平。

第十六章 宏观经济政策

16-1 理论要点

宏观经济政策,是指作为经济主体之一的国家或政府运用其能够掌握和控制的各种宏观经济变量以实现其总体经济目标而制定的指导原则和措施。它是以一定的经济理论为基础,力图把经济理论和现实社会经济生活联系起来的桥梁和解决现实经济问题的手段。因此,任何一种宏观经济政策都是服务于一定的政策目标。

一、宏观经济政策目标

西方经济学认为,宏观经济政策的目标可归结为充分就业、物价稳定、经济增长和国际收支平衡。即以实现充分就业、物价稳定为短期目标,以实现在经济稳定(充分就业和物价稳定)的基础上经济增长为长期目标,并以宏观财政政策和货币政策作为实现目标的基本手段。

二、财政政策

财政政策是一国调控经济、实现政策目标主要的政策工具之一。它是政府为促进就业水平提高,防止通货膨胀,减轻经济波动,实现稳定增长而对政府收入和支出所进行的选择,或对政府收入和支出所做出的决策。国家财政由政府收入和支出两个方面构成。其中,政府收入包括税收和公债,政府支出包括政府购买和转移支付。财政政策工具主要包括:变动政府购买支出、改变政府转移支付、变动税收和公债。

财政政策的局限性:第一,不同的政策会遇到不同阶层与集团的反对。第二,有些政策执行起来比较容易,但又不一定能收到预期的效果。第三,财政政策都有一定的时滞。第四,整个财政政策的实施要受到政治因素的影响,即所谓政治周期。

三、货币政策

货币政策是一国的中央银行通过控制货币供给量来调节利率进而影响消费与投资和整个宏观经济活动以达到一定经济目标的行为。货币政策也可分为紧缩性的和扩张性的。扩张性的货币政策是通过增加货币供给来带动总需求的增长。紧缩性的货币政策是通过减少货币的供给进而提高利率来抑制总需求的增长。一般常见的货币政策工具主要有三种:再贴现率、法定准备率和公开市场业务。除上述三种主要货币政策工具外,还有道义劝告、利率上限、控制消费信贷等辅助方式。

货币政策的局限性:第一,反紧缩的政策效果不明显。第二,货币流通速度的改变影响货币政策的效果。第三,货币政策的时滞影响货币政策的效果。第四,开放经济条件下国际资本的流动影响货币政策的效果。第五,货币政策手段本身的局限性。

四、财政政策和货币政策的组合

财政政策和货币政策有各自的特点与局限性,使政策效果得以最好发挥的方法是将财政政策和货币政策配合起来使用。财政政策和货币政策的组合主要有四种方式:扩张的财政政策与紧缩性的货币政策组合;紧缩性的财政政策与紧缩性的货币政策组合;紧缩性的财政政策与扩张性的货币政策组合;扩张性的财政政策与扩张性的货币政策组合。

16-2 案例分析

【案例1】 房子与居住无关 房价竟然是货币政策

这轮房价上涨之猛烈,可说是地球之上史无前例,更让人们难以置信的是,房价上涨是在去库存的大形势下的逆向行为,3月份中央还在几次重要会议上部署相关工作,各省级政府还出台了一些鼓励购房的措施,像东北大学生零首付买房,甚至为农民进城准备了诸多优惠条件。但是,突然间,仅仅3个月,市场上突然就房源紧张了,房价成倍地上涨起来。

从目前各地政府出台的调控政策看,基本上还是在重复昨天的故事,房价一下子涨到这么高,北京周边河北小城镇的房价都在3万元左右了,3万元在上半年还是北京四环附近的房价,武汉、南京、杭州、合肥这些历史上都还不冷不热的城市,今年也突然暴涨起来。中国许多城市的房地产市场,近来出现了井喷式价格上涨,资金爆出恐慌式抢购,离婚买房,抢房,大家都不明白为啥房价突然就涨起来了!

楼市竟是货币政策

我们错在哪里?错在将房地产按居住属性进行分析,看房屋库存、土地供应,看收入增长、人口结构。其实此时此刻的中国房市,那些因素都不重要。今天中国房地产,分析的切入点应该是金融属性,而非居住属性。

首先,中国经济了无起色,自生增长动力不足,政策刺激效果日衰,作为支柱产业的房地产对于经济稳定至关重要。其次,地方财政面临空前的挑战,不少县连按时支付公务员工资都有困难,土地财政的大门没有人敢关上。再者,房地产去库存,是中央政府的既定方针,也是拆解金融隐患的必需,大家都等着炒作资金冲向三线城市解放住宅库存。

复旦大学管理学院教授、著名的金融证券专家谢百三也发表了关于楼市、房价的言论,房价上涨是货币现象!他提到 M_2[广义货币(M_2)=M_1+储蓄存款(包括活期和定期储蓄存款)]从2003年的12万亿元到2012年的93万亿元,到现在150万亿元,大量货币到来,有95%是产能过剩,货币就往大城市房地产中钻,推高了房价。

机构最新报告认为,因实体经济利润率下滑、人民币贬值预期等因素带来的投资荒困局,是导致投资资金大量涌入房地产市场的主要原因之一,部分地区房产的金融属性相对凸显。

(案例来源 曹萌:《房子与居住无关 房价竟然是货币政策》,http://money.sohu.com/20161125/n474090603.shtml ,2016-11-25)

思考题：

1. 为什么房价会持续上涨？试用经济学理论分析。
2. 政府应该使用什么样的货币政策去控制房价上涨现象？

案例评析：

1. 需求是影响价格的一大因素，在供给不变的情况下，需求增加会使需求曲线向右平移，从而使均衡价格上升。从一方面来看，需求的增加来自消费者的嗜好或偏好。古往今来，人们都认为房子是安身立命之本，这是由消费者的主观因素导致需求的增加。从另一方面来看，需求也受到消费者收入预算的客观条件的约束。随着经济的发展，人们收入的提高，对于房子的需求也会随之增加。供给是影响价格的另一大因素。需求不变的情况下，供应减少会使供给曲线向左平移，价格上升。土地资源是限制供求的另一大因素。中国土地越来越紧缺，开发商拿到一块土地也越来越难，土地价格越来越高，开发商成本也越来越高，房价自然节节高升。而不少开发商之间存在着"互相勾结"的现象，还有的开发商存在"捂盘（开发商故意营造的一种房源紧俏的假象）"现象，这些都会在一定程度上推高房价。需求多，供给少，形成供不应求的状况，价格自然节节高升。对于普通百姓来说，买房是为了满足他们的住房需求，按需求价格弹性分析，房子的必需程度高，可替代性小，所以尽管价格上涨，但在来自传统社会的各方面的压力下，人们还是会买房。而对于把购房作为投资的商人来说，当今社会的房子并不是普通的一般商品，而是投机商品，如股票一般，买涨不买跌。这些都造成了房价的不断上涨。

2. 货币政策是一国的中央银行通过控制货币供给量来调节利率进而影响消费与投资和整个宏观经济活动以达到一定经济目标的行为。货币政策是政府调控宏观经济的基本手段之一。货币政策主要针对货币供给量的调节和控制展开，进而实现诸如稳定货币、增加就业、平衡国际收支、发展经济等宏观经济目标。货币政策也可分为紧缩性的和扩张性的。扩张性的货币政策是通过增加货币供给量来带动总需求的增长。紧缩性的货币政策是通过减少货币的供给量进而提高利率来抑制总需求的增长。由于近年来我国国民收入普遍增长，导致人们手里的闲置存款变多，大多数人采取购买固定资产"商品房"这一方式消费和处理闲置的资本，导致房价快速上涨。因此，政府应当采取紧缩性的货币政策来遏制房价过快上涨。货币政策调节的对象是货币供应量，主要是 M_1，具体表现形式为：流通中的现金和个人、企事业单位在银行的存款。流通中的现金与消费物价水平变动密切相关，是最活跃的货币，一直是中央银行关注和调节的重要目标。利率和货币供应量是货币政策对房价具有显著影响的政策工具，中央银行实施紧缩的货币政策，通过减少货币发行、推行公开市场业务、提高存款准备金率、提高再贴现率等措施来减少货币供应量，在这种政策下，取得信贷较为困难，利息率也随之提高。当利率上升时，购房者向银行贷款买房时所要支付的利息便会增加，降低了购房者的购买力，一些本来在考虑购房的人便会在这时放弃买房，导致房地产市场需求减少。同时，利率的上升会增加居民存款的利息，促使更多人选择存款。买房的人少了，供不应求的现象减缓了，房价也就会降低了。因此，货币政策对于楼市的影响是较为关键的。

第十六章 宏观经济政策

【案例2】 央行多次降准、降息

2014年9月30日,央行颁布930房贷新政:宣布首套房还清贷款后,再买第二套可算首套,享受首付,利率优惠;2014年11月22日,央行降息:金融机构一年期贷款基准利率下调0.4个百分点至5.6%;一年期存款基准利率下调0.25个百分点至2.75%。2015年2月5日,央行下调金融机构人民币存款准备金率0.5个百分点。2015年2月28日,央行再次降息:金融机构一年期贷款基准利率自3月1日起下调0.25个百分点至5.35%,其他各档次存贷款基准利率及个人住房公积金存款利率相应调整。2015年3月27日,国土部发文:允许在容积率和用地性质不变的前提下,调整住房户型;同时,在建住宅用地规模过大的市、县,应减少住用地供应量直至暂停计划供应。2015年3月30日:330新政,二套首付可四成。

2015年4月10日,央行发文:自2015年4月20日起,下调各类存款类金融机构人民币存款准备金率1个百分点。2015年5月10日,央行发文:自2015年5月11日起下调金融机构人民币贷款和存款基准利率。金融机构一年期贷款基准利率下调0.25个百分点至5.1%;一年期存款基准利率下调0.25个百分点至2.25%。2015年6月7日,公积金新政:首套最低首付款比例为20%,贷还清首套,再贷二套最低首付款比例为30%。未结清再贷最低首付款40%。2015年6月16日,公积金贴息:广州住房公积金管委会已召开第三届四次会议,通过了公积金贴息、试点开展个人住房抵押贷款证券化业务、广清公积金互贷等请示。2015年6月27日,央行发文:自2015年6月28日起定向降准,降息0.5%。中国人民银行决定,自2015年10月24日起,下调金融机构人民币贷款和存款基准利率,以进一步降低社会融资成本。其中,金融机构一年期贷款基准利率下调0.25个百分点至4.35%;一年期存款基准利率下调0.25个百分点至1.5%;其他各档次贷款及存款基准利率、人民银行对金融机构贷款利率相应调整;个人住房公积金贷款利率保持不变。同时,对商业银行和农村合作金融机构等不再设置存款利率浮动上限,并抓紧完善利率的市场化形成和调控机制,加强央行对利率体系的调控和监督指导,提高货币政策传导效率。这是中国央行今年第五次降息、第五次降准。

(案例来源 东方财富网)

思考题:
1. 央行降准降息属于哪一种政策? 该政策下是否还存在其他调控工具?
2. 央行选择此时降准降息的原因有哪些?

案例评析:
1. 根据案例分析可得,央行采取下调存贷款基准利率和降低存款准备金率的方式来影响货币的供给,从而调节货币的供应量,降低存款准备金率,使商业银行减少上缴的存款准备金,增加可贷资金,从而可以刺激企业投资;而降息目的在于稳资产价格和降企业融资成本,央行降低存贷款基准利率,主要是根据整体物价的变化,保持合理的实际利率水平,促进降低社会融资成本,加大金融支持实体经济的力度。通过两种调控影响利息率及经济中的信贷供应程度来间接影响总需求,以达到总需求与总供给趋于理想的均衡的一系列措施,因此,央行实行的降息降准是属于宽松货币政策的一种调控手段。在货币政策下,还有其他调控工具,如控制货币发行,推行公开市场业务,调整再贴现率,选择性信用管制等。

2. 一是确保流动性保持稳定。从金融统计数据看,2015年3月末,M_2增长11.6%,比去年同期低0.5个百分点。M_2增速回落主要原因是外汇占款同比明显少增。今年一季度,外汇占款余额26.82万亿元,一季度减少2 521亿元,同比少增1.04万亿元。其中,3月份当月减少2 307亿元,同比少增4 048亿元。为稳定基础货币投放,保持M_2平稳适度增长。二是确保金融机构支持实体经济能力。降准有助于促进存款类金融机构具备足够的可贷资金以保持信贷支持实体经济的能力。一季度金融机构对实体经济发放的人民币贷款增加3.61万亿元,比去年同期多增6 253亿元;占同期社会融资规模增量的78.3%,比去年同期高24.1个百分点。三是确保实际融资成本稳中有降。降准将增加商业银行长期低成本资金,促进社会融资成本进一步降低。降准的后续影响在于新增存款可以按照更高的比率放贷,使得金融机构具备可持续的支持实体经济发展的融资能力,2015年3月末,企业融资成本为6.83%,比上年末下降12个基点,比上年同期下降50个基点。

【案例3】 天津:保障和改善民生 切实增加人民群众获得感

一分部署、九分落实。天津始终把人民对美好生活的向往作为奋斗目标,坚持人民利益至上,坚持民生为先、民生为重、民生为本,倾注真情实感,投入真金白银,财政支出75%以上用于民生领域,连续实施20项民心工程,使发展成果更多更公平地惠及全体人民,切实增加群众的获得感。

授人以渔,抓民生之本。2015年,天津启动实施百万技能人才培训福利计划,政府拿出34亿元专项资金,计划用3年时间,使120万人取得职业资格证书,掌握一门专业技能。

20项民心工程,连续不断的新起点。综合提升改造旧楼区是天津20项民心工程的一项重要内容。天津加大棚户区改造力度,完成中心城区旧楼区综合提升和农村危房改造工程,使340万群众受益。同时,建成保障性住房22.5万套,新增租房补贴3.17万户。这给刘慧瑄和邻居们的生活带来了看得见、摸得着的变化。

衣食住行,看病上学,一枝一叶,事关民生。为方便居民就近就医,缓解群众看病难题,2015年,天津组建10个"医联体"。在医联体里,居民能享受到智慧导诊、预约挂号、专家坐诊、方便用药、一站检验、远程影像、双向转诊、增值诊疗等八个方面的便民惠民服务。

3年来,我们大力发展教育事业,新建提升幼儿园513座,完成两轮义务教育学校现代化标准建设,培育特色高中学校50所,全面提升公共交通运能,不断加大文化惠民力度。

"全面小康"重在"全面",重在补齐短板。为彻底改变落后村面貌,解决村庄发展不平衡问题,补齐制约城乡一体化发展短板,结对帮扶困难村工作于2013年在天津开展,从市级机关、市属企事业单位选派1 026名驻村干部组成342个工作组,对500个困难村进行结对帮扶。

小康全面不全面,生态环境很关键。近年来,天津牢固树立"绿水青山就是金山银山"绿色发展理念,紧抓制约发展和影响群众生活的环境问题,以地方立法形式划定生态保护红线,制定修订大气污染防治条例、水污染防治条例、绿化条例,持续推进"四清一绿"行动,建设生态宜居城市。

用"幸福指数"提升天津的"美丽指数",任重而道远,我们将不懈努力。

让城市更有温度,让幸福更有质感,让人民群众对美好生活的向往不断变成现实,我们全力再出发。

（案例来源　李川、魏彧、于春沣：《天津：保障和改善民生，增加人民群众获得感》，http://district.ce.cn/newarea/roll/201605/10/t20160510_11418865.shtml，2016-05-10）

思考题：

1. 什么是财政政策？
2. 上述案例体现了天津政府施行的哪些财政政策？举例说明。

案例评析：

1. 财政政策是指国家根据一定时期政治、经济、社会发展的任务而规定的财政工作的指导原则，通过财政支出与税收政策的变动来影响和调节总需求进而影响就业和国民收入的政策，是国家整个经济政策的组成部分。

2. 第一，天津政府为解决就业问题实施更加积极的就业政策，多渠道开发就业岗位，全力推动以创业带动就业，加强职业技能培训和公共就业服务体系建设，加大财政、税收、金融等方面的支持力度，着力促进高校毕业生、农民工等重点人群就业，如启动"百万技能人才福利计划"，有利于解决天津市人民部分的就业问题，体现了政府利用财政支出促进就业率提高。第二，街道修整、大力发展教育事业、修建图书馆和文化馆、提升交通运能、深化改革医药卫生体制建立"医联体"，体现了政府利用财政支出加强社会公共体系建设。第三，天津政府投入大量资金促进乡镇村全面小康计划、扶贫计划，积极调整收入分配关系，这有利于提高低收入群众收入，缩小贫富差距，属于政府使用财政政策加强社会保障体系建设等。

【案例4】　财政政策的实践

20世纪60年代，肯尼迪总统采用凯恩斯主义经济学的观点，使财政政策成为美国对付衰退和通货膨胀的主要武器之一。肯尼迪总统提出削减税收来帮助经济走出低谷。这些措施实施以后，美国经济开始迅速增长。但是，减税再加上1965—966年在越战中财政扩张的影响，使得产出增长过快，超过了潜在水平，于是通货膨胀开始升温。为了对付不断上升的通货膨胀，并抵消越战所增开支的影响，1968年国会批准开征了一项临时性收入附加税。不过，在许多经济学家看来，这项税收增加的政策力度太小也太迟了一些。

20世纪80年代的美国是另一个典型例子。1981年国会通过了里根总统提出的一揽子财政政策计划，包括大幅度降低税收，大力扩张军费开支而同时并不削减民用项目。这些措施将美国经济从1981—1982年的严重衰退中拯救出来，并进入1983—1985年的高速扩张。

克林顿总统一上台，就面临着一个两难困境：一方面高赤字依然顽固地存在着；另一方面经济不景气且失业率高得难以接受。总统必须决定财政政策应从何处着手，是应该先处理赤字，通过增加税收、降低支出来增加公共储蓄，进而靠储蓄水平的提高来带动国民投资的增长呢？还是应该关注财政紧缩会减少并排挤投资，而税收增加和支出的减少又会降低产出？最后，总统还是决定优先考虑削减财政赤字。1993年预算法案决定，在其后5年中落实减少赤字1 500亿美元的财政举措。

（案例来源　萨缪尔森：《经济学》）

问题：

1. 什么是财政政策？

2. 根据上面的资料,说明利用财政政策对付经济衰退的手段有哪些。
3. 财政政策实施中有哪些制约因素?

案例评析:

1. 财政政策是指政府为了实现宏观经济目标而对政府支出、税收和借债水平所进行的选择,或对政府财政收入和财政支出水平所做出的决策。

2. 财政政策主要是通过对政府财政收支的调节,影响经济中的总需求,从而实现政策目标的。政府调整财政收支的手段主要有三个:一是增加政府购买水平;二是增加政府的转移支付;三是调低税率。三种手段不仅可以单独对经济运行产生影响,而且也可以共同发生作用,实践中三种手段往往搭配使用。

3. 财政政策在实际执行过程中会受到很多因素的制约,主要有以下几点:

(1) 相机抉择的财政政策会产生政策滞后问题。

(2) 相机抉择的财政政策会遇到"挤出效应"问题。

(3) 相机抉择的财政政策也会遇到政治上的阻力。

【案例5】 美国1982年衰退中的货币政策

由于低失业率和第二次石油价格的冲击,1979年美国的年通货膨胀率上升到13%,对经济产生了不良影响,所以,美国联邦储备当局决定利用紧缩性货币政策来抑制这次通货膨胀。与以往不同的是,美联储倾向于关注准备金和货币供给的增长,而不是利率,以便能够迅速降低通货膨胀。

通过这次政策,美国的货币供给量大幅度减少,利率上升到自南北战争以来的最高水平。随着利率的上升,投资及其他利率敏感性支出显著减少。这次政策确实对抑制通货膨胀产生了很好的效果,到1982年为止,通货膨胀率已降低到4%。

但是,经济的进一步发展表明,紧缩性货币政策过于严厉,导致了经济的衰退,失业率超过了10%。

思考题:

1. 什么是货币政策?
2. 中央银行实施货币政策的手段主要有哪些?
3. 中央银行货币政策实施的局限性有哪些?

案例评析:

1. 货币政策是政府根据既定的政策目标,通过中央银行对货币的供给进行管理,从而影响经济运行的宏观政策。货币政策是通过银行制度来实现的。

2. 货币政策的目的在于通过控制货币供给影响利率,从而影响投资,并最终影响国民收入。中央银行调节货币供给量的目的主要通过调整法定准备率、变更贴现率和公开市场业务三大手段来实现。

(1) 调整法定准备率。中央银行可以通过改变商业银行的法定准备率来控制货币供给。

(2) 变更再贴现率。中央银行可以利用变更再贴现率手段影响商业银行的贷款数量,并最终控制货币供给量。

（3）公开市场业务。公开市场业务是指中央银行在金融市场上公开买卖政府债券以影响货币供给量的货币政策手段。中央银行可以根据经济运行的状况，在公开的金融市场上买卖政府的债券等有价证券。

除了上述三大手段之外，中央银行还可以采取其他手段。例如，道义劝说、严格或放宽信贷条件、贴现配额等。

3. 货币政策对收入的影响会受到下列因素的制约：

（1）"流动偏好陷阱"。当经济处于"流动偏好陷阱"状态时，货币政策通过降低利率来刺激投资的作用是有限的。

（2）时滞的影响。与财政政策一样，货币政策的效果也受到政策时滞的影响。

（3）货币政策手段本身的局限性。变更再贴现率是中央银行间接控制商业银行准备金的重要手段，但这种手段的效果受到商业银行行为的制约。